新时代中国教师队伍建设改革发展报告

2012—2022

教育部教师工作司
中国教育科学研究院
编著

XINSHIDAI
ZHONGGUO JIAOSHI DUIWU JIANSHE
GAIGE FAZHAN BAOGAO

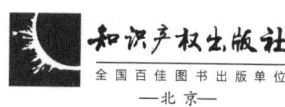

知识产权出版社
全国百佳图书出版单位
—北京—

图书在版编目（CIP）数据

新时代中国教师队伍建设改革发展报告：2012—2022/ 教育部教师工作司，中国教育科学研究院编著 . —北京：知识产权出版社，2023.3

ISBN 978-7-5130-8682-0

Ⅰ.①新… Ⅱ.①教…②中… Ⅲ.①师资队伍建设—研究报告—中国—2012-2022 Ⅳ.① G451.2

中国国家版本馆 CIP 数据核字（2023）第 021581 号

内容提要

本书以习近平总记关于教育的重要论述为指引，从加强教师思想政治与师德师风建设、推进教师队伍建设信息化、加强基础教育教师队伍建设、加强职业教育教师队伍建设、加强高校教师队伍建设等方面，对党的十八大以来教师队伍建设改革发展进行了深入分析，总结了教师队伍建设的重大政策举措和主要成就，论述了教师队伍建设的前瞻性安排。

本书适合教育研究者、教育管理者、一线教师及社会各界阅读使用。

责任编辑：李海波　　　　责任印制：刘译文

新时代中国教师队伍建设改革发展报告（2012—2022）

教育部教师工作司　中国教育科学研究院　编著

出版发行：知识产权出版社有限责任公司	网　址：http://www.ipph.cn
电　话：010 — 82004826	http://www.laichushu.com
社　址：北京市海淀区气象路50号院	邮　编：100081
责编电话：010 — 82000860 转 8582	责编邮箱：laichushu@cnipr.com
发行电话：010 — 82000860 转 8101	发行传真：010 — 82000893
印　刷：三河市国英印务有限公司	经　销：新华书店、各大网上书店及相关专业书店
开　本：787mm×1092mm　1/16	印　张：16.5
版　次：2023年3月第1版	印　次：2023年3月第1次印刷
字　数：280千字	定　价：88.00元

ISBN 978-7-5130-8682-0

出版权专有　侵权必究

如有印装质量问题，本社负责调换。

本书编写人员

主　　编　任友群　崔保师　李永智
副 主 编　宋　磊　黄小华　于发友　翁　波
执行主编　易凌云　高慧斌
成　　员　（按姓氏笔画排序）
　　　　　　王　薇　王文宝　王志洁　王炳明　王海成
　　　　　　王梦恒　邓　杭　刘　扬　刘　妍　刘卓雯
　　　　　　刘璇璇　许勃潮　孙晓虎　李汉学　李新翠
　　　　　　何一帆　宋长远　张春柳　张冠林　陈　飞
　　　　　　陈　武　陈春勇　赵　静　贾炎龙　卿素兰
　　　　　　高顺利　常淑芳　韩立福　童春林　燕学敏

序 PREFACE

国运兴衰系于教育,根本在教师。党的十八大以来,党中央、国务院高度重视教师队伍建设,坚持把教师队伍建设作为基础性工作。习近平总书记始终心系广大教师,对教师队伍建设作出系列重要指示批示,强调教师是立教之本、兴教之源,号召广大教师做"四有"好老师、"四个引路人",坚持"四个相统一",做到"六个要",成为"经师"与"人师"统一的大先生,做学生为学、为事、为人的示范,为全面深化新时代教师队伍建设改革指明了总体方向,提出了明确要求,提供了根本遵循。

十年来,《中共中央 国务院关于全面深化新时代教师队伍建设改革的意见》印发,教师队伍建设顶层设计不断完善,制度体系不断优化,改革举措不断出台,搭建了新时代教师队伍建设改革的"四梁八柱",教师队伍实现量质齐升,我国专任教师总数从2012年的1462.9万人增长到2022年的1880.36万人。教育部部长怀进鹏指出:"这十年是教师队伍规模日益壮大的十年,是教师队伍结构更趋合理的十年,也是教师队伍素质不断提高的十年,为加快教育现代化、建设教育强国、办好人民满意的教育提供了坚强有力保障。"教师思想政治和师德师风建设持续强化,教育涵养、考核评价、惩戒警示一体化推进格局加快形成。中国特色高水平教师教育体系建立建强,为建设规模宏大的高素质专业化创新型教师队伍提供了有力支撑。教师管理综合改革持续深化,为全面提升教师队伍效能注入了动力和活力。教师地位待遇不断提升,广大教师荣誉感、获得感、幸福感显著增强。教师队伍人才建设取得重要突破,形成了具有中国特色和国际竞争力的高校人才建设体系。教师队伍短板加快补齐,乡村教师队伍建设的优先地位更加突出。教师工作与信息化不断融合创新,教师信息化素养显著提升。尊师重教社会氛围持续浓厚，教师政治地位、社会地位、职业地位不断提高。教师队伍建设工作取得了历史性成就，教师队伍整体面貌发生了格局性变化，优秀人才争相从教、教师人人尽展其才、好教师不断涌现的良好局面基本形成。

习近平总书记在党的二十大报告中指出，"高质量发展是全面建设社会主义现代化国家的首要任务"，"教育、科技、人才是全面建设社会主义现代化国家的基础性、战略性支撑"。报告首次将"实施科教兴国战略，强化现代化建设人才支撑"作为一个单独部分，充分体现了教育的基础性、战略性地位和作用，并对"加快建设教育强国、科技强国、人才强国"作出全面而系统的部署，为到2035年建成教育强国指明了新的前进方向。教师是教育高质量发展的第一资源，是科技自立自强的关键支撑，是人才队伍建设的重要保障，贯彻落实党的二十大精神，要着力加强师德师风建设，培养高素质教师队伍，弘扬尊师重教社会风尚，打造新时代高质量教师队伍。

当前，全国教育系统正在深入学习宣传贯彻党的二十大精神，又值《中共中央 国务院关于全面深化新时代教师队伍建设改革的意见》出台五周年，由教育部教师工作司与中国教育科学研究院联合撰写的《新时代中国教师队伍建设改革发展报告（2012—2022）》经报教育部党组并发布，可谓恰逢其时、恰逢其势。本书以习近平总书记关于教育的重要论述为指引，从加强教师思想政治与师德师风建设、推进教师队伍建设信息化、加强基础教育教师队伍建设、加强职业教育教师队伍建设、加强高校教师队伍建设等方面，对党的十八大以来教师队伍建设改革发展进行了深入分析，总结了教师队伍建设的重大政策举措和主要成就，论述了教师队伍建设的前瞻性安排。

本书将历史性与时代性相结合，通过政策梳理、成就总结呈现新时代教师队伍建设的历史进程，围绕支撑高质量教育体系建设提出了教师队伍改革的新举措；将政策性与理论性相结合，解析教师队伍建设政策的要义内涵和理论基础，为研究和推动教师队伍建设改革提供全面参考；将实践性与实效性相结合，点线面统筹兼顾，用实证数据和实践成果阐释新时代教师队伍建设改革政策的落实成效；将价值性与工具性相结合，是研究教师队伍建设改革政策和推进教师队伍建设改革实践的指南。

在全面建设社会主义现代化国家、全面推进中华民族伟大复兴的新征程上，要以习近平新时代中国特色社会主义思想为指导，贯彻落实党的二十大精神，坚定教育高质量发展的正确政治方向，增强加快推进教育高质量发展的历史主动，扎实推进加快教育高质量发展的重点任务，建设高素质专业化创新型教师队伍，用"尊师""强师""惠师""严师"的扎实举措和实际行动，持续打造党和人民满意的"大国良师"，为加快建设高质量教育体系，推进教育现代化、建设教育强国、办好人民满意的教育奠定坚实基础。

目录 CONTENTS

绪论　坚持把教师队伍建设作为基础工作 ... 001
　一、习近平总书记关于教师队伍建设的重要论述 ... 003
　二、全面深化新时代教师队伍建设改革　打造新时代高素质专业化
　　　创新型教师队伍 ... 020

第一章　新时代教师队伍建设改革成效 ... 027
　一、新时代教师队伍建设改革的总体成就 ... 029
　　（一）教师队伍建设改革制度体系完善健全 ... 029
　　（二）全国教师队伍实现了量质齐升 ... 029
　　（三）教师思想政治和师德师风建设持续强化 ... 030
　　（四）中国特色高水平教师教育体系建立建强 ... 030
　　（五）教师管理综合改革走向深化 ... 031
　　（六）教师地位待遇不断提升 ... 031
　　（七）教师队伍人才建设取得重要突破 ... 031
　　（八）教师队伍短板加速补齐 ... 032
　　（九）教师工作与信息化不断融合创新 ... 032
　　（十）全社会尊师重教氛围持续浓厚 ... 032
　二、新时代教师队伍建设的政策体系 ... 033
　　（一）师德师风建设的长效机制不断健全 ... 034
　　（二）现代教师教育体系构建的政策制度趋于完善 ... 036

（三）教师管理改革政策供给更加充足..................040
　　（四）提高教师地位待遇、营造尊师重教氛围的政策保障进一步加强......043
　　（五）解决乡村教师短板的组合拳不断强化..................044

第二章　加强教师思想政治与师德师风建设..................045
一、强化教师思想政治引领..................047
　　（一）加强教师思想政治教育..................047
　　（二）加强思政课教师队伍建设..................050
二、加强教师师德师风建设..................053
　　（一）规范教师行为准则..................053
　　（二）健全师德师风长效机制..................057

第三章　推进教师队伍建设信息化..................061
一、提升教师信息素养..................063
　　（一）提升教师信息素养的重要意义..................064
　　（二）提升教师信息素养的核心内容..................064
　　（三）提升教师信息素养的主要成效..................066
二、推进教师发展数字化转型..................067
　　（一）推进教师发展数字化转型的重要意义..................067
　　（二）推进教师发展数字化转型的核心内容..................068
　　（三）推进教师发展数字化转型的主要成效..................070
三、促进教师管理信息化..................070
　　（一）促进教师管理信息化的重要意义..................070
　　（二）促进教师管理信息化的核心内容..................071
　　（三）促进教师管理信息化的主要成效..................072
四、开展人工智能助推教师队伍建设改革试点..................073
　　（一）人工智能助推教师队伍建设行动试点的重要意义..................073
　　（二）人工智能助推教师队伍建设行动试点的核心内容..................074
　　（三）人工智能助推教师队伍建设行动试点的主要成效..................075

第四章　加强基础教育教师队伍建设……077

一、实施新时代基础教育强师计划……079
（一）"强师计划"实施的重要意义……080
（二）"强师计划"的核心内容……080

二、加强教师教育体系建设……082
（一）教师教育振兴行动计划……082
（二）卓越教师培养计划……085
（三）公费师范生政策……089
（四）师范类专业认证系列政策……092
（五）师范院校协同提质计划……096
（六）硕师计划……099
（七）高素质复合型硕士层次高中教师培养试点……102
（八）小学科学教师培养……105

三、提升基础教育教师能力素质……109
（一）实施国培计划……109
（二）加强中小学名师名校长培养……112
（三）实施乡村教师支持计划……116
（四）教师发展机构建设……119
（五）教师培训课程标准……123

四、深化基础教育教师管理改革……127
（一）教师资格制度与定期注册改革……127
（二）教师编制管理改革……130
（三）教师职称与岗位管理改革……134
（四）"县管校聘"改革……138
（五）中小学校管理人员制度改革……141
（六）党组织领导的校长负责制……144
（七）减轻教师负担……148

五、强化乡村教师队伍建设推进教师资源均衡配置 151
    （一）特岗计划 151
    （二）中西部欠发达地区优秀教师定向培养计划 155
    （三）乡村中小学首席教师岗位计划 158
    （四）教育人才支教 161

六、加强义务教育教师工资待遇保障 164
    （一）义务教育教师工资待遇保障 164
    （二）乡村教师生活补助政策 167
    （三）乡村教师住房保障 170

第五章　加强职业教育教师队伍建设 173

一、建立健全新时代职业教育教师制度体系 175
    （一）建立职业教育教师标准体系 175
    （二）创新职业教育教师培养模式 176
    （三）推进职业教育教师职前职后一体化改革 176
    （四）建立校企人才双向交流机制 177

二、完善职业教育教师培养体系 178
    （一）构建稳定的职业教育教师培养体系的重要意义 178
    （二）职业教育教师培养体系的核心内容 179
    （三）职业教育教师培养体系构建的主要成效 180

三、提升职业教育教师能力素质 181
    （一）职业院校教师素质提高计划 181
    （二）"职教国培"示范项目 184
    （三）教师企业实践基地建设 186
    （四）职业教育"双师型"教师培训基地建设 188

四、创新职业院校教师发展模式 191
    （一）加强职业院校教师教学创新团队建设 191

（二）实施名师名匠名校长培训 194
　五、推进职业教育教师管理改革 198
　　（一）职业教育教师管理改革的重要意义 198
　　（二）职业教育教师管理改革的核心内容 199
　　（三）职业教育教师管理改革的主要成效 200

第六章　加强高校教师队伍建设 203
　一、建立健全新时代高校教师制度体系 205
　　（一）以师德师风为根基，建立长效机制 206
　　（二）以素质能力为核心，夯实发展支持体系 206
　　（三）以深化改革为突破口，完善管理体制机制 207
　　（四）以收入分配为保障，建立薪酬制度体系 208
　二、提升高校教师能力素质 208
　　（一）高等学校新入职教师国培示范项目 208
　　（二）高校教师发展机构建设 211
　三、深化高校教师职称与岗位管理改革 214
　　（一）深化高校教师职称与岗位管理改革的重要意义 215
　　（二）深化高校教师职称与岗位管理改革的核心内容 216
　　（三）深化高校教师职称与岗位管理改革的主要成效 217
　四、深化高校教师考核评价改革 217
　　（一）深化高校教师考核评价制度改革的重要意义 218
　　（二）深化高校教师考核评价制度改革的核心内容 218
　　（三）深化高校教师考核评价制度改革的主要成效 220
　五、推进高校薪酬制度改革 221
　　（一）高校薪酬制度改革的重要意义 221
　　（二）高校薪酬制度改革的核心内容 222
　　（三）高校薪酬制度改革的主要成效 223

展望 贯彻落实党的二十大精神 打造新时代高质量教师队伍............224
 一、新时代教师队伍建设改革的新形势............224
 二、新时代教师队伍建设改革的新思路............233
 三、新时代教师队伍建设改革的新举措............236

附件 2012年以来出台的教师相关政策目录............241

后记............249

绪论

坚持把教师队伍建设作为基础工作[1]

---

[1] 本部分主体内容选自《坚持把教师队伍建设作为基础工作——习近平总书记关于教育的重要论述学习研究之四》一文，发表于《教育研究》2022年第4期。

绪论　坚持把教师队伍建设作为基础工作

一、习近平总书记关于教师队伍建设的重要论述

党的二十大报告指出："教育、科技、人才是全面建设社会主义现代化国家的基础性、战略性支撑。必须坚持科技是第一生产力、人才是第一资源、创新是第一动力，深入实施科教兴国战略、人才强国战略、创新驱动发展战略，开辟发展新领域新赛道，不断塑造发展新动能新优势。"❶这是对以"中国式现代化全面推进中华民族伟大复兴作出的一系列重大部署"，提出了"教育高质量发展这一主线"❷；同时，也为教育赋予了新使命新任务，"全面建设社会主义现代化国家、全面推进中华民族伟大复兴，科技是关键，人才是根本，教育是基础"❸。"没有高水平的教师，就谈不上高质量的教育。"❹教师是教育高质量发展的第一资源，是建设教育强国、科技强国、人才强国和文化强国的关键支撑，是全面建设社会主义现代化国家的重要保障。因此，党的二十大报告再次强调，"加强师德师风建设，培养高素质教师队伍，弘扬尊师重教社会风尚"❺。"国将兴，必贵师而重傅；贵师而重傅，则法度存。"中华民族有尊师重教的传统，历史上留下了诸多爱师敬师的美谈。重视教师工作也是我党的优良作风，历届党和国家领导人都身体力行尊师重教。党的十八大以来，以习近平同志为核心的党中央围绕"谁来培养人"的时代命题，强调要从战略高度认识教师工作的重要性，坚持把教师队伍建设作为基础工作。深入学习贯彻落实习近平总书记关于教师队伍建设的重要论述，对于加强新时代教师

---

　❶　习近平.高举中国特色社会主义伟大旗帜　为全面建设社会主义现代化国家而团结奋斗——在中国共产党第二十次全国代表大会上的报告［M］.北京：人民出版社，2022：33.
　❷　孙春兰.办好人民满意的教育［G］//党的二十大报告辅导读本.北京：人民出版社，2022：66.
　❸　怀进鹏.加快推进教育高质量发展　奋力谱写贯彻落实党的二十大精神教育华章［N］.学习时报，2023-01-02.
　❹　孙春兰.办好人民满意的教育［G］//党的二十大报告辅导读本.北京：人民出版社，2022：71.
　❺　习近平.高举中国特色社会主义伟大旗帜　为全面建设社会主义现代化国家而团结奋斗——在中国共产党第二十次全国代表大会上的报告［M］.北京：人民出版社，2022：34.

队伍建设工作，推动具有中国特色的教师发展研究，造就高素质专业化教师队伍具有重要意义。

（一）习近平总书记关于教师队伍建设的重要论述的内容概要

习近平总书记对教师工作有着持续关注和系统论述。他多次以看望、回信等各种形式关心关爱教师，为全党全社会作出了尊师敬师的表率。他在不同时间、不同场合，多次就教师的地位作用、素养发展、待遇保障、培养培训等发表讲话或作出指示。习近平总书记关于教师队伍建设的重要论述立意高远，内涵丰富，思想深刻。

1. 地位作用：教师是立教之本、兴教之源

习近平总书记对教师地位作用的论述经过了长期思考和充分论证，他从教师之于个体成长、教育事业乃至民族发展的角度对教师的作用给予了高度肯定。习近平总书记在2014年9月同北京师范大学师生代表座谈时指出："一个人遇到好老师是人生的幸运，一个学校拥有好老师是学校的光荣，一个民族源源不断涌现出一批又一批好老师则是民族的希望。""国家繁荣、民族振兴、教育发展，需要我们大力培养造就一支师德高尚、业务精湛、结构合理、充满活力的高素质专业化教师队伍。"❶

对于学生成长而言，习近平总书记强调教师"三传播""三塑造""四个引路人"的作用，要求教师"担起学生健康成长指导者和引路人的责任"❷。他指出，"教师是人类灵魂的工程师，是人类文明的传承者，承载着传播知识、传播思想、传播真理，塑造灵魂、塑造生命、塑造新人的时代重任"❸。"教师要做学生锤炼品格的引路人，做学生学习知识的引路人，做学生创新思维的引路

---

❶ 习近平.做党和人民满意的好老师——同北京师范大学师生代表座谈时的讲话[N].人民日报，2014-09-10.

❷ 习近平.把思想政治工作贯穿教育教学全过程 开创我国高等教育事业发展新局面[N].人民日报，2016-12-09.

❸ 习近平.坚持中国特色社会主义教育发展道路 培养德智体美劳全面发展的社会主义建设者和接班人[N].人民日报，2018-09-10.

人，做学生奉献祖国的引路人。"❶ 这些论述为教师如何担当教书育人的责任使命指明了方向。

习近平总书记明确提出"教师是教育发展的第一资源"重要论断。他在2013年教师节的慰问信中指出，"教师是立教之本、兴教之源，承担着让每个孩子健康成长、办好人民满意教育的重任"❷。2018年1月，《中共中央 国务院关于全面深化新时代教师队伍建设改革的意见》印发，这是新中国成立以来，党中央出台的第一个专门针对教师队伍建设工作的文件，具有里程碑式的意义，突出强调了"教师是教育发展的第一资源"。同年9月，在全国教育大会上，习近平总书记提出"坚持把教师队伍建设作为基础工作"❸，将教师队伍建设列入"九个坚持"中，突显了教师在教育事业中的基础性、全局性作用。

习近平总书记还站在全局战略的高度强调教师对于国家兴盛和民族命运的重要作用。2014年教师节，习近平总书记在同北京师范大学师生代表座谈时提出，"广大教师就是打造这支中华民族'梦之队'的筑梦人"❹。"筑梦人"的角色表明了习近平总书记赋予了教师更高的定位和作用。2020年教师节，习近平总书记在慰问讲话中又进一步指出，"广大教师不忘立德树人初心，牢记为党育人、为国育才使命"❺，将教师与党的发展、国家的繁荣和民族的兴旺紧密连接起来。

2. 专业素养：师德师风是教师素质的第一标准

习近平总书记先后提出"三个牢固树立"、"四有"好老师、"四个相统一""大先生"和"六个要"等重要论断，对教师的专业素养进行了系统阐释，涵盖了教师的政治立场、道德情操、专业能力等各个方面，指明了教师专业发展的方向。

---

❶ 习近平.全面贯彻落实党的教育方针 努力把我国基础教育越办越好［N］.人民日报，2016-09-10.
❷ 习近平向全国广大教师致慰问信［N］.人民日报，2013-09-10.
❸ 习近平.坚持中国特色社会主义教育发展道路 培养德智体美劳全面发展的社会主义建设者和接班人［N］.人民日报，2018-09-10.
❹ 习近平.做党和人民满意的好老师——同北京师范大学师生代表座谈时的讲话［N］.人民日报，2014-09-10.
❺ 习近平向全国广大教师和教育工作者致以节日祝贺和诚挚慰问［N］.人民日报，2020-09-10.

2013年9月，习近平总书记在致全国教师的慰问信中提出，"广大教师牢固树立中国特色社会主义理想信念，带头践行社会主义核心价值观……牢固树立终身学习理念，加强学习，拓宽视野，更新知识，不断提高业务能力和教育教学质量……牢固树立改革创新意识，踊跃投身教育创新实践，为发展具有中国特色、世界水平的现代教育作出贡献"❶。"三个牢固树立"为教师立魂。2014年9月，习近平总书记在同北京师范大学师生代表座谈时还提出，做好老师，要有理想信念，要有道德情操，要有扎实学识，要有仁爱之心。❷"四有"好老师为教师立标。2016年12月，他在全国高校思想政治工作会议上强调，教师要"坚持教书和育人相统一，坚持言传和身教相统一，坚持潜心问道和关注社会相统一，坚持学术自由和学术规范相统一"❸。"四个相统一"为教师立德。他提出，教师要"成为塑造学生品格、品行、品味的'大先生'"❹。"大先生"为教师立范。在为广大教师立魂、立标、立德、立范的基础上，习近平总书记对思想政治理论课教师提出了更高要求。2019年，他在学校思想政治理论课教师座谈会上提出了"六个要"，即政治要强，情怀要深，思维要新，视野要广，自律要严，人格要正。❺2022年在党的二十大报告中，他再次强调要"加强师德师风建设"❻。

3. 待遇保障：要让教师成为最受社会尊重的职业

习近平总书记从促进教师队伍建设可持续发展的高度来理解教师队伍建设的保障问题。他多次呼吁大力弘扬中华民族尊师重教的优良传统，指出"自古以来，中华民族就有尊师重教、崇智尚学的优良传统……要让全社会广泛了解

---

❶ 习近平向全国广大教师致慰问信［N］.人民日报，2013-09-10.
❷ 习近平.做党和人民满意的好老师——同北京师范大学师生代表座谈时的讲话［N］.人民日报，2014-09-10.
❸ 习近平.把思想政治工作贯穿教育教学全过程 开创我国高等教育事业发展新局面［N］.人民日报，2016-12-09.
❹ 习近平寄语教师金句：要成为塑造学生的"大先生"［EB/OL］.（2018-09-06）［2022-12-30］.http://jhsjk.people.cn/article/30276689.
❺ 习近平.思政课是落实立德树人根本任务的关键课程［EB/OL］.（2020-08-31）［2022-12-30］.http://jhsjk.people.cn/article/31843368.
❻ 习近平.高举中国特色社会主义伟大旗帜 为全面建设社会主义现代化国家而团结奋斗——在中国共产党第二十次全国代表大会上的报告［M］.北京：人民出版社，2022：34.

教师工作的重要性和特殊性，让尊师重教蔚然成风"❶。他要求，"全社会要大力弘扬尊师重教的良好风尚，使教师成为最受社会尊重的职业"❷；"全党全社会要弘扬尊师重教的社会风尚，努力提高教师政治地位、社会地位、职业地位，让广大教师享有应有的社会声望"❸。

习近平总书记要求各级政府从工资、待遇等各个方面落实尊师重教的理念。他在2018年召开的全国教育大会上指出，"随着办学条件不断改善，教育投入要更多向教师倾斜，不断提高教师待遇，让广大教师安心从教、热心从教"❹。随后在政策部署中明确了完善教师待遇保障机制，健全中小学教师工资长效联动机制。建立以增加知识价值为导向的高等学校教师收入分配机制。通过长效性的机制建设保障教师待遇的不断提高。

习近平总书记特别关心和关注乡村教师的待遇保障问题。他提出，"老师的工作生活条件要有基本保障。对扎根边疆、扎根乡村的教师，要给予更多关爱和培养。国家教育经费要注意向民族地区、边疆地区倾斜"❺。这些论述为制定乡村教师队伍建设的系列政策提供了直接指引。

4. 培养培训：要坚持教育者先受教育

习近平总书记高度肯定教师的地位作用，对教师的专业素养提出了高标准的综合要求，他也非常关注教师的培养和培训。早在2005年，习近平就提出"用超常规的办法引进和培养一批具有国际先进水平的学术大师和重点学科带头人，特别要加大青年教师的培养力度"❻。担任党的总书记后，习近平明确表

---

❶ 习近平.做党和人民满意的好老师——同北京师范大学师生代表座谈时的讲话[N].人民日报，2014-09-10.
❷ 习近平向全国广大教师致慰问信[N].人民日报，2013-09-10.
❸ 习近平.坚持中国特色社会主义教育发展道路 培养德智体美劳全面发展的社会主义建设者和接班人[N].人民日报，2018-09-10.
❹ 习近平.坚持中国特色社会主义教育发展道路 培养德智体美劳全面发展的社会主义建设者和接班人[N].人民日报，2018-09-10.
❺ 本书编写组.习近平总书记教育重要论述讲义[M].北京：高等教育出版社，2020：223.
❻ 习近平.干在实处 走在前列——推进浙江新发展的思考与实践[M].北京：中共中央党校出版社，2006：340—341.

示："要坚持教育者先受教育。"❶ 在2016年的全国高校思想政治工作会议上，他强调，"教师是人类灵魂的工程师，承担着神圣使命。传道者自己首先要明道、信道。高校教师要坚持教育者先受教育，努力成为先进思想文化的传播者、党执政的坚定支持者，更好担起学生健康成长指导者和引路人的责任"❷。针对如何培养教师的问题，习近平总书记提出，"要加强教师教育体系建设，加大对师范院校的支持力度，找准教师教育中存在的主要问题，寻求深化教师教育改革的突破口和着力点，不断提高教师培养培训的质量"❸。他特别强调，"各级党委和政府一级各有关部门都要高度重视教师教育工作，关心和支持教师教育的发展。要不断优化教师教育布局结构，健全以师范院校为主体、高水平非师范院校参与、优质中小学（幼儿园）为实践基地的开放、协同、联动的中国特色教师教育体系"❹。

习近平总书记还针对不同专业领域的教师如何培养和培训提出了具体思路。2015年12月，他在全国党校工作会议上提出，"实施党校系统'名师工程'……着力培养政治强、业务精、作风好的知名教师，培养造就一批马克思主义理论大家，一批忠诚于马克思主义、在学科领域有影响力的知名专家"❺。2016年3月在视察国防大学时，他指出"抓好国防大学'名师工程'，引导教员淡泊名利、潜心治学、苦练内功，多出一些懂打仗的名师，带出一批会打仗的高徒"❻。

（二）习近平总书记关于教师队伍建设的重要论述的核心要义

习近平总书记关于教师队伍建设的重要论述，继承中国传统文化中的思想精髓，立足目前教师队伍建设的现状，面向未来建设教育强国和高质量教育体

---

❶ 习近平.把思想政治工作贯穿教育教学全过程 开创我国高等教育事业发展新局面［N］.人民日报，2016-12-09.

❷ 习近平.把思想政治工作贯穿教育教学全过程 开创我国高等教育事业发展新局面［N］.人民日报，2016-12-09.

❸ 习近平.做党和人民满意的好老师——同北京师范大学师生代表座谈时的讲话［N］.人民日报，2014-09-10.

❹ 中共中央、国务院印发《中国教育现代化2035》［N］.人民日报，2019-02-24.

❺ 习近平.在全国党校工作会议上的讲话［EB/OL］.(2016-05-01)［2022-12-30］.http://jhsjk.people.cn/article/28317481.

❻ 习近平.在视察国防大学时的讲话［N］.人民日报，2016-03-24.

系对教师队伍作为重要支撑的强力需求，阐释了教师工作从理念认识到具体实施等各个方面的思想，蕴含着深刻内涵。

1. 强调要提高教师的"三个地位"，明确教师作为国家意志代言人的使命是"为党育人、为国育才"

我们党历来重视教师的作用，一直"将教师视为劳动者以教书育人服务人民，将教师视为创造者以培育人才创造价值，将教师视为引导者以高尚师德引领社会发展"❶。习近平总书记站在宏观历史方位上对教师作用的思考立意高远。他基于世界格局发展变化的大背景，充分汲取中华优秀传统文化中尊师重教的价值理念，深刻揭示了教师对教育事业、对现代化国家建设、对民族复兴伟业的极端重要性。他立足我国进入新发展阶段之后的第二个百年奋斗目标和全面建设社会主义现代化国家的宏伟蓝图，提出"优先发展教育事业"和"建设教育强国"的战略，明确"要提高教师的政治地位、社会地位和职业地位"的要求。习近平总书记对教师的作用进行了充分肯定和赞誉，也将教师的地位提到了一个前所未有的高度，这是基于他对教师职业的专业性和公务性有着深刻理解。

提高教师的"三个地位"的定位体现了习近平总书记对教师工作专业性的认可，也体现了党对教师工作重要性认识的持续深化和不断成熟。❷首先，习近平总书记强调提升教师的政治地位，实际上是对教师政治身份和政治影响力的强调，这是践行"教育优先发展"战略的直接体现，也是落实"将教师队伍建设放在首位"部署的思想基础。其次，习近平总书记高度重视教师社会地位的彰显，多次强调要通过弘扬尊师重教风尚和提高教师工资待遇等方式，"让教师成为最受社会尊重的职业"，"让广大教师享有应有的社会声望"。最后，提升教师的职业地位实际上强调的是，"增强教师职业的吸引力，让教师成为让人羡慕的职业"。习近平总书记用"人生的幸运""学校的光荣""民族的希望""人类灵魂的工程师"等表述从不同层面、不同角度对教师职业的重要性

---

❶ 张猛猛，徐雄伟.中国共产党教师观的百年演进、核心意蕴及主要特色［J］.教师教育研究，2022（1）：108–113.

❷ 施克灿.传统教师观的历史沿变及意义［J］.教师发展研究，2018（2）：88–92.

给予了肯定，高度显示了教师职业的荣耀感和光荣性。

教师职业具有典型的公务性特征。现代社会都是由国家提供的公共教育服务来实现教育普及，国家从立法、司法、行政和投入等各个环节对教育进行组织调控。在此过程中为了保证教师职业能够服务公共利益、满足社会需要和保障教育公平，国家会将教师的培养、聘用和管理等纳入行政体系。❶ 2018年，《中共中央 国务院关于全面深化新时代教师队伍建设改革的意见》颁布，提出要"突显教师职业的公共属性，强化教师承担的国家使命和公共教育服务的职责，确立公办中小学教师作为国家公职人员特殊的法律地位"❷。这些表述分别以政策和法律的形式，赋予了教师"国家公职人员"的"特别身份"，确认了教师代表国家承担对年轻一代进行教育的公共责任，教师工作具有典型的公务性与服务性。从这个意义上说，教师是国家意志的代言人，国家的教育权最终通过教师的教育行为来完成。因此，教师开展教育活动的目标设定、内容选择、标准认可等，都需要受到国家法律、政策的规范和约束；教师的教育活动不是个人行为，而是代表着国家诉求和公共利益。❸

"建国君民，教学为先。"古今中外，任何国家、任何时代的教育，都肩负着特定的社会责任和历史使命。目前，我国正站在"两个一百年"奋斗目标的历史节点上，亟须教育来培养"堪当民族复兴大任的时代新人"。习近平总书记要求，"'两个一百年'奋斗目标的实现、中华民族伟大复兴中国梦的实现，归根到底靠人才、靠教育。……希望广大教师认清肩负的使命和责任，努力为发展具有中国特色、世界水平的现代教育，培养社会主义事业建设者和接班人作出更大贡献"❹。教师通过教书育人来完成培养人的公共使命，是落实立德树人根本任务的主体。❺ 习近平总书记强调，"好老师应该懂得，选择当老师就选择了责任，就要尽到教书育人、立德树人的责任，并把这种责任体现到平凡、

---

❶ 劳凯声.教师法律身份的演变与选择［J］.中国教育学刊，2020（4）：5-14.
❷ 中共中央 国务院关于全面深化新时代教师队伍建设改革的意见［EB/OL］.（2018-01-31）［2022-12-30］.http://www.gov.cn/zhengce/2018-01/31/content_5262659.htm.
❸ 杨挺，李伟.公办中小学教师作为国家公职人员的特殊法律地位［J］.中南民族大学学报，2021（7）：106-116.
❹ 习近平.做党和人民满意的好老师——同北京师范大学师生代表座谈时的讲话［N］.人民日报，2014-09-10.
❺ 任友群.打造新时代高质量教师队伍［N］.中国教育报，2022-11-19.

普通、细微的教学管理之中"❶；"做老师就要执着于教书育人"❷。在论述"四个相统一"时，习近平总书记特别指出，教师要坚持"教书和育人相统一"。他还要求教师坚持智育和德育并重的原则，坚持既要做"学问之师"，又要做"品行之师"，坚持把立德树人落实到细微之处。

2. 强调教师应该具备"以德为首"的综合素养，指出终身学习是新时代教师可持续发展的动力

习近平总书记对教师专业素养有系统的阐释，并明确提出了"以德为首"的综合素养要求。这些要求既立足中华传统文化的深厚底蕴，又观照当下的现实问题，更着眼未来教育的发展需要。

综合素养论将教师的道德素养、政治素养、专业素养进行了有机融合。首先，教师的职业特性决定了道德素养是对教师的首要要求。❸习近平总书记多次强调师德是"重中之重"，从"四有"好老师到"大先生"，师德的内涵不断丰富；从"言行一致、德行统一、育教统一"，到"品格高尚、品行良好、品味高雅"❹，对教师德行的要求不断提高。其次，政治素养决定了教师的底色。习近平总书记高度重视教师的思想政治素养，明确指出"思想政治素养关系教师一切教育教学行为的方向是否正确，理念是否符合中国特色社会主义制度和中国共产党对教育的全面领导。特别是对于高校而言，高校思想政治教育工作关系高校培养什么样的人、如何培养人以及为谁培养人这个根本问题"❺。因此，不断提高广大教师的思想政治素质和业务水平，增强广大教师的育人能力水平和激发创造活力是教师队伍建设的重点。❻社会主义国家的人民教师必须"准确理解和把握社会主义核心价值观的深刻内涵，增强价值判断、选择、塑

---

❶ 习近平.做党和人民满意的好老师——同北京师范大学师生代表座谈时的讲话[N].人民日报，2014-09-10.

❷ 习近平.坚持中国特色社会主义教育发展道路 培养德智体美劳全面发展的社会主义建设者和接班人[N].人民日报，2018-09-10.

❸ 冉亚辉.习近平总书记关于教师队伍建设重要论述的理论特质论析[J].教育理论与实践，2020（13）：38-42.

❹ 仇珊华.习近平关于教师要做"大先生"的思想论析[J].河北师范大学学报（教育科学版），2017（3）：121-125.

❺ 习近平.习近平谈治国理政：第二卷[M].北京：外文出版社，2017：376.

❻ 怀进鹏.加强建设教育强国[G]//党的二十大报告辅导读本.北京：人民出版社，2022：340.

造能力，带头践行社会主义核心价值观"❶。最后，专业素养是核心。作为一种专业性很强的职业，教育工作需要从业者遵循特定的职业规范并具有专门的理念、知识、能力。习近平总书记对教师的专业素养提出了明确的要求，"扎实的知识功底、过硬的教学能力、勤勉的教学态度、科学的教学方法是教师的基本素质，其中知识是根本基础"❷。

习近平总书记不仅为教师发展构建了基本的专业素养框架，也明确指出教师的专业成长需要经验的积累，教师的可持续专业发展更需要终身学习、实践反思和自我完善。他多次强调教师要树立并践行终身学习的理念，教师要"牢固树立终身学习理念，加强学习，拓宽视野，更新知识，不断提高业务能力和教育教学质量，努力成为业务精湛、学生喜爱的高素质教师"❸。教师应"始终处于学习状态，站在知识发展前沿，刻苦钻研、严谨笃学，不断充实、拓展、提高自己"❹。可以看出，习近平总书记是从建设"教育强国"、打造"学习型社会"、构建"终身教育体系"和营造"全民学习氛围"的高度来看待教师的终身学习，指出了教师学习不仅是为了不断提高自身素质以适应教育工作的要求，也是作为学习榜样对学生以及社会公众发挥示范引领作用。2019年，中共中央、国务院印发《中国教育现代化2035》，提出要"建成服务全民终身学习的现代教育体系"。作为"梦之队的筑梦人"，新时代教师的终身学习的意识与能力对中国特色社会主义建设和中华民族伟大复兴具有深远意义。

教师的学习与发展需要外部环境的支持，但最终需要通过内在机制才能实现。习近平总书记特别强调要激发教师发展的内在动力，并提出了自我反思、自我修养、自我锤炼、自我教育是教师实现自我发展的重要方式，自我成长才是必由之路。教师要始终怀有学习热情和求知欲望，不断开阔视野和吸收新知，善于将外界知识、他人经验和自身实践进行重构，不断优化自己的学识和

---

❶ 中共中央 国务院关于全面深化新时代教师队伍建设改革的意见［EB/OL］.（2018-01-31）［2022-12-30］.http://www.gov.cn/zhengce/2018-01/31/content_5262659.htm.

❷ 习近平.抓住培养社会主义建设者和接班人根本任务 努力建设中国特色世界一流大学［N］.人民日报，2018-05-03.

❸ 习近平向全国广大教师致慰问信［N］.人民日报，2013-09-10.

❹ 习近平.做党和人民满意的好老师——同北京师范大学师生代表座谈时的讲话［N］.人民日报，2014-09-10.

能力。只有教师个体实现自主发展，才可能建设高素质专业化创新型的教师队伍，为实现教育现代化提供强大动力。同时，如果回归到"人是教育的中心"这一价值理念，教育的最终目的都是促进学生和教师这些"人"的发展，从这个意义上说，自主发展的教师和自主创新的教师队伍也是教育现代化的标志之一。

3. 强调建立以师范院校为主体、高水平非师范院校参与的中国特色教师教育体系，提高教师教育的专业性

我国从 19 世纪末开始探索教师培养体系的建设，在 20 世纪上半叶基本形成了以多层级的师范院校为主体、部分综合性大学参与的教师培养体系。❶ 中华人民共和国成立以后，我国主要学习苏联模式，逐渐形成了以独立设置、定向培养为主要特征的三级师范教育体系。❷ 20 世纪 90 年代之后，随着欧美各国教师教育综合化的趋势日益明显，我国的师资培养模式也逐渐转向以师范院校为主、综合性院校参与的混合式教师培养体系。2001 年印发的《国务院关于基础教育改革与发展的决定》中强调，要"完善以现有师范院校为主体、其他高等学校共同参与、培养培训相衔接的开放的教师教育体系"❸。这是我国在政策文件中首次提出"教师教育"的概念。此后，开放性的现代化教师教育体系得到发展与强化。

党的十八大以来，以习近平同志为核心的党中央更加重视教师教育的引擎作用，指出教师教育的根本目的在于，"培养一支师德高尚、业务精湛、结构合理、充满活力的高素质专业化教师队伍"❹。党的十九大报告明确提出，"中国特色社会主义进入了新时代，这是我国发展新的历史方位"❺。新时代必然对教师教育有新的要求。2018 年，《中共中央 国务院关于全面深化新时代教师队

---

❶ 孟繁华. 新时代师范大学改革发展之道［J］. 教育研究，2021（2）：17-21.
❷ 荀渊. 1949 年以来我国教师教育的制度变迁［J］. 教师教育研究，2013（5）：1-5.
❸ 国务院关于基础教育改革与发展的决定［EB/OL］.（2021-05-29）［2022-12-30］. http://www.gov.cn/gongbao/content/2001/content_60920.html.
❹ 宋磊. 全面加强新时代教师教育体系建设［J］. 教师教育学报，2020（6）：1-6.
❺ 习近平. 决胜全面建成小康社会 夺取新时代中国特色社会主义伟大胜利——在中国共产党第十九次全国代表大会上的报告［EB/OL］.（2017-10-27）［2022-12-30］. http://www.moe.gov.cn/jyb_xwfb/xw_zt/moe_357/jyzt_2017nztzl/2017_zt11/17zt11_yw/201710/t20171031_317898.html.

伍建设改革的意见》明确提出，"支持高水平综合大学开展教师教育……建立以师范院校为主体、高水平非师范院校参与的中国特色师范教育体系"❶。该文件的出台指明了新时代教师教育的"体制性方向"。随后，教育部等五部门印发了《教师教育振兴行动计划（2018—2022年）》，对新时代教师教育的实施进行了具体部署。❷ 2022年，教育部等八部门印发了《新时代基础教育强师计划》，再次明确"构建师范院校为主体、高水平综合大学参与、教师发展机构为纽带、优质中小学为实践基地的开放、协同、联动的现代教师教育体系"❸。可以看出，经过多年的改革与发展，我国的教师培养体系从封闭到开放，从固化到灵活，从单一到协同，从满足数量到追求质量，中国特色教师教育体系建设的最终目标都是提高教师教育的专业化水平，以提升教师的专业素养，并最终打造能够适应新时代教育发展需要的高素质专业化创新型教师队伍。

习近平总书记提出，高质量的教师教育应该深化供给侧结构性改革，重振师范教育，这为建设中国特色教师教育体系指明了实施路径。师范院校是开展教师教育的主要力量，在教师教育体系中有着独特的地位和价值。我国师范院校的办学特色和办学优势就是教师教育，有着长期丰富的师资培养培训经验，为基础教育输送了大量的优秀师资。同时，师范院校通过和一线中小学校的互动合作，一方面，有助于教师教育满足实践改革的需求；另一方面，引领了基础教育实践的发展。师范院校在教师教育体系中"主体地位"的确立和"重要作用"的发挥，源于师范院校"在教师教育中所表现出的文化引领力、制度保障力、资源提供力、专业投入力与人才培养力"❹。对于如何让师范院校能够强化"身份自信"、回归"师范本性"、落实"第一职责"的问题，2020年中共中央、国务院发布的《深化新时代教育评价改革总体方案》中给出了明确的思路，"推进高校分类评价，引导不同类型高校科学定位，办出特色和水平"；"改进师范院校评价，把办好师范教育作为第一职责，将培养合格教师作为主要考

---

❶ 中共中央 国务院关于全面深化新时代教师队伍建设改革的意见［EB/OL］.（2018-01-31）［2022-12-30］. http://www.gov.cn/zhengce/2018-01/31/content_5262659.htm.
❷ 戚万学. 新时代师范大学的发展向度［J］. 教育研究，2021（2）：13-17.
❸ 教育部等八部门关于印发《新时代基础教育强师计划》的通知［EB/OL］.（2022-04-11）［2022-12-30］. http://www.moe.gov.cn/srcsite/A10/s7034/202204/t20220413_616644.html.
❹ 刘益春，等. 提升师范大学教育力，支撑教育高质量发展［J］. 教师教育研究，2021（1）：1-6, 13.

核指标"❶。可以说,宏观层面评价导向的明确,为师范院校"聚焦主责、主业、主题"指明了改革方向、奠定了政策基础。❷

高水平综合性大学参与教师教育,最终指向的是提高教师教育的专业性。高水平综合性大学在学科建设、教育资源、科研平台等方面有特殊优势,如果能将优势学科专业与教师教育专业有效衔接、有机结合,可以有效提升未来师资的学科知识专业水平。此外,构建"本—硕""本—硕—博"一体化的教师教育体系也是综合性大学参与教师教育的有效形式。

目前,师范院校与非师范院校共同举办师范教育的开放体系基本形成。2020年,我国共有参与教师教育的院校696所,其中,师范院校207所(包括:师范大学50所,师范学院71所,师范高等专科学校86所),培养师范生的非师范院校489所(大学74所,学院179所,独立学院38所,高职高专院校192所,其他6所)。❸如何强化师范院校和综合性大学之间的协同联动,统筹发挥师范院校的师范特质和综合性大学的学科优势,从教育专业知识和学科知识两个维度整体提升教师教育的专业性,致力于优质师资的培养,这些都需要进行积极探索。

4. 强调构建多方面全方位的发展保障体系,明确各级政府对教师队伍建设的主责

习近平总书记立足新时代教育的根本任务和教师队伍的核心特征来把握教师工作。他敏锐地认识到,现阶段教师队伍建设的关键问题是,如何吸引并留住优秀人才从教,如何支持教师更好地安心从教等。他多次强调,要从社会氛围、精神激励、物质保障、制度建设等多方面,全方位构建教师队伍建设的保障体系。而保障体系建设的关键是,提供支持性的资源和采取持续性的举措,核心是待遇、制度和氛围等,着眼点在于既直面当前问题又面向未来需要。

落实并不断提高教师待遇,为教师队伍建设奠定物质基础,完善制度和深化改革是推动教师队伍建设的保障。习近平总书记充分了解我国教师待遇还有

---

❶ 刘益春,等.提升师范大学教育力,支撑教育高质量发展[J].教师教育研究,2021(1):1-6,13.
❷ 戚万学.新时代师范大学的发展向度[J].教育研究,2021(2):13-17.
❸ 对十三届全国人大三次会议第6638号建议的答复[EB/OL].(2020-12-08)[2022-12-30]. http://www.moe.gov.cn/jyb_xxgk/xxgk_jyta/jyta_jiaoshisi/202101/t20210128_511571.html.

待提高的现状,他曾指出,"很多地方做老师还比较清苦,特别是农村基层小学老师很辛苦,收入不高,物质生活不是很宽裕,有些家庭负担较重的老师生活还比较困难"❶。因此,他多次呼吁改善教师待遇,关心教师健康,维护教师权益。教师的经济收入水平反映了教师的社会地位,并影响到教师职业的吸引力,要吸引优秀人才加入教师队伍去培养更优秀的人,需要在职称评聘、奖励表彰等各个方面支持教师发展。习近平总书记尤其倡导要营造尊师敬教的社会氛围,要形成支持教育发展和尊重教师工作的社会风气。"尊师"的目的是"让广大教师安心从教、热心从教、舒心从教、静心从教,让广大教师在岗位上有幸福感、事业上有成就感、社会上有荣誉感,让教师成为让人羡慕的职业"❷。"三让"的论述,充分考虑到了教师在物质生活、归属感和自我实现等不同层面的需求。

习近平总书记明确指出,政府是教师队伍建设的主体。他要求各级党委和政府明确职责,真正将加强教师队伍建设作为推动教育事业发展的基础工作。他同时强调,教师队伍建设是个系统工程,各级政府要全面设计、系统谋划和整体推进,既要着力解决教师队伍建设的现实难题,也要充分谋划面向教育现代化和建设社会主义现代化强国的未来需求。

5. 强调要重视发挥教师的社会教化功能,倡导激发教师本心实现师德内化

现代社会的教育具有鲜明的国家导向和教化功能,承担着促进国家道德、文化和政治发展的作用,肩负着促进个体成人的责任。❸对于国家而言,教育是主流意识形态的推广普及;对于社会而言,教育是价值理念和文化思想的代际传递;对于学生而言,教育是知识获得和品格培育。教师是教育实施教化功能的执行者,扮演着"社会代言人"和"教化者"的角色。有效的教化强

---

❶ 习近平.做党和人民满意的好老师——同北京师范大学师生代表座谈时的讲话[N].人民日报,2014-09-10.
❷ 习近平.全面贯彻落实党的教育方针 努力把我国基础教育越办越好[N].人民日报,2016-09-10.
❸ 涂尔干.教育思想的演进[M].上海:上海人民出版社,2006:240-241.

调"教化者的以身传道和被教化者的省思内化"❶。因此，教师不但需要向学生和公众阐释符合主流意识形态要求的价值理念、思想文化、道德规范和行为方式，而且其自身也必须成为这些理念和规范的执行者和示范者，才能保证实现有效的引领与教化。

习近平总书记从国家繁荣、民族振兴的高度来定位教师的社会作用，从事业发展、学生成长的角度来定位教师的专业作用。因此，他尤其强调，教师需要德才兼备的"社会形象"和"示范效应"，要成为社会的"楷模"和学生的"榜样"。教师是一个特殊的职业，承载着高标准的德性诉求，古今中外的教师都被视为爱心的标尺、道德的化身、行为的榜样，其言行举止承载着丰富的教育意蕴。"为人师表""以身作则""诲人不倦"被认为是教师应该具备的职业特质和行为准则，教师被期待"成为道德高尚的人，成为学生的品行之师"。优秀的教师能够以自然的方式、在尊重学生自由的基础上促进学生的精神成长、个性发展和自我完善。❷相反，教师如果有违反师德的行为，也会导致极大的负面影响，不但直接破坏了教师在社会公众和学生心目中的形象，而且也背离了对教师职业的功能定位，并最终造成对教师专业权威的质疑。

习近平总书记指出，"师德是深厚的知识修养和文化品位的体现"❸。他要求教师在以德立身中提升修养，在以德立学中明道信道，在以德施教中潜心育人，在以德育德中涵养德才。这些论述强调了教师要把优秀师德的养成与社会教化作用的发挥、立德树人根本任务的完成，在逻辑上保持一致，在行为上融为一体。师德建设是制度化和内化共同作用的结果，内化起主要作用。❹对于教师而言，"道德成长、人格修养、知识生成都需要教师身正为范，因此师德养成的本质是教师的自我立德树人"❺。师德的涵养不仅需要教师对外在规范和制度的遵从，更需要教师发自本心的专业认同和意义获得，教师的师德形成是"由一个天然自我向德性自我转换的过程，也是一个化外在世界为内在品格的

---

❶ 刘华.马克思主义与教化——以儒家教化理念为视角反思马克思主义社会教化的缺失[J].思想政治教育研究，2011（1）：58-61.
❷ 金生鈜.规训与教化[M].北京：教育科学出版社，2004：165.
❸ 习近平.做党和人民满意的好老师——同北京师范大学师生代表座谈时的讲话[N].人民日报，2014-09-10.
❹ 唐凯麟.伦理学[M].北京：高等教育出版社，2001：166.
❺ 于泽元，王开升.立德树人：师德的养成之道[J].教育研究，2021（3）：149-159.

过程",并最终促进教师成为一个"实现自我人格价值、人生价值和文化价值的人"❶。

(三)习近平总书记关于教师队伍建设的重要论述的重大意义

习近平总书记关于教师队伍建设的重要论述,是中国特色社会主义教育理论发展的最新成果。习近平总书记对教师工作的认识和对教师队伍建设的观点,反映了他富有历史底蕴、理论视野和实践特色的"大教师观",既有宏观的战略思路,也有微观的具体策略,堪称新时代的"新师说"❷,是加强教师队伍建设、推进教师教育学科发展的重要指引。

1. 习近平总书记关于教师队伍建设的重要论述从战略层面指明了教师队伍建设的改革方向

习近平总书记关于教师队伍建设的重要论述,是将马克思主义的基本原理,同中国教育改革的时代要求和中国教师队伍建设的具体实践相结合而逐步形成和不断完善的,是马克思主义中国化的理论成果在教师发展研究领域和教师队伍建设事业中的具体运用。一方面,习近平总书记从马克思主义认识论出发,深刻论述了教师在实现中华民族伟大复兴事业中的关键作用,创生了新的教师发展理论,不断丰富和发展了马克思主义教育思想;另一方面,习近平总书记站在新的历史方位,对中国特色社会主义进入新时代之后,如何根据国家发展的战略布局和党对教育事业的总体要求开展教师队伍建设,进行了全面分析,代表着新一届党中央领导集体,在全面继承了以毛泽东、邓小平、江泽民和胡锦涛为代表的历代中国共产党人先进教育思想的基础上提出的"时代方略"。习近平总书记以新时代教师队伍建设的重大问题为基本导向,使历史和现实、理论和实践、思想和政策相互贯通,从战略层面深刻揭示了教师队伍建设的客观规律和时代特点,科学规划了教师队伍建设的总体目标和阶段任务,明确提出了教师队伍建设的方针路线和具体策略。习近平总书记关于教师队伍建设的重要论述,从战略目标、战略意图、战略行动、战略步骤等不同层面,

---

❶ 于泽元,王开升.立德树人:师德的养成之道[J].教育研究,2021(3):149-159.
❷ 宋磊.全面加强新时代教师教育体系建设[J].教师教育学报,2020(6):1-6.

对"新时代中国的教育改革需要什么样的教师队伍""如何发挥教师队伍建设在教育改革中的先导性基础性作用""怎样促进高素质专业化创新型的教师队伍建设"等关键问题,作出了科学的解答,为新时代的教师队伍建设与改革提供了方向引领。

2. 习近平总书记关于教师队伍建设的重要论述从理论层面深化了教师队伍建设的内在规律

"九个坚持"是习近平总书记关于教育改革发展一系列新理念新思想新观点的高度理论概括,科学系统地回答了"新时代教育工作的方向性、全局性、战略性、根本性问题,体现了新时代党对我国教育事业的规律性认识"❶。"坚持把教师队伍建设作为基础工作"作为其中的重要组成部分,是习近平总书记对长期以来我党教师队伍建设有效实践经验的理性深化。习近平总书记关于教师队伍建设的重要论述自成体系,内涵丰富、结构完整,具有完整的内在逻辑联系,代表着我们党对新时代教师发展规律的最高认识水平。习近平总书记对师德师风、教师地位、教师使命、教师素养、教师待遇、教师发展等各个方面都有深刻的认识,对教师教育的方向、体系、保障等一系列理论问题进行了深入阐述。实际上,习近平总书记的"教师观"是在"坚持以人民为中心发展教育"❷的核心理念统领下,和他所秉持的"学生观""德育观""教学观""课程观"等一脉相承并融为一体,共同构成了独特的"教育观"。这些重要论述为深化教师管理体制改革、促进教师教育发展、推动教师发展研究奠定了理论基础。

3. 习近平总书记关于教师队伍建设的重要论述从实践层面提供了教师队伍建设的行动指南

习近平总书记关于教师队伍建设的教育思想和主张,是在对当今世界和我国经济、科技、教育发展新形势与现实境况进行全面审视和精准定位的基础上形成的,是在把握国际大势的基础上,立足中国国情,汲取中华优秀传统文化中的思想精华,站在历史与时代的制高点而提出的,具有重要的现实意义和实

---

❶ 本书编写组.习近平总书记教育重要论述讲义[M].北京:高等教育出版社,2020:10-11.
❷ 本书编写组.习近平总书记教育重要论述讲义[M].北京:高等教育出版社,2020:10-11.

践指导价值,为新时代我国教师队伍建设提出了清晰目标,提供了标准路径,设计了践行方略。习近平总书记对新时代教师专业素养及其养成有系统论述,可以指引每一位教师通过经验积累、持续学习、潜心研究,不断获得自我发展,获得职业幸福感和满足感。习近平总书记强调,要将师德师风建设作为教师队伍建设主线,这一理念可以运用于教师培养和培训的课程设计、教师管理制度的建设等。习近平总书记还对如何提高教师待遇、改革教师评价、减轻教师负担,如何营造尊师敬教的社会氛围等,提出了具体要求,可以直接落实到相关工作策略。习近平总书记关于教师队伍建设的重要论述体现了政策维度、理论维度和实践维度的融合与统一,为新时代践行"新师说",开创教师教育体系建设黄金时代提供了行动指南。❶

二、全面深化新时代教师队伍建设改革 打造新时代高素质专业化创新型教师队伍

2018年1月,《中共中央 国务院关于全面深化新时代教师队伍建设改革的意见》印发,这是新中国成立以来党中央出台的第一个专门面向教师队伍建设的里程碑式的政策文件,文件的出台意义重大,描绘了新时代教师队伍建设的宏伟蓝图,构建了教师队伍建设的"四梁八柱",将有力推动新时代高素质专业化创新型教师队伍建设。

(一)文件出台的形势背景

党和国家历来高度重视教师工作。党的十八大以来,以习近平同志为核心的党中央将教师队伍建设摆在突出位置,作出了一系列重大决策部署。习近平总书记多次发表重要讲话,高度评价教师职业的特殊性,指出教师是立教之本、兴教之源,做的是传播知识、传播思想、传播真理的工作,是塑造灵魂、塑造生命、塑造人的工作。对教师提出殷切希望,号召广大教师要坚持教书与育人、言传与身教、潜心问道与关注社会、学术自由与学术规范相统一,做有理想信念、有道

---

❶ 宋磊.全面加强新时代教师教育体系建设[J].教师教育学报,2020(6):1-6.

德情操、有扎实学识、有仁爱之心的好老师，做学生锤炼品格、学习知识、创新思维、奉献祖国的引路人。对各级党委和政府提出明确要求，强调要从战略高度认识教师工作的极端重要性，把加强教师队伍建设作为基础工作来抓，让广大教师安心从教、热心从教、舒心从教、静心从教，让教师成为让人羡慕的职业。

广大教师不忘初心、牢记使命、爱岗敬业、教书育人、改革创新、服务社会，为国家繁荣、民族振兴、人民幸福作出了历史性贡献，中国特色社会主义现代化建设事业不断推进。时代越是向前，知识和人才的重要性就愈发突出，教育和教师的地位和作用就愈发凸显。当前，我国社会主要矛盾已经转化为人民日益增长的美好生活需要和不平衡不充分的发展之间的矛盾，人民对公平而有质量的教育的向往更加迫切，面对新方位、新征程、新使命，教师队伍建设还不能完全适应，如有的地方对教育和教师工作重视不够、对教师队伍建设投入力度不足、对师范院校支持不够，有的教师思想政治素质、师德素养和专业化水平需要提升，教师管理体制机制亟须理顺，教师地位待遇有待提高等。这些问题如果不尽快解决，势必影响我国现代化进程。加强教师队伍建设，必须全面谋划、主动作为、大力推进。

（二）文件出台的重大意义

《中共中央 国务院关于全面深化新时代教师队伍建设改革的意见》，是以习近平同志为核心的党中央高瞻远瞩、审时度势，立足新时代作出的重大战略决策，将教育和教师工作提到了前所未有的政治高度，对于建设教育强国、决胜全面建成小康社会、夺取中国特色社会主义伟大胜利、实现中华民族伟大复兴的中国梦具有十分重要的意义。

1. 学习贯彻习近平新时代中国特色社会主义思想的重要举措

习近平新时代中国特色社会主义思想立意高远、内涵丰富，为新时代坚持和发展中国特色社会主义提供了科学的理论指引。党的十八大以来，习近平总书记多次就教育和教师工作发表重要讲话、作出重要论述，系统回答了一系列方向性、全局性、战略性问题，构成了系统科学完整的教育思想。文件认真贯彻习近平新时代中国特色社会主义思想，通篇闪耀着习近平新时代中国特色社会主义思想的光芒。

2. 贯彻落实党中央、国务院关于教育改革发展总体部署的重要举措

党的十八大以来，党中央、国务院对如何优先发展教育事业、加快教育现代化、办好人民满意的教育、建设教育强国等提出了明确要求，指明了前进方向，作出了重要部署。建设教育强国是中华民族伟大复兴的基础工程，建强教师队伍是建设教育强国的基础前提。文件对标新时代要求，描绘了新时代教师队伍建设宏伟画卷，提出了新时代教师队伍建设改革方向和关键举措，是贯彻落实党中央、国务院关于教育改革发展总体部署的迫切需要。

3. 满足人民日益增长的教育需求的重要举措

我国社会主要矛盾已经转化为人民日益增长的美好生活需要和不平衡不充分的发展之间的矛盾。教育是民生之首，为人民提供更加优质的教育，是满足人民日益增长的美好生活需要的重要内容。面对新方位、新形势、新要求，教师队伍建设还存在一些不平衡不充分的地方。如有的地方在教育事业发展中重硬件轻软件、重外延轻内涵的现象还比较突出，师范教育体系有所削弱，有的教师素质能力难以适应新时代人才培养需要，教师特别是中小学教师职业吸引力不足，教师城乡结构、学科结构分布不尽合理，准入、招聘、交流、退出等机制还不完善，管理体制机制亟须理顺等。文件着力破解瓶颈障碍，围绕建设高素质教师队伍，从师德建设、培养培训等方面提出了一系列政策举措，努力取得新时代教师队伍建设的新成效，不断满足人民日益增长的美好生活需要。

（三）文件确立的总体要求

1. 明确了教师队伍建设改革的指导思想

全面深化新时代教师队伍建设改革，目的是培养造就党和人民满意的高素质专业化创新型教师队伍。要全面贯彻落实党的十九大精神，以习近平新时代中国特色社会主义思想为指导，紧紧围绕统筹推进"五位一体"总体布局和协调推进"四个全面"战略布局，坚持和加强党的全面领导，坚持以人民为中心的发展思想，坚持全面深化改革，牢固树立新发展理念，全面贯彻党的教育方针，坚持社会主义办学方向，落实立德树人根本任务，遵循教育规律和教师成长

发展规律，加强师德师风建设，培养高素质教师队伍，倡导全社会尊师重教，形成优秀人才争相从教、教师人人尽展其才、好老师不断涌现的良好局面。

2.明确了教师队伍建设改革的基本原则

一是确保方向，确保党牢牢掌握教师队伍建设的领导权。二是强化保障，把教师工作置于教育事业发展的重点支持战略领域。三是突出师德，把提高教师思想政治素质和职业道德水平摆在首要位置。四是深化改革，把管理体制改革与机制创新作为突破口。五是分类施策，根据各级各类教师的不同特点和发展实际，考虑区域、城乡、校际差异，采取针对性的政策举措。

3.明确了教师队伍建设改革的目标任务

通过采取一系列政策举措，经过五年左右努力，教师培养培训体系基本健全，职业发展通道比较畅通，事权人权财权相统一的管理体制普遍建立，待遇提升保障机制更加完善，教师职业吸引力明显增强。教师队伍规模、结构、素质能力基本满足各级各类教育发展需要。到2035年，教师综合素质、专业化水平和创新能力大幅提升，培养造就数以百万计的骨干教师、数以十万计的卓越教师、数以万计的教育家型教师。教师管理体制机制科学高效，实现教师队伍治理体系和治理能力现代化。教师主动适应信息化、人工智能等新技术变革，积极有效开展教育教学。尊师重教蔚然成风，广大教师在岗位上有幸福感、事业上有成就感、社会上有荣誉感，教师成为让人羡慕的职业。

（四）文件提出的重要举措

《中共中央 国务院关于全面深化新时代教师队伍建设改革的意见》围绕加强师德师风建设、提升教师队伍质量、深化教师管理改革、提高教师地位待遇，提出了一系列尊师强师惠师举措，明确了全面深化新时代教师队伍建设改革的路径。

1.加强教师思想政治和师德师风建设

重视教师党员队伍建设，教师队伍是教育事业的压舱石，教师党员队伍是教师队伍的压舱石。要加强教师党支部和党员队伍建设。落实全面从严治党要求,加强政治建设,用习近平新时代中国特色社会主义思想武装头脑,增强"四个意识"。加强教师党支部书记和党员发展工作。加强教师思想政治建设,思想政治素质是教师的必备底色。加强理想信念教育,引导教师树立正确的历史观、民族观、国家观、文化观,坚定"四个自信"。引导教师带头践行社会主义核心价值观,加强中华优秀传统文化和革命文化、社会主义先进文化教育。提高教师职业道德,健全师德建设长效机制,实施师德师风建设工程,引导广大教师以德立身、以德立学、以德施教、以德育德。

2. 提高教师专业素质能力

办好师范专业,建立以师范院校为主体、高水平非师范院校参与的中国特色师范教育体系。研究制定师范院校建设标准和师范类专业办学标准,重点建设一批师范教育基地,整体提升办学水平。鼓励提高师范专业生均拨款标准,提升师范教育保障水平。调动一流综合性高校参与师范教育。开展师范类专业认证,保障培养质量。提高生源质量,改革招生制度,提高生源质量,鼓励有志于从教的优秀学生进入师范专业。完善教育部直属师范大学师范生公费教育政策,履约任教服务期调整为6年,提升免费师范生吸引力。创新教师培养模式,以实践为导向优化教师教育课程体系,注重师德养成教育,不断更新课程内容,推进地方政府、高等学校、中小学"三位一体"协同育人,分类培养高素质专业化的中小学教师、高素质善保教的幼儿园教师、高素质"双师型"的职教教师、高素质创新型的高校教师。增强教师培训实效,统筹推进国培项目,中小学国培计划集中支持中西部乡村教师提升整体素质,教师素质提高计划重点提升职业院校教师实践教学技能,高校国培项目注重提升西部青年教师教学能力。服务创新型国家和人才强国建设、世界一流大学和一流学科建设,着力打造创新团队、培养引进一批具有国际影响力的学科领军人才和青年学术英才。

3. 创新教师管理体制机制

重视教师配备,中小学方面,盘活事业编制存量,优化编制结构,向教师队伍倾斜,采取多种形式增加中小学教师总量。同时,加大统筹配置和跨区域调整力度,省级统筹、市域调剂、以县为主,动态调配。高校方面,积极探索实行高等学校人员总量管理。重视教师准入，新入职教师必须取得教师资格。逐步提高中小学入职学历标准，将幼儿园教师学历提升至专科，小学教师学历提升至师范专业专科和非师范专业本科，初中教师学历提升至本科，有条件的地方将普通高中教师学历提升至研究生。严把高校教师选聘入口关，实行思想政治素质和业务能力双重考察。重视教师职称，适当提高中小学中级、高级教师岗位比例，高校教师职称评审权下放到高校，让教师职业发展通道更宽广、更通畅。重视教师评价，中小学教师坚持德才兼备、全面考核，突出教育教学实绩。职业院校"双师型"教师考核评价要充分体现技能水平和专业教学能力。高校突出教育教学业绩和师德考核，并将教授为本科生上课作为基本制度。

4. 提高教师地位待遇

明确教师的特别重要地位，突显教师职业的公共属性，强化教师承担的国家使命和公共教育服务的职责，确立公办中小学教师作为国家公职人员特殊的法律地位，提升教师的政治地位、社会地位、职业地位。提高教师生活待遇，完善中小学教师待遇保障机制，健全中小学教师工资长效联动机制，核定绩效工资总量时统筹考虑当地公务员实际收入水平，确保中小学教师平均工资收入水平不低于或高于当地公务员平均工资收入水平。推进高等学校教师薪酬制度改革，扩大收入分配自主权。民办学校应与教师依法签订合同，按时足额支付工资等。保障教师合法权益，建设现代学校制度，突出教师主体地位，落实教师知情权、参与权、表达权、监督权，保障教师参与学校决策的民主权利。维护教师职业尊严和合法权益，关心教师身心健康。加大教师表彰力度，大力宣传教师"时代楷模"和"最美教师"。开展国家级教学名师、国家级教学成果奖评选表彰。做好乡村学校从教 30 年教师荣誉证书颁发工作。各地要开展多种形式的教师表彰奖励活动，并落实相关优待政策。鼓励社会力量对教师出资奖励。

5. 补齐乡村教师队伍建设的短板

扩大乡村教师补充，逐步扩大特岗计划实施规模。鼓励地方为乡村学校及教学点培养"一专多能"教师。实施"银龄讲学计划"，鼓励支持乐于奉献、身体健康的退休优秀教师到乡村和基层学校支教讲学。促进乡村教师交流轮岗，实行"县管校聘"，深入推进县域内义务教育学校教师、校长交流轮岗，推动城镇优秀教师校长向乡村学校、薄弱学校流动。实行学区（乡镇）内走教制度。实施乡村教师生活补助，认真落实艰苦边远地区津贴。全面落实连片特困地区乡村教师生活补助政策，依据学校艰苦边远程度实行差别化补助，鼓励提标扩面。加强乡村教师周转宿舍建设，让乡村教师住有所居。重视乡村青年教师，帮助乡村青年教师解决困难，关心乡村青年教师工作生活，巩固乡村青年教师队伍。在培训、职称评聘、表彰奖励等方面向乡村青年教师倾斜，优化乡村青年教师发展环境，加快乡村青年教师成长步伐。

（五）推动文件落地见效

一分部署，九分落实，为推动全面深化新时代教师队伍建设改革的各项举措落地见效，文件也明确了三项保障举措。

1. 强化组织保障

实行一把手负责制，坚持发展抓公平、改革抓机制、整体抓质量、安全抓责任、保证抓党建，把教师工作摆上重要议事日程，细化分工，确定路线图、任务书、时间表和责任人。各省、自治区、直辖市党委常委会每年至少研究一次教师队伍建设工作。建立教师工作联席会议制度，解决教师队伍建设重大问题。

2. 强化经费保障

各级政府要将教师队伍建设作为教育投入重点予以优先保障，完善支出保障机制，确保党和国家关于教师队伍建设重大决策部署落实到位。优化经费投入结构，优先支持教师队伍建设最薄弱、最紧迫的领域。加大师范教育投入力度。健全以政府投入为主、多渠道筹集教育经费的体制。规范经费使用，确保资金使用效益。

3. 强化督查督导

各级党委和政府要将教师队伍建设列入督查督导工作重点内容，并将结果作为党政领导班子和有关领导干部综合考核评价、奖惩任免的重要参考。

第一章

新时代教师队伍建设改革成效

一、新时代教师队伍建设改革的总体成就

党的二十大报告对党的十八大以来教育改革发展成就做了充分肯定，指出在幼有所育、学有所教上持续用力，建成了世界上规模最大的教育体系。党中央、国务院坚持把教师队伍建设作为基础工作。习近平总书记始终心系广大教师，对教师队伍建设作出了系列重要指示批示，强调教师是立教之本、兴教之源，号召广大教师做"四有"好老师、"四个引路人"。各地区、各部门深入贯彻落实习近平总书记关于教育的重要论述，大力推进高素质专业化创新型教师队伍建设，教师工作取得了历史性成就，教师队伍整体面貌发生了格局性变化，优秀人才争相从教、教师人人尽展其才、好教师不断涌现的良好局面基本形成。教师队伍建设改革取得了以下十大进展。

（一）教师队伍建设改革制度体系完善健全

习近平总书记主持召开十九届中央全面深化改革领导小组第一次会议审议通过《中共中央 国务院关于全面深化新时代教师队伍建设改革的意见》，高位推动教师队伍建设改革。中办、国办出台《关于减轻中小学教师负担进一步营造教育教学良好环境的若干意见》，国办出台加强教师工资待遇保障文件和乡村教师支持计划，教育部会同相关部门出台一系列尊师强师惠师政策，基本形成了科学规范、系统完备、有效管用的教师制度体系。

（二）全国教师队伍实现了量质齐升

习近平总书记指出，国家繁荣、民族振兴、教育发展，需要我们大力培养造就一支高素质专业化教师队伍。我国专任教师总数从2012年的1462.9万人增长到2022年的1880.36万人。各级各类教师素质不断提升、结构不断优化，小学阶段专任教师学历合格率达99.99%，初中阶段专任教师中本科及以上学历比例为91.71%，普通高中专任教师中研究生学历占比为13.08%，职业教

育"双师型"教师比例为56.18%，普通职业高校研究生以上学历教师比例为78.54%。这支规模宏大的高素质专业化教师队伍成为支撑世界上最大规模教育体系的"大国良师"。

（三）教师思想政治和师德师风建设持续强化

习近平总书记强调，评价教师队伍素质的第一标准是师德师风。教育部严格落实师德师风"第一标准"要求，师德建设步入制度化、规范化、法治化轨道。出台新时代教师职业行为十项准则、《关于加强和改进新时代师德师风建设的意见》《关于落实从业禁止制度的意见》等政策，构建新时代师德师风建设制度体系。严肃师德违规行为惩处，不断完善公开曝光、核查处理、专项检查等工作机制。探索案例指导制度，建设师德严重违规查询平台，健全教师准入和全行业从业禁止工作体系。成立全国师德师风建设专家委员会，教育部师德师风建设基地，持续举办教师国情研修班，推进师德教育研究专业化、师德教育常态化。全国范围内，师德师风"严"的要求已经确立，广大教师恪守职业道德，底线意识不断增强，师德师风建设形势整体向好。

（四）中国特色高水平教师教育体系建立建强

习近平总书记要求，要加强教师教育体系建设，加大对师范院校的支持力度，不断提高教师培养培训质量。到2022年，已经建立了以225所师范院校为主体、565所非师范院校共同参与的中国特色教师教育体系，实现由"中师、专科、本科"三级教师教育向"专科、本科、研究生"三级教师教育跃升。基础教育教师培养培训成效显著，实施部属师大师范生公费教育，党的十八大以来，十年招生8.5万人，履约就业的毕业生中有88%到中西部任教。实施"国培计划"，中央投入超过200亿元，培训校长教师1800多万人次。启动新时代基础教育强师计划，中央安排50亿元支持师范院校建设。实施中西部欠发达地区优秀教师定向培养计划，每年为脱贫县和中西部陆地边境县培养1万名师范生。实施"师范教育协同提质计划"，依托高水平师范大学支持薄弱地方师范院校建设。职业教育"双师型"队伍建设加快推进，中央投入53亿元实施职业院校教师素质提高计划，实施"职教国培"示范项目，建立170个国家级"双师型"教师培训基地和202家企业实践基地。高校教师发展体系不断强化，对4500名中西部高校新入职教师进行示范培训，支持 2500 名中西部高校青年骨干教师国内访学。

（五）教师管理综合改革走向深化

习近平总书记强调，要深入推进教师管理体制机制改革，全面提升教师素质能力。实现全国中小学教职工编制省、市、县三级全面达标，2001 年分别设立城市、县镇和农村中小学教职工编制标准，2014 年实现城乡编制标准统一，2019 年出台创新编制管理举措。经过 20 多年努力，2022 年 6 月底省、市、县全面达标。教师资格考试和定期注册制度全面实行，教师资格考试报名人数由 17.2 万人次跃升至 2022 年的 1144.2 万人次。推进教师岗位和职称改革，中小学设置正高级教师职称，深化中等职业学校教师职称制度改革，将高校教师职称评审权下放至学校，畅通教师职业发展通道。深化教师评价改革，严把思想政治和师德师风考核关，突出教育教学能力和业绩，破除"五唯"弊端。将教师减负纳入整治形式主义专项，持续减轻中小学教师非教育教学负担。

（六）教师地位待遇不断提升

习近平总书记要求，要满腔热情关心教师，不断提高教师待遇，让广大教师安心从教、热心从教、舒心从教、静心从教。建立了教师工资待遇保障长效机制，各地基本实现义务教育教师平均工资收入水平不低于当地公务员平均工资收入水平。完善中小学教师收入分配激励机制，绩效工资发放有效体现教师工作量和工作绩效。全面实施乡村教师生活补助政策，截至 2022 年，中央安排 250.1 亿元，惠及中西部 22 省份 725 区县 7.6 万所乡村学校 130 万名教师。推进高校教师薪酬制度改革，落实以增加知识价值为导向的分配政策。中央投入 260 多亿元，支持边远艰苦地区建设约 60 万套农村教师周转宿舍，超过 83 万名教师入住，让教师们安居乐业。

（七）教师队伍人才建设取得重要突破

习近平总书记指出，没有高水平的师资队伍，就很难培养出高水平的创新人才。着力完善高校高层次人才建设制度，强化紧缺领域人才培养，实施好重大人才专项，加强高端智库建设，形成具有中国特色和国际竞争力的高校人才建设体系。先后评选 2675 项国家级教学成果奖，评选 712 名国家教学名师，培养308位名师名校长，打造364个职业教育教学创新团队，创建401个"全国高校黄大年式教师团队"。

（八）教师队伍短板加速补齐

习近平总书记要求，要把乡村教师队伍建设摆在优先发展的战略位置，努力造就一支素质优良、甘于奉献、扎根乡村的教师队伍。持续推进乡村教师支持计划，乡村教师"下得去、留得住、教得好"局面基本形成。实施"特岗计划"，为中西部乡村学校补充103万名教师。出台幼儿园教职工配备标准，幼儿园专任教师从147.9万人增加到324.42万人。实施特殊教育提升计划，特殊教育教师从4.4万人增加到7.27万人。实施教师人才支教援助专项，通过"三区"人才计划教师专项、援藏援疆万名教师支教和教育人才"组团式"援疆、中小学银龄讲学计划和高校银龄教师支援西部计划，累计派出23.7万余名教师到农村和中西部学校支教讲学。启动乡村振兴重点帮扶县教育人才"组团式"帮扶，从东部遴选247名优秀校长、2145名中层管理人员和教师组成帮扶团队，支持160个帮扶县每县建好一所普通高中和职业高中。

（九）教师工作与信息化不断融合创新

习近平总书记强调，广大教师要积极探索新时代教育教学方法，不断提升教书育人本领。实施两轮全国中小学教师信息技术应用能力提升工程，教师信息化教学能力大大提升。实施人工智能助推教师队伍建设试点，建立全国教师管理信息系统和教师资格管理信息系统，探索新技术助推教师工作的新路径。推进教师数字化学习，在国家智慧教育公共服务平台建成"教师研修"专区，2022年全国"教师暑期研修"专题，1300多万名教师注册学习，累计学习访问量超过13亿次，这是近年来国家层面首次组织的最大规模线上专项教师培训。

（十）全社会尊师重教氛围持续浓厚

习近平总书记要求，要从战略高度认识教师工作的极端重要性，大力弘扬尊师重教的社会风尚，努力提高教师政治地位、社会地位、职业地位，让广大教师享有应有的社会声望，让教师真正成为最受社会尊重和令人羡慕的职业。习近平总书记通过考察学校、接见优秀教师、与教师座谈、给教师回信等不同方式，对教师致以节日慰问，在全党全社会营造尊师重教浓厚氛围。建立了以人民教育家、全国模范教师、全国优秀教师为代表的教师荣誉表彰体系和以时代楷模、全国教书育人楷模、最美教师为代表的教师选树宣传体系。选树宣传"人民教育家"于漪、卫兴华、高铭暄，"七一勋章"获得者张桂梅，"时代楷模"李保国、黄大年、陈立群等一大批教师重大典型。表彰全国模范教师和优秀教师4300余名、全国教书育人楷模135名、最美教师120名，引领广大教师见贤思齐。很多行业企业在向社会公众提供服务时"教师优先"，很多图书馆、博物馆等场所对教师实行优待，很多社会团体、企业、民间组织对教师出资奖励，尊师重教蔚然成风。

国家兴衰系于教育，根本在教师。百年基业，十年辉煌。十年来，教师队伍建设改革值得浓墨重彩。十年来，习近平总书记始终将广大教师放在心上，将教师工作摆到极端重要的战略位置，为教师队伍建设改革把舵领航。十年来，各部门各地区各学校通力协作，推动教师工作由注重规模走向量质齐升阶段。十年来，广大教师以昂扬的精神、专业的工作、无私的奉献，浇灌教育田地，为亿万学子带来美好希望，撑起一片蓝天。

面向未来，我们将写好高质量教师队伍建设这篇新文章，持续打造"大国良师"，服务教育高质量发展，推进教育现代化，支撑教育强国。一是写好"严师篇"，强化价值引领，推进教师思想政治和师德师风建设，使广大教师严守行为底线，追求高位标杆。二是写好"强师篇"，实施好基础教育强师计划，开展名师名校长培养计划，打造职业教育"双师型"队伍，强化高校人才队伍建设，推进教师数字化学习。三是写好"惠师篇"，推进职称改革，深化教师评价改革，提高教龄津贴标准，完善教师工资待遇长效联动机制。四是写好"尊师篇"，完成《中华人民共和国教师法》修订，完善教师荣誉表彰体系，持续营造尊师重教良好氛围。

二、新时代教师队伍建设的政策体系

党的十八大以来，围绕教师思想政治和师德师风建设、培养培训、管理改革、地位待遇等，国家出台了一系列重大政策和法律法规，构建起具有中国特色的较为完备的教师工作政策制度体系，为建设高素质专业化创新型教师队伍奠定了坚实的制度基础，从根本上保证了教师队伍建设有法可依、有章可循。

（一）师德师风建设的长效机制不断健全

深化师德师风建设，是造就政治素质过硬、业务能力精湛、育人水平高超的高素质教师队伍的关键之举。近年来，教育部在严肃师德违规惩处的基础上推动制度建设，不断完善师德师风建设体制机制建设。通过建立涵盖各级各类教师师德教育、宣传、考核、监督、奖惩等制度体系和工作机制，师德师风建设逐步走向规范化、制度化、法治化轨道。

一是加强思想政治引领。全面加强中小学（包括普通中小学、幼儿园、特殊教育学校、中等职业学校等，下同）教师思想政治建设，落实意识形态工作责任制。坚持教育者先受教育，开展常态化的学习教育，引导广大教师争做"四有"好老师，当好"四个引路人"，树立和坚持正确的国家观、历史观、民族观、文化观、宗教观，增强价值判断、选择、塑造能力；强化教师社会实践参与，推动教师充分了解党情、国情、社情、民情。从顶层设计、课程标准、建立研修基地等方面，发布了《关于深化新时代学校思想政治理论课改革创新的若干意见》《高等学校思想政治理论课建设标准（2021年本）》《普通高等学校思想政治理论课教师队伍培养规划（2013—2017年）》与《普通高等学校思想政治理论课教师队伍培养规划（2019—2023年）》等10余个文件，并公布2批高校思想政治理论课教师研学（修）基地名单。2021年教育部党组印发《关于完善高校教师思想政治和师德师风建设工作体制机制的指导意见》，进一步完善教师思想政治和师德师风建设工作体制机制，落实师德师风第一标准，着力建设政治素质过硬、业务能力精湛、育人水平高超的高素质教师队伍。

二是完善师德师风建设长效机制。坚持师德为先，将提高教师思想政治素质和职业道德水平摆在首要位置，突出全员全方位全过程师德养成。十年来陆续出台的幼儿园、中小学、高校、职业学校、乡村教师等教师队伍建设的文件中，都将师德师风建设作为指导思想或重要内容，如2020年印发的《关于加强新时代高校教师队伍建设改革的指导意见》提出，以强化高校教师思想政治素质和师德师风建设为首要任务，并对"培育弘扬高尚师德"和"强化师德考评落实"提出了具体要求。此外，还出台了建立健全中小学、高校师德建设长效机制的意见，进一步完善师德教育、宣传、考核、监督、奖惩、保障等方面的制度体系；2019年印发《关于加强和改进新时代师德师风建设的意见》，提出用5年时间，基本建立起完备的师德师风建设制度体系和有效的师德师风建设长效机制；2020年成立全国师德师风建设专家委员会，充分发挥专家组织对师德师风建设的研究、咨询和指导作用。

三是分类提出教师职业行为倡导标准和禁行底线。出台教师职业行为准则，明确新时代教师职业规范，针对主要问题、突出问题划定基本底线，是建设政治素质过硬、业务能力精湛、育人水平高超的高素质教师队伍的重要举措，也为教师严格自我约束、规范职业行为、加强自我修养提供基本遵循。2018年分别印发新时代高校、中小学、幼儿园教师职业行为"十项准则"，结合不同教师队伍的不同特点，分别提出十条针对性的要求，每一条既提出正面倡导，又划定师德底线，其中，坚定政治方向、自觉爱国守法、传播优秀文化等是共性要求，爱岗敬业、关爱学生、诚实守信、廉洁自律等方面针对不同教师队伍提出了不同要求。同期，还印发了《关于高校教师师德失范行为处理的指导意见》《中小学教师违反职业道德行为处理办法（2018年修订）》《幼儿园教师违反职业道德行为处理办法》，有正面倡导、高位追求，也有负面禁止、底线要求。此外，还印发了《严禁教师违规收受学生及家长礼品礼金等行为的规定》《严禁中小学校和在职中小学教师有偿补课的规定》等文件；2021年开展了中小学有偿补课和教师违规收受礼品礼金问题专项整治工作，将"十项准则"全面纳入新教师入职培训和在职教师日常培训。2022年，最高人民法院、最高人民检察院、教育部印发《关于落实从业禁止制度的意见》，禁止犯罪教职员工从事密切接触未成年人的工作。

四是强化师德违规查处与师德考评。将师德师风建设贯穿教师管理全过程，在资格认定、教师招聘、职称评审、岗位聘用、年度考核、推优评先、表彰奖励等工作中严格落实师德师风第一标准。加强师德违规问题核查，建立师德违规案例公开曝光和通报制度，强化警示教育作用。建立教职员工准入查询性侵违法犯罪信息制度，建立健全"黑名单"制度，将丧失教师资格和撤销教师资格人员纳入教师资格限制库，维护教师职业声誉。不断完善师德考评，将师德师风作为职称评聘的主要依据之一；落实教师职业行为准则，建立师德考核负面清单制度，严格执行师德考核一票否决。

五是强化优秀教师宣传表彰。创新师德教育方式，通过榜样引领、情景体验、实践教育、师生互动等形式，激发教师涵养师德的内生动力。国家树立于漪、卫兴华、高铭暄三位"人民教育家"，"七一勋章"获得者张桂梅，以及李保国、黄大年、张玉滚、陈立群、吴蓉瑾、王红旭、刘永坦等一大批师者典范，构建起了"人民教育家""全国教书育人楷模""全国模范教师""全国优秀教师"等一体化教师荣誉表彰体系。创建两批401个"全国高校黄大年式教师团队"。通过发掘师德典型、讲好师德故事，加强引领，注重感召，弘扬楷模，形成强大正能量。2020年出台《关于正确认识和规范使用高校人才称号的若干意见》，提出推进人才称号回归学术性、荣誉性本质，获得者不享有学术特权，要实现人才计划能进能出。

（二）现代教师教育体系构建的政策制度趋于完善

教师教育是教育事业的工作母机，是提升教育质量的动力源泉。大力加强高质量教师队伍建设，推动地方政府、学校、社会各方深度参与教师教育，强化师范院校在教师教育体系中的主体地位，推进职前培养和职后培训一体化，创新师范生教育实践和教师专业发展机制模式，提升教师培养培训质量。通过出台涉及加大师范院校支持力度、优化教师教育布局结构、打造高素质专业化创新型教师队伍、建立师范类专业认证制度、推动职业教育教师队伍建设改革等方面的60多个文件，基本构建起现代教师教育政策保障体系，教师素质水平显著提升。

1. 教师培养质量不断提高

2012年出台《关于深化教师教育改革的意见》，提出推进教师教育内涵式发展，全面提高教师教育质量，培养造就高素质专业化教师队伍。2018年印发《教师教育振兴行动计划（2018—2022年）》，提出办好一批高水平、有特色的教师教育院校和师范类专业，教师培养培训体系基本健全；提升培养规格层次，全面提高师范生的综合素养与能力水平；创新教师教育模式，吸引优秀人才从教，师范生生源质量显著提高，培养未来卓越教师；发挥师范院校主体作用，不断优化教师教育布局结构，加强教师教育体系建设。

一是不断健全教师教育体系。开放有序的教师教育体系基本建成，教师教育体系实现"中师、专科、本科"老三级向"专科、本科、研究生"新三级的跃升，教师学历水平不断提升。2017年启动普通高等学校师范类专业认证工作，分类制定中学教育、小学教育、学前教育等专业认证标准，建立认证体系，建设教师教育质量保障体系；成立普通高等学校师范类专业认证专家委员会，编制2021—2025年普通高等学校师范类专业认证工作安排，健全专业认证工作制度。截至2022年，已有869个专业通过师范类专业认证。

二是深化教师培养模式改革。2014年启动卓越教师培养计划，并于2018年进行升级，提出办好一批高水平、有特色的教师教育院校和师范专业，基本形成以师范生为中心的教育教学新形态，为培养造就骨干教师、卓越教师、教育家型教师奠定坚实基础。该计划共遴选确定64所高校的86个项目推动综合改革，全面建立高校与地方政府、中小学"三位一体"协同育人新机制。2020年启动高素质复合型硕士层次高中教师培养试点，采用本硕阶段整体设计、分段考核、有机衔接的方式，培养适应新高考改革、可胜任两个学科教学的高中教师。2021年出台师范生教育教学能力考核制度。

三是强化教师定向培养。从2007年起，实施教育部直属师范大学师范生免费教育政策（2018年升级为"师范生公费教育政策"），累计招收公费师范生近14万人，约90%的毕业生到中西部省份任教。在部属师范大学师范生公费教育政策示范引领下，全国28个省份实施地方师范生公费教育，每年约5万名师范毕业生到农村地区中小学任教。2021年国家启动《中西部欠发达地区优秀教师定向培养计划》（以下简称"优师计划"），每年为832个脱贫县及中西部陆地边境县定向培养1万名左右本科层次师范生。

四是加强职业教育"双师型"教师培养。2019年印发《深化新时代职业教育"双师型"教师队伍建设改革实施方案》，提出建设分层分类的教师专业标准体系，构建以职业技术师范院校为主体、产教融合的多元培养培训格局，创建高水平结构化教师教学创新团队等12条举措，突出"双师型"教师个体成长和"双师型"教学团队建设相结合，提高教师教育教学能力和专业实践能力。后续出台了《中等职业学校教师专业标准（试行）》《关于实施职业院校教师素质提高计划（2017—2020年）的意见》《关于实施职业院校教师素质提高计划（2021—2025年）的通知》《职业学校教师企业实践规定》《职业院校教师素质提高计划项目管理办法》等文件。推进全国职业院校教师教学创新团队建设并不断迭代升级，按照"择优遴选、培育建设一批，优中选优、考核认定一批"的总体思路，聚焦战略性重点产业领域和民生紧缺领域专业，分年度、分批次、分专业遴选建设国家级职业院校教师教学创新团队，示范引领各地各校因地制宜建成一批教师教学创新团队。截至2022年，共立项（培育）建设国家级教学创新团队364个，其中第一批122个，第二批242个。

五是推进教师教育质量保障体系建设。《中共中央 国务院关于全面深化新时代教师队伍建设改革的意见》提出，加大对师范院校支持力度，鼓励各地适时提高师范专业生均拨款标准；改革招生制度，切实提高生源质量，吸引优秀青年踊跃报考师范院校和师范专业；强化教师教育师资队伍建设，在专业发展、职称晋升和岗位聘用等方面予以倾斜支持。支持高水平综合大学开展教师教育，推动一批有基础的高水平综合大学成立教师教育学院，设立师范专业。《新时代基础教育强师计划》提出，建立教师教育协同创新平台，推动优质课程资源共享、学科建设经验分享、教育科研课题共同研究；建立部属师范大学和地方师范院校师范人才培养协同机制；实施新周期名师名校长计划，培养造就一批引领教育改革发展、辐射带动区域教师素质能力提升的教育家。

2. 教师培训体系不断完善

《新时代基础教育强师计划》提出深化精准培训改革。聚焦基础教育课程改革的理念、要求和教育教学方法变革，以中西部欠发达地区农村教师校长培训为重点，充分发挥名师名校长辐射带动作用，实施五年一周期的"国培计划"，示范引领各地教师全员培训开展。发挥国家教师发展协同创新实验基地建设的示范作用，推动各地构建完善省域内教师发展机构体系，建强县级教师发展机构及培训者、教研员队伍。优化培训内容、打造高水平课程资源，建立完善自主选学机制和精准帮扶机制，创新线上线下混合式研修模式，提升中小学教师的信息技术应用能力和科学素养。

一是不断深化教师培训模式改革。2013年印发《关于深化中小学教师培训模式改革全面提升培训质量的指导意见》，就深化中小学教师培训模式改革，全面提升培训质量提出要求，包括增强培训针对性、改进培训内容、转变培训方式等。同年，印发《职业院校教师素质提高计划中等职业学校专业骨干教师培训项目管理办法》《职业院校教师素质提高计划中等职业学校青年教师企业实践项目管理办法》《职业院校教师素质提高计划中等职业学校专业骨干教师培训项目管理办法》，实施职业院校教师培养模式改革。2016年印发《送教下乡培训指南》《乡村教师网络研修与校本研修整合培训指南》《乡村教师工作坊研修指南》《乡村教师培训团队置换脱产研修指南》等乡村教师培训指南，推动各地变革乡村教师培训模式，提升乡村教师培训实效。2013年印发《关于进一步加强中小学校长培训工作的意见》，提出精选培训内容，满足校长专业发展需求，并提出各地要严格执行新任校长持证上岗制度，新任校长或拟任校长必须参加不少于300学时的任职资格培训。

二是不断提高"国培计划"实效。2013年印发《"国培计划"示范性集中培训项目管理办法》《"国培计划"示范性远程培训项目管理办法》《"国培计划"中西部农村中小学骨干教师培训项目和幼儿园教师培训项目管理办法》等文件，进一步规范国家级教师培训计划管理。2014年启动中小学校长国家级培训计划，中小学校长培训走上了专业化发展道路。2015年改革实施中小学幼儿园教师国家级培训计划，推动"国培计划"集中支持中西部乡村教师校长培训，继续实施"国培计划"——示范性项目，探索培训新模式，为各地开展乡村教师培训培养"种子"、打造"模子"、探索"路子"，并继续推进"国培计划"改革创新；2021年印发《关于实施中小学幼儿园教师国家级培训计划（2021—2025年）的通知》，推进以教师自主学习、系统提升、持续发展为导向的"国培计划"改革，实行分层分类精准培训，建立教师自主发展机制，探索教师自主选学等模式，全面推进教师培训提质增效。2022年出台《关于实施新时代中小学名师名校长培养计划（2022—2025）的通知》，培养一批为学、为事、为人示范的新时代"大先生"。2016年启动实施高等学校新入职教师国培示范项目，启动实施高等学校新入职教师国培示范项目，建立健全高校新入职教师培训制度，重点加强中西部高校教师队伍建设。2022年启动实施"职教国培"示范项目，设置培训团队研修、教师培训、校长（书记）培训三大类项目。

三是完善教师培训学分管理制度。2016年印发《教育部关于大力推行中小学教师培训学分管理的指导意见》，提出以培训学分为抓手，构建培训学分标准体系，科学规划培训课程，积极推行教师培训选学，进一步激发教师参训动力，完善培训学分审核认定制度，建立健全培训学分转换与应用机制，深化教师培训管理改革，进一步提升培训质量。2013年印发的《关于进一步加强中小学校长培训工作的意见》也提出，建立培训学分管理制度，探索建立培训学分银行，推动校长非学历培训与学历教育课程衔接、学分互认。

四是全面提升中小学教师信息技术应用能力。2016年发布的《教育信息化"十三五"规划》提出，深化信息技术与教育教学的融合发展，从服务教育教学拓展为服务育人全过程，并提出将教师信息技术应用能力纳入教师培训必修学时（学分），有针对性地开展以深度融合信息技术为特点的课例和教学法的培训，增强教师在信息化环境下创新教育教学的能力。2013年印发《教育部关于实施全国中小学教师信息技术应用能力提升工程的意见》，启动实施全国中小学教师、校长信息技术应用能力提升工程；2019年启动实施全国中小学教师信息技术应用能力提升工程2.0，提出"三提升一全面"的总体发展目标，全面提高中小学教师信息技术应用能力水平。2014年出台《中小学教师信息技术应用能力标准（试行）》《中小学教师信息技术应用能力培训课程标准（试行）》，规范引领教师信息技术应用能力培训课程建设与实施工作。2018年印发《关于开展人工智能助推教师队伍建设行动试点工作的通知》，积极探索人工智能助推教师管理优化、助推教师教育改革、助推教育教学创新、助推教育精准扶贫的新路径。2018年出台《中小学幼儿园教师培训课程指导标准（义务教育语文、数学、化学学科教学）》，2020年发布中小学教师培训课程3个指导标准（师德修养、班级管理、专业发展）。

（三）教师管理改革政策供给更加充足

从教育大国迈向教育强国，教师队伍管理需要从粗放型向精细化转变。十年来通过不断创新教师管理体制机制，升级教师工作管理模式，推动教师管理走向科学化、法治化和标准化。

一是不断完善教师资格制度。2013年印发《中小学教师资格考试暂行办法》《中小学教师资格定期注册暂行办法》，逐步扩大中小学教师资格考试与定期注册制度改革试点，2021年全面推开中小学教师资格考试与定期注册制度。

完善中小学教师资格考试改革与定期注册试点制度，对于加强教师培养、培训和管理产生了积极的政策联动效应。2020年，为深化教育领域"放管服"改革，促进师范生就业，教育部开展师范生免试认定中小学教师资格改革，研究制定了《教育类研究生和公费师范生免试认定中小学教师资格改革实施方案》，明确根据师范生教师职业能力标准建立师范生教育教学能力考核制度；2022年，决定继续在高等学校师范生中开展免试认定中小学教师资格改革，开展教师教育院校办学质量审核，审核通过院校相关专业的师范毕业生可免试认定教师资格，印发《关于推进师范生免试认定中小学教师资格改革的通知》《关于继续推进师范生免试认定中小学教师资格改革的通知》，将教师队伍质量关口前移到培养院校，压实培养院校建立健全师范生教育教学能力考核制度的责任，切实提高师范类专业人才培养质量，让真正乐教、适教、善教的优秀人才成为教师队伍后备军。

二是深入推进教师职称与岗位管理改革。2015年印发《关于深化中小学教师职称制度改革的指导意见》，在全国范围内推动中小学教师职称制度改革，建立与事业单位聘用制度和岗位管理制度相衔接、符合教师职业特点、统一的中小学教师职称（职务）制度，充分调动广大中小学教师的积极性，为中小学聘用教师提供基础和依据。2019年印发《关于深化中等职业学校教师职称制度改革的指导意见》，为畅通中等职业学校教师职业发展通道提供制度保障。2016年印发《关于深化高校教师考核评价制度改革的指导意见》，提出坚持分类指导与分层次考核评价相结合，坚持发展性评价与奖惩性评价相结合；2017年印发《高校教师职称评审监管暂行办法》，为进一步做好高校教师职称评审权下放后的监管工作提供政策支持。2020年印发《关于深化高等学校教师职称制度改革的指导意见》，进一步完善高校教师评价机制。2022年印发《关于进一步完善中小学岗位设置管理的指导意见》，优化调整教师岗位结构比例，畅通教师职业发展通道。

三是强化编制挖潜创新与教师配备。2013年印发《幼儿园教职工配备标准（暂行）》，切实加强各类幼儿园教职工配备工作，鼓励地方创新幼儿园教师补充配备方式。2014年印发《关于统一城乡中小学教职工编制标准的通知》，要求各地统一城乡中小学教职工编制标准。2019年出台关于进一步挖潜创新加强中小学教职工管理的政策，要求各地加大机构编制资源统筹力度，盘活用好现有事业编制资源，通过挖潜创新，优先满足中小学教育需要。2021年印发通知推动各地进一步创新编制管理，要求各省实现以县为单位达到国家基本编制标准。2022年6月，实现全国省、市、县三级中小学教职工编制全面达到国家基本标准。

四是不断加强教师工作信息化建设。2014年启动全国教师管理信息系统建设工作。2017年印发《关于全面推进教师管理信息化的意见》和《全国教师管理信息系统管理暂行办法》，完成1700万名教职工基本信息入库工作，全面推进教师管理信息化，优化教师工作治理体系，提升教师工作治理能力。教师资格管理信息系统是国家实施教师资格制度工作的信息化管理平台，集教师资格认定和教师资格定期注册网上报名、审批和数据管理于一体。自2018年以来，教师资格管理信息系统逐步实现和国家政务服务平台、国家数据共享交换平台、各省级地方政务服务平台、教育部统一身份认证系统、公安部性侵违法犯罪数据库、学信网学历学籍数据库、国家普通话水平测试管理信息系统等系统实现互联互通和数据共享使用，提升了教师资格制度实施工作的信息化水平和服务支撑能力，提高了教师综合管理治理能力。

五是加速构建教师队伍建设标准体系。从2011年开始出台实施了《幼儿园教师专业标准（试行）》《小学教师专业标准（试行）》《中学教师专业标准（试行）》《义务教育学校校长专业标准》《教师教育课程标准（试行）》《幼儿园教职工配备标准（暂行）》《中等职业学校教师专业标准（试行）》《职教师资本科专业培养标准、培养方案、核心课程和特色教材开发项目管理办法》《中小学教师信息技术应用能力标准（试行）》《中小学幼儿园教师培训课程指导标准（义务教育语文学科教学）》《中小学教师培训课程指导标准（师德修养）》等，具有中国特色、世界水平的教师队伍建设标准体系正在逐步形成。

六是不断健全县域交流轮岗机制。2013年，党的十八届三中全会明确提出："统筹城乡义务教育资源均衡配置，实行公办学校标准化建设和校长教师交流轮岗。"2014年印发的《关于推进县（区）域内义务教育学校校长教师交流轮岗的意见》要求以义务教育教师队伍"县管校聘"管理改革为抓手，扎实推进义务教育学校校长教师交流轮岗工作，加强乡村学校教师资源配置。2015年国务院办公厅印发的《乡村教师支持计划（2015—2020年）》再次明确要求推动城镇优秀教师向乡村学校流动，全面推进义务教育教师队伍"县管校聘"管理体制改革。

七是切实减轻教师工作负担。2019年中共中央办公厅和国务院办公厅出台了《关于减轻中小学教师负担进一步营造教育教学良好环境的若干意见》，明确要求清理规范影响中小学教育教学活动的各项工作，特别是与教育教学无关的事项，确保中小学教师潜心教书、静心育人。各地相继出台了教师减负措施及清单，建立了统筹规范的相关制度，减少了对教师教育教学工作的影响。

（四）提高教师地位待遇、营造尊师重教氛围的政策保障进一步加强

教师待遇保障是加强教师队伍建设的重中之重，从中央到地方高度重视，综合施策，强化落实，教师工资待遇得到了有力保障。《中共中央 国务院关于全面深化新时代教师队伍建设改革的意见》提出，公办中小学教师作为国家公职人员特殊的法律地位，要求健全中小学教师工资长效联动机制，核定绩效工资总量时统筹考虑当地公务员实际收入水平，确保中小学教师平均工资收入水平不低于或高于当地公务员平均工资收入水平。为贯彻党中央、国务院决策，教育部会同相关部门多措并举，持续推进。一是持续抓好义务教育教师工资待遇保障落实。健全义务教育教师工资待遇保障长效机制，督促各地落实义务教育教师平均工资收入水平不低于或高于当地公务员平均工资收入水平的政策要求，全国2846个县根据预算安排全部实现"不低于"目标。着力解决教师工资拖欠问题，不折不扣狠抓落实。二是完善中小学教师收入分配激励机制。实施并完善教师绩效工资制度，绩效工资发放有效体现教师工作量和工作绩效，向班主任和特殊教育教师倾斜，激发教师工作积极性。三是推进高等学校教师薪酬制度改革。落实以增加知识价值为导向的分配政策，扩大高校工资分配自主权，探索建立符合高校特点的薪酬分配制度，突出岗位职责、工作业绩、实际贡献导向，加大对教学型教师的激励力度。

为进一步营造尊师重教良好社会风尚，《中共中央 国务院关于全面深化新时代教师队伍建设改革的意见》提出，大力宣传教师中的"时代楷模"和"全国教书育人楷模""全国最美教师""全国模范教师""全国优秀教师"等教师典型，开展国家级教学名师、国家级教学成果奖评选表彰，重点奖励贡献突出的教学一线教师，做好乡村学校从教30年教师荣誉证书颁发工作，并鼓励各地因地制宜开展多种形式的教师表彰奖励活动。

（五）解决乡村教师短板的组合拳不断强化

为着力解决乡村教师这个教师队伍建设的短板难题，先后印发《乡村教师支持计划（2015—2020年）》《乡村教师支持计划实施办法（2015—2020年）》《关于加强新时代乡村教师队伍建设的意见》等文件，紧紧抓住培养、培训、补充、交流等环节，打出系列组合拳，持续弥补乡村教师队伍建设短板，乡村教师"下不去、留不住、教不好"的问题得到有效缓解。

通过扩大实施特岗计划、加强定向公费培养、农村教育硕士师资培养计划、"三区"人才支持计划教师专项计划等，为农村地区培养、补充了一大批高质量教师，有效缓解了农村骨干教师紧缺的困难。2013年部署教师交流轮岗，统筹城乡义务教育资源均衡配置。2017年启动实施援藏援疆万名教师支教计划。2018年、2020年分别启动实施中小学银龄讲学计划及高校银龄教师支援西部计划，吸引优秀退休教师加入西部地区教师队伍建设。2019年印发《关于开展中西部乡村中小学首席教师岗位计划试点工作的通知》，着力为中西部乡村地区造就一批基础教育领军人才。在脱贫攻坚与乡村振兴有效衔接的大背景下，乡村教师队伍建设意义重大。《国务院办公厅关于印发乡村教师支持计划（2015—2020年）的通知》《教育部等六部门关于加强新时代乡村教师队伍建设的意见》《教育部等九部门关于印发〈中西部欠发达地区优秀教师定向培养计划〉的通知》等围绕乡村教师补充、提高待遇、定向培养等提出了系列举措。此外，还通过实施"特岗计划"、定向公费生培养、农村教育硕士师资培养计划、"三区"人才支持计划教师专项、银龄讲学计划、援藏援疆万名教师支教计划、教育人才"组团式"帮扶等多种方式配备乡村教师；加强定向公费培养，将公费师范生履约任教服务期调整为6年；加强乡村教师培训，落实乡村教师生活补助、乡镇工作补贴等倾斜政策，支持建设乡村教师周转宿舍，加强乡村教师住房保障，形成统筹加强乡村教师队伍建设的强力组合拳。

第二章 加强教师思想政治与师德师风建设

第二章 加强教师思想政治与师德师风建设

习近平总书记明确提出要把师德师风作为评价教师队伍素质的第一标准，并多次就教师队伍建设特别是师德师风建设工作作出重要指示，为新时代师德师风建设提供了根本遵循。党的十八大以来，党中央、国务院高度重视教师队伍建设，始终坚持将教师队伍建设作为基础工作，加强师德师风建设成为基础中的基础。十年来，教育部相继出台有关健全师德师风长效机制的制度文件，如教师职业行为准则和配套处理办法等，将师德师风建设贯彻落实到教师教书育人的具体实践中，并取得积极进展。党的二十大报告再次强调，"加强师德师风建设，培养高素质教师队伍，弘扬尊师重教社会风尚"❶，进一步明确了加强师德师风建设是办好人民满意的教育的关键环节，为打造理想信念坚定、政治素养过硬的教师队伍指明了方向。

一、强化教师思想政治引领

（一）加强教师思想政治教育

思想政治教育作为党的优良传统、鲜明特色和突出政治优势，在我国革命、建设、改革各个历史时期都发挥着统一思想、凝聚共识的重要作用。教育是我们党意识形态工作的重要基础和前沿阵地，教师是意识形态工作的直接参与者和具体实践者。党的十八大以来，习近平总书记多次强调将思想政治教育作为培养时代新人的根本任务。教师肩负着"为党育人，为国育才"的使命。中国教育事业的路怎么走，学生的魂铸成几何，从某种意义上说，决定权就掌握在教师手中。❷其自身思想政治素养对学生的健康成长具有重要的示范引导作用。加强教师思想政治建设，成为新时代教师队伍建设的重要任务。

---

❶ 习近平.高举中国特色社会主义伟大旗帜 为全面建设社会主义现代化国家而团结奋斗——在中国共产党第二十次全国代表大会上的报告［M］.北京：人民出版社，2022：34.
❷ 中共教育部党组.努力培养造就堪当民族复兴大任的大国良师［J］.中国高等教育，2018（5）：4.

1. 加强教师思想政治教育的重要意义

加强教师思想政治教育是贯彻党中央、国务院大政方针的根本需要，关系新时代教师队伍建设的政治方向。党的十八大以来，习近平总书记通过发表重要讲话、作出指示批示、深入大中小学和幼儿园调研座谈中多次强调加强教师思想政治教育的重要性。在此指引下，国家层面陆续出台的一系列政策，如《关于加强和改进高校青年教师思想政治工作的若干意见》《关于完善高校教师思想政治和师德师风建设工作体制机制的指导意见》等，针对各级各类教师均提出通过加强思想政治建设，不断提高教师思想政治素养，明确了教师思想政治教育在教师队伍建设中的重要战略地位。

部分教师思想政治素养仍有待提高。近年来，各级各类学校通过狠抓教师思想政治建设，不断提高教师思想政治素养，并将思想政治教育作为教师职前培养和职后培训的重要内容，但依然有一小部分教师政治素养欠缺，理想信念淡薄。有部分教师对党和国家的教育方针政策了解和学习不及时主动，在日常的教学和管理过程中出现思想认识模糊和偏差，以至于在教育和管理过程中无法及时地将党和国家的教育方针、政策传递到学生的课堂中，进而影响学生思想政治教育的实效性。[1] 当前，仍须在加强教师立德树人的责任担当和铸牢教师的中国特色社会主义教育信仰上下功夫，以此提高教师思想政治素养，确保立德树人的根本任务有效落实。

2. 加强教师思想政治建设的核心内容

建强教师党支部和党员队伍建设，发挥战斗堡垒和先锋模范的作用。将全面从严治党要求落实到每个教师党支部和教师党员，把党的政治建设摆在首位，增强广大党员教师"四个意识"，在政治立场、政治方向、政治原则、政治道路上同党中央保持高度一致。加强思想建设，用习近平新时代中国特色社会主义思想进行武装，推进"两学一做"学习教育常态化制度化，开展"不忘初心、牢记使命"主题教育，教育引导党员教师牢记党的宗旨，挺起共产党人的精神脊梁，解决好世界观、人生观、价值观这个"总开关"问题。自觉爱

---

[1] 周强.新时代高校教师师德建设长效机制构建[J].中国高等教育，2019（23）：52-54.

党护党为党，敬业修德，奉献社会，争做"四有"好老师的示范标杆，把广大师生凝聚在党的周围。加大在优秀教师中发展党员力度，帮助引导青年学术骨干、学科带头人、拔尖领军人才和海外留学归国教师向党组织靠拢。配齐建强高校思想政治工作队伍和党务工作队伍。

提高全体教师思想政治素质。面向全体教师，加强理想信念教育，深入学习领会习近平新时代中国特色社会主义思想，引导教师树立正确的历史观、民族观、文化观，坚定"四个自信"。引导教师准确理解和把握社会主义核心价值观的深刻内涵，增强价值判断、选择、塑造能力，带头践行社会主义核心价值观。引导广大教师充分认识中国改革开放的辉煌成就，扎根中国大地，办好中国教育。加强中华优秀传统文化和革命文化、社会主义先进文化教育，弘扬爱国主义精神，引导广大教师热爱祖国、奉献祖国。创新教师思想政治工作方式方法，开辟思想政治教育新真谛，利用思想政治教育新载体，强化教师社会实践参与，推动教师充分了解党情、国情、社情、民情，增强思想政治工作的针对性和时效性。

3. 加强教师思想政治教育的主要成效

教师党支部政治核心作用得到切实强化。各级各类学校坚持把政治建设摆在首位，教师党支部政治核心作用切实加固。中小学教师党支部建设扎实推进，中小学校党组织和党的工作基本实现全覆盖，政治功能得到进一步强化。各地高校教师党支部书记"双带头人"配置比例由2018年的平均低于60%，提高到2021年的90%，上海、北京、江苏、吉林、福建、内蒙古、安徽等省份已达到97%以上。

优秀青年教师党员队伍不断壮大。各地高校重点做好在优秀青年教师、海外留学归国教师和学术骨干中发展党员工作。例如，湖南省在高校中建立党内联系人制度，引导中青年教师积极向党组织靠拢。内蒙古建立了领导干部联系对接高层次人才制度，重视做好在优秀青年教师、海外留学归国教师中发展党员工作，2018年以来在高校专任教师中发展党员共1004名。❶

教师思想政治教育全面加强。各地持续加大各级各类教师思想政治教育，将思想政治教育深切融入教师培养全过程，并切实将思想政治教育在国培、省

---

❶ 上述数据来自中国教育科学研究院课题组于2019—2022年面向全国持续开展的监测。

培、市培、区县级培训中心充分体现，构建了思政课与课程思政融合的"大思政"立德树人格局，营造了浸润式思想政治教育环境。

（二）加强思政课教师队伍建设

思想课是落实立德树人根本任务的关键课程。办好思政课关键在思政课教师。思政课教师是抓好新时代铸魂育人的关键力量。党的十八大以来，为切实加强思政课教师队伍建设，首先从高校思政课教师着手，教育部于2013年6月印发《普通高等学校思想政治理论课教师队伍培养规划（2013—2017年）》，明确了高校思政课教师队伍培养体系。为深入贯彻落实全国教育大会、全国高校思想政治工作会议、学校思想政治理论课教师座谈会精神，教育部相继发布《普通高等学校思想政治理论课教师队伍培养规划（2019—2023年）》《关于加强新时代中小学思想政治理论课教师队伍建设的意见》《新时代高等学校思想政治理论课教师队伍建设规定》等文件，并公布2批高校思想政治理论课教师研学（修）基地名单，为全面推进大中小学校思政课教师队伍建设提供了制度保障。

1. 思政课教师队伍建设的重要意义

习近平总书记高度重视学校思想政治理论课建设。党的十八大以来，习近平总书记多次深入大中小学考察，同师生座谈，给师生回信，对思政课建设作出一系列重要指示批示，特别是2019年3月18日，习近平总书记主持召开学校思想政治理论课教师座谈会并发表重要讲话，强调思想政治理论课是落实立德树人根本任务的关键课程。思政课作用不可替代，思政课教师队伍责任重大。办好思想政治理论课关键在教师，关键在发挥教师的积极性、主动性、创造性。思政课教师，政治要强、情怀要深、思维要新、视野要广、自律要严、人格要正。要配齐建强思政课专职教师队伍，建设专职为主、专兼结合、数量充足、素质优良的思政课教师队伍。习近平总书记的重要讲话和重要指示批示，为新时代思政课教师队伍建设指明了前进方向，提供了根本遵循。[1]

---

[1] 加强高校思政课教师队伍建设的法治保障——教育部有关部门负责人就《新时代高等学校思想政治理论课教师队伍建设规定》答记者问［EB/OL］.（2020-02-26）[2022-12-30］. http://www.moe.gov.cn/jyb_xwfb/s271/202002/t20200226_424371.html.

第二章 加强教师思想政治与师德师风建设

党中央、国务院一直以来高度重视思政课教师队伍建设。2018年1月，《中共中央 国务院关于全面深化新时代教师队伍建设改革的意见》明确提出，要根据各级各类教师的不同特点和发展实际，采取有针对性的政策举措，定向发力。2019年8月，中共中央办公厅、国务院办公厅印发《关于深化新时代学校思想政治理论课改革创新的若干意见》，要求建设一支政治强、情怀深、思维新、视野广、自律严、人格正的思政课教师队伍。此后相继出台的大中小学校思政课教师队伍建设政策，是对中央政策部署的切实落实。

大中小学校思政课教师队伍建设仍存在短板。近年来，教育部和各地各高校采取有力措施认真贯彻落实，打造可信、可敬、可靠，乐为、敢为、有为的思政课教师队伍，思政课教师队伍不断壮大，思政课建设取得显著成效。但有的地方和学校仍存在对中小学思政课教师队伍建设重视不够、中小学校思政课教师配备不足、部分中小学思政课教师不能很好适应培养时代新人的要求等问题。❶ 有些高校对思政课教师队伍建设重视不够，思政课教师选配和培养工作存在短板，体制机制有待完善，评价和支持体系有待健全，质量和水平有待全面提升，需要进一步加强大中小学校思政课教师队伍建设。

2. 思政课教师队伍建设的核心内容

就中小学思政课教师队伍建设而言，其核心内容主要包括配备管理、提升素质能力、创新评价激励机制三方面。

第一，加强中小学思政课教师队伍配备管理。完善编制保障，严格按要求配齐思政课教师。严把中小学思政课教师选聘政治关、师德关、业务关，让有理想的人讲理想，有信仰的人讲信仰，师德高尚的人讲思政课。建立中小学思政课教师退出制度。

第二，提升中小学思政课教师素质能力。建立中小学思政课教师轮训制度，着力加强对马克思主义理论、师德师风、形势与政策的学习教育。加强专业能力培训，制定出台中小学思政课教师专业标准。加强实践教育，建立健全

---

❶ 坚持立德树人加强新时代中小学思想政治理论课教师队伍建设——教育部教师工作司负责人就《教育部等五部门关于加强新时代中小学思想政治理论课教师队伍建设的意见》答记者问［EB/OL］.（2019-10-14）［2022-12-30］. http://www.moe.gov.cn/jyb_xwfb/moe_2082/zl_2019n/ztzl_zxxsxzzllkjsdw/wjjs/201910/t20191012_403004.html.

实践教育和校外实践锻炼制度。加强高校思政教育相关专业建设，适度扩大招生规模。实施中小学思政课骨干教师提升计划。加强教研队伍建设，配齐建强中小学思政课教研队伍，健全中小学思政课教研员示范授课、巡回评课等制度。

第三，创新中小学思政课教师评价激励机制。突出课堂教学质量和育人实效的导向，制定与中小学思政课教师岗位特点相匹配的评价标准。完善中小学思政课教师教学改革激励机制，推进国家级中小学思政课名师工作室建设。健全中小学思政课教师表彰奖励机制。[1]

就高校思政课教师队伍建设而言，其核心内容主要包括岗位职责、配备选聘、培养培训、考核评价、保障与管理五方面。

第一，岗位职责：讲好思政课。思政课教师要引导学生立德成人、立志成才，树立正确世界观、人生观、价值观，坚定对马克思主义的信仰，坚定对社会主义和共产主义的信念，增强中国特色社会主义道路自信、理论自信、制度自信、文化自信等。其岗位要求，一是增强"四个意识"，坚定"四个自信"，做到"两个维护"，始终在政治立场、政治方向、政治原则、政治道路上同以习近平同志为核心的党中央保持高度一致，模范践行高等学校教师师德规范；二是用好国家统编教材；三是加强教学研究；四是深化教学改革创新。

第二，配备选聘：配齐建强思政课专职教师队伍，高校应当根据全日制在校生总数，严格按照师生比不低于1∶350的比例核定专职思政课教师岗位。严把思政课教师政治关、师德关、业务关，明确思政课教师任职条件，权利义务与职责。

第三，培养培训：加强思政课教师队伍后备人才培养，制定马克思主义理论专业类教学质量国家标准，加强本硕博课程教材体系建设，统筹推进马克思主义理论本硕博一体化人才培养工作。建立国家、省（区、市）、高等学校三级思政课教师培训体系，定期组织开展教学研讨，保证思政课专职教师每3年至少接受一次专业培训，新入职教师应参加岗前专项培训。

第四，考核评价：科学设置思政课教师专业技术职务（职称）岗位，制定

---

[1] 教育部等五部门印发《关于加强新时代中小学思想政治理论课教师队伍建设的意见》的通知[EB/OL]．（2019-09-27）[2022-12-30]．http://www.moe.gov.cn/srcsite/A10/s7034/201910/t20191012_403012.html.

符合思政课教师职业特点和岗位要求的专业技术职务（职称）评聘标准，提高教学和教学研究在评聘条件中的占比。思政课教师在思想素质、政治素质、师德师风等方面存在突出问题的，在专业技术职务（职称）评聘中实行"一票否决"。健全思政课教师专业技术职务（职称）评价机制。

第五，保障与管理：设立思政课教师岗位津贴。高校思政课教师由马克思主义学院等思政课教学科研机构统一管理。要大力培养、推荐、表彰思政课教师中的先进典型。加强对思政课教师的考核，健全退出机制。❶

3. 思政课教师队伍建设的主要成效

经过近几年的努力，思政课教师队伍建设全面加强，育人力量不断强化。各省份和高校深入贯彻落实加强思政教师队伍建设的政策文件要求，通过招录、引进、转岗、选聘等举措加快补充思政课教师。北京市创新思政课教师教育方式，在大、中、小学及职业学校分别组织全市思政课教师"同备一堂课"。天津高校思政课师生比1∶336，全市56所高校全部达到规定配备标准，建设5个实践育人共同体和100个思政课实践基地。截至2022年，全国高校思政课专兼职教师超过12.7万人，比2018年增加5万人，队伍配备总体达到师生比1∶350的要求。专职思政课教师年轻化成为队伍发展新态势，49岁以下教师占77.7%，具有高级职称的占35%。

二、加强教师师德师风建设

（一）规范教师行为准则

我国教师的师德师风建设，经历了一个从最初的思想改造到职业道德规范的渐进过程。早在新中国成立之初，党和政府就将师德融入教师的思想改造运动中。党的十一届三中全会后，又通过法律和政策规范教师职业道德。党的十八大以来，党和政府相继出台师德师风建设文件，强化师德师风建设。2012年

---

❶ 新时代高等学校思想政治理论课教师队伍建设规定［EB/OL］.（2020-01-16）[2022-12-30]. http://www.moe.gov.cn/srcsite/A02/s5911/moe_621/202002/t20200207_418877.html？isappinstalled=0.

8月，国务院发布《关于加强教师队伍建设的意见》，要求构建师德建设长效机制。2013年9月，教育部出台《关于建立健全中小学师德建设长效机制的意见》，提出建立健全教育、宣传、考核、监督与奖惩相结合的中小学师德建设长效机制。2018年1月，《中共中央 国务院关于全面深化新时代教师队伍建设改革的意见》要求加强师德师风建设，把社会主义核心价值观贯穿教书育人全过程。2018年11月，教育部印发教师职业行为准则，要求深化师德师风建设，坚定政治方向、自觉爱国守法等。

教师在开展教育教学工作的过程中，遵循基本的师德规范和准则，可以使自身的本职工作不偏离基本方向，在师德规范的引领下严格要求自己，将师德规范内化于心，使自己成为师德高尚的教师。

1.规范教师行为准则的重要意义

在新时代教师队伍建设过程中，党和国家为加强师德，不断强化法律规章和规范标准，加强师德制度化管理。尤其是党的十八大以来，出台了新时代教师职业行为十项准则和改进师德师风建设的意见，为师德规范化建设提供了根本遵循。

规范教师行为准则是新时代条件下教师职业行为准则的必然要求。教师是决胜全面建成小康社会、建设社会主义现代化强国的重要力量，是落实立德树人根本任务、培养德智体美劳全面发展的社会主义建设者和接班人的关键。绝大多数教师恪守职业准则，但也有极个别人理想信念模糊，放松自我要求，甚至出现严重违反师德行为。同时，随着人民群众对更好教育的需求日益增长，对教师队伍能力水平提出新要求。制定教师职业行为准则，加强师德师风建设，是建设高素质教师队伍的重要举措。[1] 2018年11月，教育部印发教师职业行为十项准则，明确新时代教师职业规范。

规范教师行为准则是新时代教师队伍素质提升的迫切需要。发展中国特色社会主义，建设社会主义现代化强国，需要一大批各领域的优秀人才，而人才培养的关键在教师，首要在立德。规范教师的师德，使教师在立德树人和提升

---

[1] 弘扬高尚师德 明确底线行为 造就党和人民满意的高素质专业化创新型教师队伍——教育部教师工作司负责人就印发实施新时代高校、中小学、幼儿园教师职业行为十项准则等答记者问［EB/OL］.（2018-11-16）［2022-02-23］. http://www.moe.gov.cn/jyb_xwfb/s271/201811/t20181115_354885.html.

自身职业道德方面有规可循,是新时代提升教师队伍素质的根本要求。党的十八大以来,习近平总书记强调评价教师队伍素质的第一标准是师德师风,先后对广大教师提出"四有"好老师、"四个引路人"等标准和期望。有关政策文件更明确规定了教师的具体师德规范和违规处理办法,如2017年8月,教育部发布《中小学德育工作指南》;2018年11月,教育部印发《中小学教师违反职业道德行为处理办法(2018年修订)》。

2.规范教师行为准则的核心内容

明确新时代教师职业规范。2018年11月,教育部针对新时代高校教师、中小学教师、幼儿园教师分别印发教师职业行为十项准则,明确新时代教师职业规范,强化师德师风建设,造就高素质教师队伍。这些准则有共同之处,如都要求坚定政治方向,自觉爱国守法,传播优秀文化,秉持公平诚信,坚守廉洁自律。但它们也有不同之处,如《新时代高校教师职业行为十项准则》提出,要潜心教书育人,"落实立德树人根本任务,遵循教育规律和学生成长规律,因材施教,教学相长";关心爱护学生,"严慈相济,诲人不倦,真心关爱学生,严格要求学生,做学生良师益友;不得要求学生从事与教学、科研、社会服务无关的事宜";坚持言行雅正,"为人师表,以身作则,举止文明,作风正派,自重自爱";遵守学术规范,"严谨治学,力戒浮躁,潜心问道,勇于探索,坚守学术良知,反对学术不端";积极奉献社会,"履行社会责任,贡献聪明才智,树立正确义利观"。《新时代中小学教师职业行为十项准则》提出,要潜心教书育人,"落实立德树人根本任务,遵循教育规律和学生成长规律,因材施教,教学相长";关心爱护学生,"严慈相济,诲人不倦,真心关爱学生,严格要求学生,做学生良师益友;不得歧视、侮辱学生,严禁虐待、伤害学生";加强安全防范,"增强安全意识,加强安全教育,保护学生安全,防范事故风险";坚持言行雅正,"为人师表,以身作则,举止文明,作风正派,自重自爱";规范从教行为,"勤勉敬业,乐于奉献,自觉抵制不良风气"。❶

---

❶ 教育部关于印发《新时代高校教师职业行为十项准则》《新时代中小学教师职业行为十项准则》《新时代幼儿园教师职业行为十项准则》的通知[EB/OL].(2018-11-14)[2022-10-17].http://www.moe.gov.cn/srcsite/A10/s7002/201811/t20181115_354921.html.

2018年12月修改后的《中华人民共和国义务教育法》规定，教师应当为人师表，忠诚教育事业；尊重学生人格，不得侵犯学生合法权益。2014年1月，教育部印发《中小学教师违反职业道德行为处理办法》，对教师在教育教学活动中的违反师德行为，视情节轻重分别给予相应处分。2014年4月，教育部印发《关于培育和践行社会主义核心价值观进一步加强中小学德育工作的意见》，明确提出加强师德建设，引导广大教师自觉践行社会主义核心价值观。2014年7月，教育部印发《严禁教师违规收受学生及家长礼品礼金等行为的规定》，进一步对师德管理进行细化和规范。2015年6月，教育部印发《严禁中小学校和在职中小学教师有偿补课的规定》，要求广大教师践行社会主义核心价值观，立德树人，自觉拒绝有偿补课。2017年8月，教育部发布《中小学德育工作指南》，要求实行师德"一票否决制"。2018年11月，教育部印发《中小学教师违反职业道德行为处理办法（2018年修订）》，明确应予处理的中小学教师违反职业道德行为及相应的处理办法。2018年11月，教育部印发《关于高校教师师德失范行为处理的指导意见》，要求各高校严格落实师德建设主体责任，对高校教师师德失范行为实行"一票否决"。

3. 规范教师行为准则的主要成效

随着师德师风建设走向规范化和制度化，广大教师自觉遵守师德规章，将其内化于心，外化于行。

广大教师秉持"师德为先"的教师发展理念，积极践行师德规章制度，自觉将师德规范内化到教育教学工作中，涌现了一大批师德先进人物，受到政府和社会的积极肯定。教育部、中国教科文卫体工会开展全国师德楷模、全国师德标兵评选表彰活动；相关媒体积极开展"寻找最美乡村教师"等活动，结合每年教师节大力宣传优秀教师先进事迹。2018年8月和12月推出的《李保国》《黄大年》等展现教师时代风貌的影视作品，弘扬楷模，形成强大正能量。2019年第35个教师节，教育部表彰全国教育系统先进集体597个、全国模范教师719名和全国教育系统先进工作者79名，对弘扬高尚师德起到积极推动作用。

（二）健全师德师风长效机制

党的十八大以来，党中央从发展中国特色社会主义实现中华民族伟大复兴的长远大计出发，要求在加强师德师风建设过程中健全师德师风长效机制，科学阐释新时代健全师德师风长效机制的时代内涵及建设路径。为贯彻落实党中央的重要指示，2013年9月，教育部出台《关于建立健全中小学师德建设长效机制的意见》；2019年11月，教育部等七部门又研究制定《关于加强和改进新时代师德师风建设的意见》，力求健全师德师风建设长效机制，确保师德师风建设的常态化和机制化。

1. 健全师德师风长效机制的重要意义

实现师德师风建设的常态化。建立和健全师德师风长效机制，有利于引导广大教师认识到师德师风长效性、常态化和制度化的重要意义，树立长远的师德师风规范学习目标，推动对师德师风规范学习的系统化、常态化，确保能学懂、弄通，把握师德师风规范的精神实质，坚定教师的责任担当，并努力做到在教育教学过程中能够学以致用，将师德师风规范融入平时的教育教学过程中，在教育教学中自觉遵守师德师风规范。

推动广大教师将师德师风内化于心。师德师风的形成是一个内化过程，要求教师将外部的师德师风规范和标准转化为教师自身的内心自律。建立和健全师德师风长效机制，可以引导广大教师通过常态化、制度化地认真学习和严格遵守师德师风规范，将师德师风规范自觉融入自身平时的教育教学活动过程之中，通过不断丰富自身的师德情感，形成积极的心理体验，由此激发和升华教师自身的内在需求，进而发展成为精神层面的师德需求，而这种师德需求满足后又会反过来强化教师的积极心理体验，增强教师的师德情感，从而最终内化成教师的稳固师德。

2. 健全师德师风长效机制的核心内容

强化师德师风长效机制的制度规范。为建设师德师风长效机制，2013年9月，教育部出台《关于建立健全中小学师德建设长效机制的意见》，提出建立健全教育、宣传、考核、监督与奖惩相结合的中小学师德建设长效机制。2014年9月，教育部制定《关于建立健全高校师德建设长效机制的意见》，提出建立健全高校师德建设长效机制，划出师德禁行行为"红七条"。为进一步加强师德师风建设工作，引导教师将教书育人与自我修养相结合，2018年1月，《中共中央 国务院关于全面深化新时代教师队伍建设改革的意见》要求加强师德师风建设，把社会主义核心价值观贯穿教书育人全过程。2019年11月，教育部等七部门研究制定《关于加强和改进新时代师德师风建设的意见》，将社会主义核心价值观贯穿师德师风建设全过程，激励广大教师努力成为"四有"好老师。2020年10月，中共中央、国务院印发《深化新时代教育评价改革总体方案》，提出改革教师评价，把师德师风作为第一标准。

提升教师职业道德素养。"突出课堂育德，在教育教学中提升师德素养"，"将师德师风教育贯穿师范生培养及教师生涯全过程"，"突出典型树德，持续开展优秀教师选树宣传"，"提高全体教师的法治素养、规则意识，提升依法执教、规范执教能力"，"强化纪律建设，全面梳理教师在课堂教学、关爱学生、师生关系、学术研究、社会活动等方面的纪律要求，依法依规健全规范体系，开展系统化、常态化宣传教育"❶。

将师德师风建设要求贯穿教师管理全过程。"将师德考核作为教师考核的核心内容，摆在首要位置"，"师德考核不合格者年度考核应评定为不合格，并在教师资格定期注册、职务（职称）评审、岗位聘用、评优奖励和特级教师评选等环节实行一票否决"，"严格师德督导，建立多元监督体系"，"强化师德监督，有效防止失德行为"，"完善多方广泛参与、客观公正科学合理的师德师风监督机制"，"建立健全违反师德行为的惩处制度"，"建立师德失范曝光平台，健全师德违规通报制度，起到警示震慑作用"❷❸。

营造全社会尊师重教氛围。"突出师德激励，促进形成重德养德良好风气"，

---

❶ 教育部等七部门印发《关于加强和改进新时代师德师风建设的意见》的通知［EB/OL］.（2019-12-16）［2022-10-17］.http://www.moe.gov.cn/srcsite/A10/s7002/201912/t20191213_411946.html.

❷ 教育部关于建立健全中小学师德建设长效机制的意见［EB/OL］.（2013-09-02）［2022-10-17］.http://www.moe.gov.cn/srcsite/A10/s7002/201309/t20130902_156978.html.

❸ 教育部等七部门印发《关于加强和改进新时代师德师风建设的意见》的通知［EB/OL］.（2019-12-16）［2022-10-17］.http://www.moe.gov.cn/srcsite/A10/s7002/201912/t20191213_411946.html.

"把师德表现作为评选教书育人楷模……等表彰奖励的必要条件"❶,"强化地位提升,激发教师工作热情","完善表彰奖励及管理办法","强化权利保护,维护教师职业尊严","强化尊师教育,厚植校园师道文化","做好教师荣休工作,礼敬退休教师,弘扬尊师风尚。建立健全教职工代表大会制度,保障教师参与学校决策的民主权利","加强家庭教育","强化各方联动","鼓励社会团体、企业、民间组织对教师出资奖励"❷。

3. 健全师德师风长效机制的主要成效

近年来,在党中央、国务院统一部署下,我国教师队伍的师德师风建设取得显著成效,构建了师德师风建设的长效机制。

各地开展了师德师风常态化学习和考核活动。在党和政府师德师风政策引领下,各级各类学校开展常态化的师德师风学习活动,建立了教育、宣传、考核、监督、奖惩一体化的师德建设长效机制。各地在加强师德师风建设的过程中,普遍将师德考核作为教师考核的核心内容,摆在首要位置,并在教师资格定期注册、职务(职称)评审、岗位聘用、评优奖励和特级教师评选等环节实行一票否决,由此引领教师认真遵守师德规范、提升师德修养。

各地探索了有效的师德师风建设长效机制。有些地方在对各级各类学校督导过程中探索建立了师德师风监督员制度,定期对学校师德师风建设情况开展监督、评议,及时改进师德师风建设政策措施。政府、学校、教师、学生、家长、社会等不同群体广泛参与师德监督体系,并加强师德师风的制度设计、工作机制、监督执行、指导反馈、信息交流,将违反师德师风行为消除于萌芽状态。有些地方建立了形式多样的师德举报平台,充分发挥广大师生对师德师风的民主监督和社会舆论监督功能,通过及时发现、劝导、督促及时纠正师德违规行为等手段,有效预防和制约了教师违背师德规范标准的行为;建立师德违规曝光平台,完善师德违规通报制度,引导教师时刻自省、自励,守住师德底线。有些地方在教育教学实践活动中积极开展师德师风主题教育活动,引领教

---

❶ 教育部关于建立健全中小学师德建设长效机制的意见[EB/OL].(2013-09-02)[2022-10-17]. http://www.moe.gov.cn/srcsite/A10/s7002/201309/t20130902_156978.html.

❷ 教育部等七部门印发《关于加强和改进新时代师德师风建设的意见》的通知[EB/OL].(2019-12-16)[2022-10-17]. http://www.moe.gov.cn/srcsite/A10/s7002/201912/t20191213_411946.html.

师坚守讲台主阵地,将师德师风置于本职工作的首要位置,并融入教育教学的全过程;定期开展师德先进人物评选和师德师风示范学校创建活动,激励广大教师恪守师德规范。

第三章 推进教师队伍建设信息化

第三章 推进教师队伍建设信息化

以教育信息化带动教育现代化，破解制约我国教育发展的难题，促进教育创新与变革，是建设教育强国的重大战略抉择。我国在2012年颁布并实施《教育信息化十年发展规划（2011—2020年）》，十年来在信息化助推教师管理优化、教师教育改革、教育教学创新等方面进行了深入探索，特别是在提升教师信息素养、推进教师发展数字化转型、促进教师管理信息化和开展人工智能助推教师队伍建设改革试点方面取得显著成效。党的二十大报告中强调，推进教育数字化，建设全民终身学习的学习型社会、学习型大国。未来要以教育数字化支撑教育现代化，深入实施国家教育数字化战略行动，全面支撑教师教学，促进教育公平，提高教育质量。❶

一、提升教师信息素养

以教育信息化支撑引领教育现代化，是新时代我国教育改革发展的战略选择，对于构建教育强国具有重要意义。2018年颁布的《中共中央 国务院关于全面深化新时代教师队伍建设改革的意见》明确要求"教师主动适应信息化、人工智能等新技术变革，积极有效开展教育教学"。2018年，教育部启动实施《教育信息化2.0行动计划》，提出开展"信息素养全面提升行动"，明确要求大力提升教师信息素养；2019年教育部印发《关于实施全国中小学教师信息技术应用能力提升工程2.0的意见》，进一步要求构建提升教师信息素养的新机制。2022年11月30日，教育部印发《教师数字素养》教育行业标准，明确教师数字素养框架，规定了数字化意识、数字技术知识与技能、数字化应用、数字社会责任、专业发展五个维度的要求。

---

❶ 雷朝滋.加强高校有组织科研 加快教育数字化发展 以教育现代化推动实现中国式现代化［N］.中国教育报，2022-11-24.

（一）提升教师信息素养的重要意义

信息技术已成为教育改革创新的重要驱动力，教师作为教育发展的第一资源，是推进教育改革和教育现代化进程的重要基石，提升教师信息素养对我国教育改革与创新发展具有重要意义。一是信息时代对人才发展的需求。信息技术迅猛发展，互联网、大数据、人工智能等技术快速渗透到社会经济各行业，深刻改变了对人才培养的需求。信息素养是信息时代成为一名全球公民需要具备的基本意识和能力。二是新时代教师队伍建设改革的需要。习近平总书记2018年在北京大学师生座谈会上指出，随着信息化不断发展，知识获取方式和传授方式、教和学关系都发生了革命性变化，这也对教师队伍能力和水平提出了新的更高的要求。2018年教育部发布《教育信息化2.0行动计划》，由1.0阶段信息技术与教育的"应用融合"转变为2.0阶段的"融合创新"，更加强调在信息技术支持下教育教学的创新发展而非信息技术的简单应用，对教师的能力要求也从信息技术的应用向信息素养的养成转变。三是实现教育现代化的关键。教育信息化是教育现代化的重点内容和重要标志，《教育信息化十年发展规划（2011—2020年）》中提出，"采取多种方法和手段帮助教师有效应用信息技术，更新教学观念，改进教学方法，提高教学质量"。教师作为课堂教学的组织者，也是信息化教育的推进者，教师信息技术应用水平将影响到信息化教学的效能，同时还在以信息技术促进教育教学变革的进程中发挥关键作用。

（二）提升教师信息素养的核心内容

提升教师信息素养相关政策是"以教育信息化支撑引领教育现代化"的具体表现，是我国教育事业发展的战略选择。我国一直把教育信息化摆在支撑引领教育现代化的战略地位，从教育信息化到教师信息技术应用再到教师信息素养，这一系列的政策变化有着清晰的发展理路，也反映了信息化发展的时代趋势。作为对《国家中长期教育改革和发展规划纲要（2010—2020年）》的具体化，2012年教育部印发的《教育信息化十年发展规划（2011—2020年）》提出了信息技术与教育的结合，主张在深度变革传统课堂教学结构的基础上，实现教育质量的大幅度提升，使信息技术对教育变革产生"革命性影响"。而队伍建设是发展教育信息化的基本保障，造就业务精湛、结构合理的教育信息化师资队伍，能为教育信息化提供人才支持。2013年教育部出台《关于实施全国中小学教师信息技术应用能力提升工程的意见》，要求建立教师信息技术应用能力标准，整合资源并采取符合信息技术特点的新模式，通过进一步的信息技术能力培训，提升教师信息技术应用能力。2014年教育部印发了《中小学教师信息技术应用能力标准（试行）》，以进一步提升中小学教师对于信息技术的整合应用能力，促进信息技术与课堂教学的深度融合。2016年印发的《教育信息化"十三五"规划》中提出"信息技术与教育教学融合进一步深入，教师信息化教学能力显著提升"的发展目标；2018年发布的《教育信息化2.0行动计划》指出，要从提升师生信息技术应用能力向全面提升其信息素养转变，使之具备良好的信息思维，适应信息社会发展的要求，应用信息技术解决教学、学习、生活中问题的能力成为必备的基本素质。

系统化的多轮行动，持续推进教师信息技术应用能力和信息素养的提升。21世纪以来，我国在多轮政策文件、行动计划的引领下，持续推进信息技术与教育的融合、教师信息素养的提升。具体而言：《中小学教师信息技术应用能力标准（试行）》规范并引领中小学教师在教育教学和专业发展中有效应用信息技术的准则，也为各地开展教师信息技术应用能力培养、培训和测评等工作提供基本依据；《中小学教师信息技术应用能力培训课程标准（试行）》明确课程目标、课程主题、课程建设、课程实施，指导各地组织实施中小学教师信息技术应用能力提升工程，规范引领培训课程建设与实施工作；实施"全国中小学教师信息技术应用能力提升工程"，整合相关项目和资源，采取符合信息技术特点的新模式，明确提出到2017年年底完成全国1000多万名中小学（含幼儿园）教师新一轮提升培训，提升教师信息技术应用能力、学科教学能力和专业自主发展能力；从2010年开始持续实施中小学幼儿园教师国家级培训计划，将信息技术应用作为培训必修内容，利用教师网络研修社区，切实推行集中面授、网络研修和现场实践相结合的混合式培训，促进教师边学习、边实践、边提升；"全国中小学教师信息技术应用能力提升工程2.0"提出，到2022年构建以校为本、基于课堂、应用驱动、注重创新、精准测评的教师信息素养发展新机制，通过示范项目带动各地开展教师信息技术应用能力培训，通过9项主要措施和四大任务构建教师信息素养发展新机制，基本实现教师信息化教学能力显著提升，促进信息技术与教育教学融合创新发展。2022年发布的《教师数字素养》标准，进一步明确了教师数字素养的内涵,即教师适当利用数字技术获取、加工、使用、管理和评价数字信息和资源,发现、分析和解决教育教学问题,优化、创新和变革教育教学活动而具有的意识、能力和责任。同时,构建了包含数字化意识、数字技术知识与技能、数字化应用、数字社会责任、专业发展5个一级维度,以及13个二级维度和33个三级维度的教师数字素养框架,为完善教育信息化标准体系,提升教师利用数字技术优化、创新和变革教育教学活动的意识、能力和责任提供了基本依循。

信息技术和智能技术融入教育全过程,促进教师在"学习—实践—反思"中提升信息素养。教师信息素养的提升,关注的重点是如何帮助教师学会融合运用信息技术以优化教学资源和教学过程,进而帮助学生高效地完成学习任务并达成学习目标。《教育信息化2.0行动计划》在"三通两平台"现有基础上将继续深入推进普及应用,通过信息技术和智能技术深度融入教育全过程,以数字资源服务普及行动、网络学习空间覆盖行动、网络扶智工程攻坚行动、百区千校万课引领行动、智慧教育创新发展行动、信息素养全面提升行动,推动教师在教学中主动适应信息化、人工智能等新技术变革,积极有效开展教育教学,促进教师在"学习—实践—反思"中信息素养的提升。

(三)提升教师信息素养的主要成效

通过提升教师信息素养,培养高素质教师队伍,推动教育信息化内涵式发展,是贯彻落实党中央、国务院全面深化新时代教师队伍建设改革决策部署的重要举措。2013年,教育部启动实施"全国中小学教师信息技术应用能力提升工程",建立了中小学教师信息技术应用能力标准体系,同时建设了两期课程资源,在推动教师信息技术应用能力提升方面取得了显著成效。截至2017年年底,该工程共培训全国中小学教师1000余万名,普遍提高了中小学教师应用信息技术改进教育教学的意识和能力。截至2018年年底,我国中小学校利用信息技术开展教学的学科教师比例总体达到82.46%。2019年启动实施"全国中小学教师信息技术应用能力提升工程2.0",围绕整校推进教师应用能力培训来服务教育教学改革,以缩小城乡教师应用能力差距促进教育均衡发展,以打造信息化教学创新团队引领未来教育方向。《教师数字素养》标准的制定和发布,更是为教师数字素养的培训与评价、教师信息素养的提升提供了依据,推进教师信息素养提升走向标准化、规范化的轨道。

二、推进教师发展数字化转型

从2016年《中华人民共和国国民经济和社会发展第十三个五年规划纲要》正式将"数字中国"上升为国家战略开始，数字技术逐渐全面应用于我国各领域的建设。教育数字化转型的战略意义与数字中国、数字经济同脉，是教育对新一轮科技革命趋势的主动适应。2022年国务院印发《"十四五"数字经济发展规划》，提出深入推进智慧教育；同年，教育部启动教育数字化战略行动，以前所未有的力度全面推进教育数字化转型。伴随国家智慧教育公共服务平台的建设应用，覆盖基础教育、职业教育、高等教育的"教师研修"板块建设也全面铺开，通过平台进行的"暑期教师研修""寒假教师研修"等有组织的教师培训活动，不仅丰富了平台应用，也在教师发展的数字化转型探索上走出了重要一步。教育信息化从1.0时代迈进2.0时代、从"简单应用"走向"深度融合"，教师作为教育发展的第一资源，推动教师发展数字化转型对教育数字化转型至关重要，对实现教育现代化具有重要意义。

（一）推进教师发展数字化转型的重要意义

教师发展数字化转型是顺应智能时代发展的必经之路，对我国以教育信息化支撑引领教育现代化，推动教育改革与创新具有重要意义。

一是新时代教育变革创新的需求。2019年，习近平总书记在致国际人工智能与教育大会的贺信中指出，"积极推动人工智能和教育深度融合，促进教育变革创新"。《中共中央 国务院关于全面深化新时代教师队伍建设改革的意见》《中共中央 国务院关于深化教育教学改革全面提高义务教育质量的意见》《教育信息化2.0行动计划》等多个政策文件都大力推动将人工智能、大数据等信息技术作为教育变革创新的驱动力，作为教学模式创新和教师专业能力提升的关键内容和核心着力点。

二是推进国家教育数字化战略的需要。教育数字化转型是教育信息化的特殊阶段，2022年启动的国家教育数字化战略行动提出，要从简单应用到融合创新、树立数字化意识和思维、培养数字化能力、构建智慧教育发展新生态。

教师作为新技术的直接使用者和教学实施的主体,是教育发展的第一资源。推动教师发展数字化转型,是推进国家教育数字化战略行动的需要,也是其核心内容。

三是新时代对教师发展的新要求。《中共中央 国务院关于全面深化新时代教师队伍建设改革的意见》强调新时代教师队伍建设要主动适应信息化、人工智能技术变革的新要求。在智慧教育新生态中,教师面临教与学关系的重构、教学内容的更新、智能技术的应用、教学空间的转换等新的挑战,这对教师教育教学能力、技术整合与应用能力、学习支持与服务能力等都提出了新的要求,教师发展数字化转型迫在眉睫。

(二)推进教师发展数字化转型的核心内容

教师专业能力数字化和教师发展过程的数字化是推动教师发展数字化转型的两大内容。教育数字化转型核心是促进全要素、全业务、全领域和全流程的数字化转型。教师发展数字化转型不仅实现教师专业能力数字化,还要促进教师发展过程的数字化。《中国教育现代化2035》明确提出建设高素质专业化创新型教师队伍,《教育信息化2.0行动计划》《教师教育振兴行动计划(2018—2022年)》提出加强师范生、教师信息化教学能力培养,以信息化教育教学改革发展引领教师培训。

智能学习环境为教师发展数字化转型提供基础设施和保障。近年来,国家实施了一系列重大工程和政策措施,教育信息化在基础设施、数字资源、信息平台等方面都取得了重大突破。随着互联网、大数据、人工智能技术等的快速发展,"三通两平台""三全两高一大"等行动持续推进,数字资源供给质量显著提升,为教师发展数字化转型创设了新环境、提供了新工具。例如,创设线上线下混合的专业研修环境,为教师专业发展提供灵活开发的学习空间、搭建贴近真实问题情境的研修场景;创设多元技术支撑下的教学实践环境,为教师探索个性化、高质量教学的教学模式创新提供实践平台;提供数据驱动的教师发展评价工具,实现在工作实践场景与学习培训场景中对教师全过程、发展式评价;开发云技术支持的知识管理工具,支持教师优质实践知识的提取、管理与共享。

2022年3月,国家智慧教育平台正式上线。同年7月,覆盖基础教育、职业教育、高等教育的"教师研修"板块正式上线，引领教师发展数字化转型进入了新轨道、新时代。按照"有培训就有资源生成""有名师就有辐射带动""有学习就有个性服务"的思路，"教师研修"板块主要为教师提供三方面的服务：一是汇聚优质的学习资源，按照教师开展教育教学、教研备课等不同方面的需求，进行分类汇聚。同时建立资源生成的长效机制，调动地方、高校、教师发展机构和名师名校积极参与，提供承担"国培计划"等各类教师培训过程中生成的优质资源，确保资源实时更新。二是为教师个性化学习服务，教师可以根据自己的需要，自主选择资源进行学习。同时，教师登录后，平台记录教师学习情况，进行教师"画像"，为教师推送个性化的学习资源。在平台上学习得越多，推送的资源越精准。三是为有组织的教师研训服务。设立"国培示范"栏目，将"国培计划"的好课程、好项目搬到线上。搭建名师（团队）线上工作室（坊），集聚名师（团队）资源。全国教师可以学习、使用名师资源，改进教育教学。支持名师以线上工作室（坊）为平台，与全国教师特别是中西部欠发达地区教师开展线上协同教研、备课辅导，充分发挥名师的辐射带动作用。2022年，依托平台开展面向全国各地各类学校教师的研修活动，1313万名教师在线学习，约占全国各级各类专任教师的71.2%，累计访问量13亿次，这是近年来国家层面组织的最大规模的专项教师培训，覆盖全国31个省（区、市）和新疆生产建设兵团、各级各类学校，有力促进了教育教学理念转变和能力提升、教师发展模式转型与机制创新、优质教育资源的共建共享。2022年年底，启动了2023年寒假教师研修，这标志着通过国家智慧教育平台组织开展教师寒、暑期专题培训的长效机制正在逐步建立，教师发展数字化转型的国家探索正在稳步推进。专业发展模式创新是推动教师发展数字化转型的变革点和落脚点。《中共中央 国务院关于全面深化新时代教师队伍建设改革的意见》提出大力振兴教师教育，不断提升教师专业素质能力，明确要创新教育模式、教师培养模式和教师培训模式。《新时代基础教育强师计划》提出推进职前培养和职后培训一体化，创新师范生教育实践和教师专业发展机制模式，建立完善的教师专业发展机制，适应教育现代化和建成教育强国要求。国家启动教育数字化战略行动，智能技术赋能教师专业发展，有效促进教师专业发展应用模式的创新，推动了教师发展数字化转型。例如，通过多元异步学习空间，推动正式学习与非正式学习、线上学习与线下研修相融合的混合式教师培训模式创新；促进教研模式的变革与创新，形成了教研共同体、协同教研、网络教研、混合式教研等多种新的教研形式；数字化技术促进了由传统的结果性评价、经验驱动的评价，向过程性评价、数据驱动的循证式评价转变的教师发展评价模式创新。

（三）推进教师发展数字化转型的主要成效

在国家教育信息化、教师队伍建设的多个政策推动下，在教育系统和社会各界的共同努力下，教师发展数字化转型工作正稳步推进。教师信息化教学能力、创新能力持续提升，大数据、云计算、人工智能和"互联网+"等新技术促进教师继续教育走向智能化，教师专业发展模式不断创新。教师发展数字化转型将助力推动实现教育数字化转型，以及整个社会的数字化转型发展，这对我国教育高质量发展、加快建设"数字中国"提高国家的竞争优势具有重要意义。

三、促进教师管理信息化

教育信息化是党中央和国务院作出的重大决策部署，是事关教育现代化全局的战略选择。教师队伍建设工作是教育发展的基础性工作，推进教师管理信息化既是推进教育治理现代化的核心工作，又是推进教育信息化的重要内容。教育部2017年发布《关于全面推进教师管理信息化的意见》《全国教师管理信息系统管理暂行办法》，提出深入应用全国教师管理信息系统，并指导各地各校做好教师管理信息系统的管理与应用工作，全面推进教师管理信息化，优化教师工作治理体系，提升教师工作治理能力，更好地开展教师队伍建设工作，以信息化推进治理体系和治理能力现代化。

（一）促进教师管理信息化的重要意义

加快推进教师管理信息化，优化教师队伍治理，对我国教育改革与创新发展具有重要意义。一是推进教育信息化的重要支撑。习近平总书记提出，要以信息化推进国家治理体系和治理能力现代化，构建全国信息资源共享体系。建设好教育管理公共服务平台，实现学生、教师信息入库。当前，云计算、大数据、人工智能、物联网等新技术的应用日趋广泛，数字化、网络化、智能化服务正加快推进，社会整体信息化程度不断加深，教育信息化面临重大发展机遇。《教育信息化 2.0 行动计划》中明确提出教育治理能力优化行动,全面提升教育管理信息化支持教育发展的能力。《教育部关于全面推进教师管理信息化的意见》提出,各地要以深入应用教师系统为抓手,加快推进教师管理信息化,推动教育信息化工作迈上新台阶。二是加强教师队伍建设的迫切需求。全面提升教育质量、扩大教育公平受益面、优化教育结构、深化教育改革、加快推进教育现代化对教师队伍建设和教师管理工作提出了更高要求。教师类别多样、规模庞大,教师队伍建设工作环节多,传统手段难以做到科学、精准、高效管理,创新教师管理方式方法,积极整合利用信息技术手段,全面推进教师管理信息化,提升教师管理的效率与水平,是实现教师队伍治理体系和治理能力现代化的有效方式。

(二)促进教师管理信息化的核心内容

教师管理信息化作为教育信息化的重要内容,有助于推进教育治理现代化。2010 年,《国家中长期教育改革和发展规划纲要(2010—2020 年)》指出,构建国家教育管理信息系统,加快教育管理信息化进程。2012 年,《教育信息化十年发展规划(2011—2020 年)》提出,大力推进国家教育管理信息系统建设行动,通过建立国家和地方等以各级各类学校和师生为对象的教育管理基础数据库,推动学校管理信息系统建设与应用、实现系统整合与数据共享,为各级教育行政部门和各级各类学校提供教育管理基础数据和管理决策平台。2017 年,《教育部关于全面推进教师管理信息化的意见》提出在用好全国教师管理信息系统的基础上持续完善其系统功能,并扎实做好信息更新和核准工作,推动教师系统与相关教育管理服务平台的互通、衔接,支持教师系统在更广层面的应用,实现教师系统的可持续发展。2021 年,《教育部关于加强新时代教育管理信息化工作的通知》提出利用新一代信息技术提升教育管理数字化、网络化、智能化水平,推动教育决策由经验驱动向数据驱动转变、教育管理由单向管理向协同治理转变。随着物联网、大数据等新一代技术的普及应用,教师管理信息化走向"智慧管理",通过教学数据和管理数据的汇聚和共享,建立教育大数据分析模型,全面、精准地掌握教师情况,为教师提供个性化服务,提升教育数据管理效能,以高质量的信息化支撑教育治理体系和治理能力现代化。

教师管理信息化推动教师队伍建设工作有着明确的目标和任务。2014年教育部启动全国教师管理信息系统建设工作，2017年发布《教育部关于全面推进教师管理信息化的意见》，将推动各地应用教师系统作为重点内容，提出了《全国教师管理信息系统管理暂行办法》，明确通过建立教师管理信息化体系、形成教师队伍大数据、优化教师工作决策、提升教师队伍治理水平，以优化教师队伍建设和改革创新。具体体现在：一是利用教师基础信息分析预测不同地区、不同层面、不同类别的教师培养需求，利用教师队伍大数据分析教师能力发展现状，进而优化教师培养模式，支持教师的精准培养；二是利用教师基础信息、教师队伍大数据、业务管理功能等，促进教师培训专业化，为教师提供个性化的培训，满足教师个性化发展需求；三是分析各级各类教师的配置情况，改进教师调动情况，优化教师资源配置；四是通过互认共享的数据，提升教师管理评价工作的信息化，改进教师管理服务。

数字化转型是智能时代赋能教师管理信息化的新方向。数字化赋能教育管理转型升级，是推进国家教育数字化战略行动的重要任务，是创新教育治理理念和方式的重要举措，对支撑教育决策科学化、教育管理精准化、教育服务便捷化，服务国家教育治理现代化意义重大。当前，云计算、大数据、人工智能、物联网等新技术的应用日趋广泛，数字化赋能教育管理转型升级，其本质是以新兴技术为主要手段，以信息数据为核心要素，将数字技术、数字思维应用于教育管理全过程，对教育管理、教育决策和教育服务的方式、流程、手段、工具等进行全方位、智能化、系统性功能重塑和流程再造。在国家教育数字化战略行动的推动下，教师管理数字化转型将更有利于提高教育管理效能，助力教育治理现代化的变革与创新。

（三）促进教师管理信息化的主要成效

教育部2014年启动全国教师管理信息系统建设工作。在"两级建设、五级应用，分级管理、属地运行，统一规划、地方定制，及时更新、深度应用"总体思路的指导下，在研制教师信息指标体系、开发教师业务管理系统之后，于2015年在上海、江苏和甘肃3省市进行为期一年试点；2016年在全国部署教师管理信息系统并举办专题培训班，为各省培训骨干，建立专门工作队伍；2017年全面建成全国教师管理信息系统，完成了各级各类教师全面信息的采集工作，建立了全国教师基础信息库，并正式投入使用。全国教师管理信息系统具备各级各类教师的基础信息，为每一位教师建立了电子档案，并定期动态更新教师信息、确保信息有效准确。通过与相关教育管理服务平台的互通、衔接，与教师培训、教师资源配置、教师管理评价等核心工作的深度融合，逐步重构教师管理方式、再造教师管理流程，推进管理精细化、治理精准化，为实现教师治理体系和治理能力现代化奠定基础。

四、开展人工智能助推教师队伍建设改革试点

新一轮科技革命和产业变革风起云涌，推动人类社会迎来人机协同、跨界融合、共创分享的智能时代。《中共中央 国务院关于全面深化新时代教师队伍建设改革的意见》《国务院关于印发新一代人工智能发展规划的通知》《教育部等五部门关于印发〈教师教育振兴行动计划（2018—2022年）〉的通知》等文件中明确提出，教师要主动适应信息化、人工智能等新技术变革，积极有效开展教育教学。为贯彻落实这些文件的精神，教育部启动人工智能助推教师队伍建设行动试点工作。

（一）人工智能助推教师队伍建设行动试点的重要意义

人工智能助推教师队伍建设试点行动的实施，是顺应时代发展的关键举措，对我国教育改革与创新发展具有重要意义。一是深化教师队伍建设改革的需要。2018年印发的《中共中央 国务院关于全面深化新时代教师队伍建设改革的意见》是新中国成立以来第一次以党中央名义印发的加强教师队伍建设的专门性文件，强调要着眼于信息化发展对未来教育的影响，对教师队伍的能力和水平提出的更高的要求，深化教师队伍建设改革，使教师主动适应未来变革。二是推动智能教育的需要。2017年国务院印发的《新一代人工智能发展规划》提出，实施智能教育，利用智能技术加快推动人才培养模式、教学方法改革，开展智能校园建设，建立以学习者为中心的教育环境。教师作为教育发展的第一资源，是推动智能教育实施的关键要素。因此，必须尽早谋划、尽快推动，长远布局智能教育时代的教师队伍建设。三是实施教育信息化2.0行动

计划的要求。2018年教育部启动教育信息化2.0行动计划，将教师队伍建设作为工作重点，特别强调推动教师适应人工智能等新技术挑战，提升教育教学能力。

（二）人工智能助推教师队伍建设行动试点的核心内容

人工智能助推教师队伍建设行动试点工作采取逐步推进的路径。2018年，教育部首先在宁夏和北京外国语大学进行了试点"微探索"，试点工作旨在通过"四助推"达到"四提升"，即通过"助推教师教育改革、助推教育教学创新、助推教师管理优化、助推教育精准扶贫"达到"提升教师培养培训质量、提升教育教学能力、提升教师队伍治理水平、提升教育扶贫实效"。在第一批试点取得较好成效后，教育部于2021年启动了第二批人工智能助推教师队伍建设试点工作，选择北京大学等56所高校、广州市等20个地市、四川成都武侯区等25个区县，进行更大范围、更多内容、更高要求的试点。

人工智能助推教师队伍建设行动试点有着清晰的顶层设计。试点工作是在"建设数字中国"和"建设教育强国"战略引领下，为了深入推进人工智能等新技术与教师队伍建设相结合而开展的。2022年教育部开始实施教育数字化战略行动，人工智能赋能新时代高素质专业化创新型教师队伍建设是教育数字化战略行动的重要组成部分。要求第二批人工智能助推教师队伍建设试点单位做好试点工作的整体规划，以教育新型基础设施建设为基础，以教师队伍建设改革为抓手，以落实立德树人根本任务为落脚点，积极推进人工智能、大数据、第五代移动通信技术（5G）等新技术与教师队伍建设的融合，形成新技术助推教师队伍建设的新路径和新模式。具体而言，要求高等学校的试点重点推进四项工作：创建智能化教育环境，提升教师技术素养与应用能力，推进教师大数据建设与应用，服务地方教育教学改革与创新等。要求地市和区县重点推进六项工作：推动教师应用智能助手，创新教师培养模式，开展教师智能研修，提升教师智能教育素养，建设与应用教师大数据，智能引领乡村学校与薄弱学校教师发展等。

教育部在开展试点之初就确立了"四个坚持"的工作原则，即坚持创新驱动、坚持问题导向、坚持系统推进、坚持服务急需。这表明试点工作将聚焦在新时代教师队伍建设改革中的重点难点问题，寻找有效解决策略并加以总结提炼和推广。因此，试点的主攻方向指向"为教师赋能，为学生减负，深化教师评价改革，促进教师自主发展与终身学习"。面对教师队伍建设中的突出问题，人工智能可以从支持教育教学的"改革创新""资源配置""教师教育发展""高校教师发展"与"区域教师管理"五大方向着力。具体而言，一是着力推进师生应用智能助手（平台、系统、资源、工具等），促进教学方式和学习方式改革，为教师减负和赋能；二是着力依托智能教育平台系统，探索推进人人协同、人机协同的"双师课堂"，解决区域、学校、城乡教育不均衡难题，探索缓解教师编制供给不足的新路径；三是探索利用平台系统，提升教师作业设计和点评能力，减轻学生作业负担；四是探索建立或应用教师能力诊断测评系统，诊断教师学习发展需求，开展精准培养培训；五是建设和应用教师大数据，采集动态数据，形成教师画像，支撑教师精准管理，支持教师评价改革。

人工智能助推教师队伍建设行动试点强调建立上下联动和协同推进机制。建立上下联动、校企合作、专家指导的工作机制是试点工作顺利推进的重要保障。一是中央、省（区、市）、地市和区县要做好组织保障并建立上下联动机制，教育部负责试点的统筹协调，各省级教育行政部门负责组织领导本省份试点工作，地市和区县要遴选一批基础好的区域或学校建立实验区或实验校，高校要遴选基础好的院系或部门建立实验基地，先行先试，对拿得准的就快速推开、全面覆盖，确保试点工作落点准、部署快、推进实、成效好。二是建立政企校企合作机制，注重引进信息化和人工智能等领域企业或专业机构，参与技术创新、产品设计、平台开发、资源建设等工作，确保技术先进性、引领性、适用性。三是建立专家指导机制，引进高校科研团队或专家建立指导专家组，做好方案研制、试点推进、迭代升级的指导工作。四是建立督查落实机制，通过人工智能助推教师队伍建设试点工作专家组，对各地试点工作进行跟踪指导与成效评估，并采取专项督查和第三方评估等方式，对试点工作进行检查评估和试点验收，确保各项行动落地见效。

（三）人工智能助推教师队伍建设行动试点的主要成效

2018年教育部在宁夏和北京外国语大学开展第一批人工智能助推教师队伍试点工作，特别是在应用人工智能技术推进教师教学与教研新模式、教师综合评价改革等方面取得了显著成效。2021年启动的第二批试点将在人工智能推动教育数字化转型、推进教育评价改革、创新教师教育模式、提升教师队伍治理水平、助力乡村教育振兴等方面着力，探索推进人工智能与教师队伍建设深度融合，推动教师教育理念和教学方法的深刻变革，建设高素质专业化创新型教师队伍的有效经验。人工智能将为培育新时代的"大先生"提供新的机遇，为解决教师队伍建设的突出问题提供新的思路，为全面提升高校教师、师范生和中小学教师队伍的质量水平开辟新的道路。

第四章 加强基础教育教师队伍建设

第四章　加强基础教育教师队伍建设

党的十八大以来，我国基础教育普及水平大幅提升、办学条件显著改善、制度体系基本完善、育人质量稳步提高，特别是基础教育教师队伍的建设为基础教育的快速发展提供了有力的师资保障。[1] 十年来，通过颁布实施专门计划对基础教育教师队伍建设进行顶层设计和整体谋划，通过一系列政策加强教师教育体系建设和促进乡村教师队伍建设，通过一系列举措提升基础教育教师能力素质、深化基础教育教师管理改革、保障义务教育教师工资待遇。党的二十大报告提出了建设高质量基础教育体系的目标，实际上也是对造就新时代高素质专业化创新型基础教育教师队伍提出了要求。

一、实施新时代基础教育强师计划

2022年4月，为全面深化新时代教师队伍建设改革，加强高水平教师教育体系建设，培养造就高质量教师队伍，教育部等八部门联合印发《新时代基础教育强师计划》（以下简称"强师计划"）。"强师计划"立足"十四五"、面向2035，明确了两个层面的目标任务：一是到2025年，建成一批国家师范教育基地，形成一批可复制可推广的教师队伍建设改革经验，培养一批硕士层次中小学教师和教育领军人才，完善以部属师范大学示范、地方师范院校为主体的农村教师培养支持服务体系，欠发达地区中小学教师紧缺情况逐渐缓解，教师培训实现专业化、标准化，教师发展保障有力，教师队伍管理服务水平显著提升；二是到2035年，适应教育现代化和建成教育强国要求，构建开放、协同、联动的高水平教师教育体系，建立完善的教师专业发展机制，教师数量和质量基本满足基础教育发展需求，教师队伍整体素质和教育教学水平明显提升，尊师重教蔚然成风。

---

[1] 吕玉刚.以党的二十大精神为统领　全面推进新时代基础教育高质量发展［N］.中国教育报，2022-11-11.

（一）"强师计划"实施的重要意义

"强师计划"是推进教育现代化的必由之路。党的十八大以来，我国不断深化教师队伍建设改革，队伍建设取得了历史性成就。截至2021年，我国各级各类学校共有专任教师1844.4万人，其中基础教育教师1586万人，占专任教师总数的86%，支撑起世界最大规模的教育体系。❶ 2019年，《中国教育现代化2035》提出，建设高素质专业化创新型教师队伍，坚持把教师队伍建设作为基础工作，为教育现代化提供人才支撑。如何从教育大国变成教育强国，实现教育现代化，对基础教育教师队伍提出了更高要求。

"强师计划"是办好人民满意教育的必然要求。教育发展进入新阶段，人民群众对公平、多样、特色、优质教育的需求更加强烈，对教师素质提出更高要求。当前我国基础教育发展的主要矛盾正在发生从数量不足向提高质量的根本转变，教师队伍质量高低成为影响我国持续推进教育现代化的根本因素。但到2020年年底，我国小学教师本科及以上学历水平的占比为66.0%，初中教师研究生学历水平的比例仅为4.0%。而在2018年，英、法、日、韩、澳等国，小学教师本科及以上学历水平的占比皆达90%以上，欧盟、OECD成员国初中教师研究生及以上学历水平的占比分别为57.0%、45.5%。❷ 全面提高教师队伍质量是不断满足人民群众对高质量教育向往的必然选择。

（二）"强师计划"的核心内容

"强师计划"以高素质教师人才培养为引领，以高水平教师教育体系建设为支撑，以提升教师思想政治素质、师德师风水平和教育教学能力为重点，通过筑基提质、补短扶弱、做优建强的思路举措，促进教师数量、素质、结构协调发展。

第一，强培养：以高水平师范院校为引领，加强教师教育体系建设。

支持50所左右师范院校加强教学科研设施建设，建设一批国家师范教育

---

❶ 建强基础教育教师队伍 夯实教育强国建设基础［EB/OL］.（2022-04-14）［2022-12-30］.http://www.moe.gov.cn/fbh/live/2022/54369/sfcl/202204/t20220414_617245.html.

❷ 郝德永.示范性师范大学建设的标准、要件与对策［J］.教育研究，2021（2）：21-26.

第四章 加强基础教育教师队伍建设

基地，加强一流师范大学群和一流教师教育学科群建设，实现高水平的师范教育。实施师范教育协同提质计划，聚焦薄弱师范院校建设，由高水平师范大学和地方高水平师范院校一起，以组团方式帮助30余所薄弱师范院校加强人才队伍、学科建设，促进师范教育的协同发展、整体提升。

第二，重引领：提升教师培养层次，完善高层次教师人才培养机制。

实施高素质教师人才培育计划，深化本硕整体设计、分段考核的人才培养模式改革，推进高素质复合型硕士层次高中教师培养试点和部属师范大学公费师范生攻读教育硕士工作，继续实施农村学校教育硕士师资培养计划，扩大教育硕士培养规模。实施名师名校长计划，依托清华大学、北京大学、北京师范大学等培养基地，支持一批政治坚定、情怀深厚、学识扎实、视野开阔的基础教育名师名校长持续发展，成长为引领区域乃至全国教育改革发展的基础教育领域的教育家、大先生。

第三，促均衡：以中西部欠发达地区教师为重点，强化欠发达地区乡村教师队伍建设。

继续实施中西部欠发达地区优秀教师定向培养计划，依托部属师范大学和地方高水平师范院校为832个脱贫县和中西部陆地边境县定向培养1万名本科层次师范生。深入推进"县管校聘"管理改革，完善交流轮岗、支教讲学激励机制，引导优秀人才向乡村学校流动。全面落实补助政策、倾斜职称评聘、加强周转宿舍建设和住房保障等，着力增强乡村教师职业吸引力。

第四，抓改革：以深化评价改革为牵引，提升教师队伍治理水平。

落实教育评价改革要求，严格落实师德师风第一标准。深化职称改革，实行分类评价，出台完善中小学岗位设置管理的指导意见。绩效工资分配向班主任、教育教学效果突出的一线教师、从事特殊教育随班就读工作的教师倾斜。改进师范院校评价，探索师范类"双一流"建设评价机制。开展国家教师队伍建设改革试点，鼓励支持地方探索深化教师队伍建设改革的新思路和新举措。

第五，赋动能：以信息技术应用为抓手，推动教师队伍建设提质增效。

建设师范生管理信息系统，加快完善教师管理信息系统和教师资格管理信息系统，提升管理服务支撑功能。完善国家教师管理服务信息化平台，精准到人，为教师队伍建设提供信息化决策和便捷化服务支撑。加强信息系统安全防护，确保教师信息安全。深入实施人工智能助推教师队伍建设行动试点工作，探索人工智能助推教师管理优化、教师教育改革、教育教学方法创新、教育精准帮扶的新路径和新模式，进一步发挥教师在人工智能与教育融合中的作用。

"强师计划"既对高水平师范大学提出了更高要求，也对各级政府履职尽责提出要求。师范院校特别是高水平师范大学应将学校发展融入国家教师教育事业发展当中，将学校发展与兄弟院校的发展紧密联系起来❶，并发挥重要作用。各级政府应在教师教育优先发展、优秀教师协同培养、师范院校协同提质中肩负重要的政治责任，发挥好资源配置、政策引导和统筹协调的作用。❷

二、加强教师教育体系建设

（一）教师教育振兴行动计划

教师教育振兴，是一个不断改进教师教育、推动教师培养改革创新、满足各级各类教育师资需求的过程。近年来，党和政府致力于完善教师培养培训，建立开放、协同、联动的现代教师教育体系。2012年9月，教育部等三部门印发《关于深化教师教育改革的意见》，提出建立高校与地方政府、中小学联合培养教师的新机制；推进高等学校内部教师教育资源整合，促进教师培养、培训、研究和服务一体化。随着教育规模的扩大和人民群众对高质量教育的期盼，教育领域不断顺应教育改革趋势，改革和振兴教师教育，实现了从"定向封闭办师范教育"向"多元开放办教师教育"的变革，不断满足各级各类教育的师资培养需求和培训需要。2018年2月，教育部等五部门联合印发《教师教育振兴行动计划（2018—2022年）》（以下简称《行动计划》），针对当前教师教育发展不平衡不充分的问题，对师德教育、培养规格层次、教师资源供给、教师教育模式、师范院校作用等提出行动目标和重点任务。

1. 教师教育振兴行动计划的重要意义

教师教育的振兴需要通过具体行动来开展和落实。教师教育振兴行动计划

---

❶ 梅兵，周彬.论新时代高水平师范大学的育人使命与教育担当［J］.教育研究，2022（4）：136.
❷ 刘益春.强师计划的大学使命与政府责任［J］.教育研究，2022（4）：147.

作为振兴教师教育的具体抓手，对于真正落实教师教育振兴有关政策、提升教师素质、深化教师队伍建设改革具有重要意义。

教师教育振兴行动计划是全面提高教师素质的重要举措。教师教育是教育事业的工作母机和提升教育质量的动力源泉。新时代的教师教育制度逐步健全，教师队伍整体素质持续提升，但面对新方位、新征程、新使命，教师教育还不能完全适应。教师教育体系有所削弱，对师范院校支持不够；有的教师素质能力难以适应新时代人才培养需求，师德水平和专业化水平需要提高，教师培养培训质量仍不能完全满足建设高素质专业化创新型教师队伍的需要，亟须振兴教师教育，培育未来教师，培训现有教师，全面提高教师素质。[1] 教师教育振兴行动计划，是全面提高教师素质的重要举措和行动抓手。

教师教育振兴行动计划是新时代深化教师队伍建设改革的迫切需要。习近平总书记强调指出，"要加强教师教育体系建设，加大对师范院校的支持力度，找准教师教育中存在的主要问题，寻求深化教师教育改革的突破口和着力点，不断提高教师培养培训的质量"。2018年1月，《中共中央 国务院关于全面深化新时代教师队伍建设改革的意见》提出实施教师教育振兴行动计划。不断加强教师队伍建设、提升教育质量水平，全面深化新时代教师队伍建设改革，迫切需要振兴教师教育，实施教师教育振兴行动计划，有效推动教师教育改革。

2.教师教育振兴行动计划的核心内容

《行动计划》针对当前教师教育发展不平衡不充分的问题，从师德教育、培养规格层次、教师资源供给、教师教育模式、师范院校作用等方面提出行动目标和重点任务。

为发展更高质量更公平的教育提供强有力师资保障。《行动计划》要求办好高水平、有特色的教师教育院校和师范类专业，基本健全教师培养培训体系。一是落实师德教育新要求，增强师德教育实效性。将学习贯彻习近平总书记对教师的殷切希望和要求作为师德教育首要任务；加强师德养成教育，用"四有"

---

[1] 实施教师教育振兴行动计划培养高素质教师队伍——教育部教师工作司负责人就《教师教育振兴行动计划（2018—2022年）》答记者问［EB/OL］.（2018-03-28）［2022-12-30］. http://www.gov.cn/zhengce/2018-03/28/content_5278035.htm.

好老师标准、"四个引路人"和"四个相统一"等要求统领教师成长发展，落实到教师教育课程中，引导教师以德立身、以德立学、以德施教、以德育德。二是提升培养规格层次，夯实国民教育保障基础。根据各地实际为义务教育学校培养更多接受过高质量教师教育的素质全面、业务见长的本科教师，为普通高中培养更多专业突出、底蕴深厚的研究生教师，为中等职业学校大幅增加培养有精湛实践技能的"双师型"教师，为幼儿园培养大批关爱幼儿、擅长保教的学前教育专科以上学历教师。三是改善教师资源供给，促进教育公平发展。加强中西部地区、乡村学校教师培养，支持中西部地区提升师范专业办学能力；推进本土化培养，针对师资补充困难地区逐步扩大乡村教师公费定向培养规模，为乡村学校培养"下得去、留得住、教得好、有发展"的合格教师；建立和健全乡村教师成长发展支持服务体系，高质量开展乡村教师全员培训。四是创新教师教育模式，培养未来卓越教师。吸引优秀人才从教，用优秀的人培养更优秀的人；注重协同育人、教学基本功训练和实践教学、课程内容不断更新以及信息技术应用能力。五是发挥师范院校主体作用，加强教师教育体系建设。加大师范院校支持力度，优化教师教育布局结构，基本形成以国家教师教育基地为引领、以师范院校为主体、高水平综合大学参与、以教师发展机构为纽带、以优质中小学为实践基地的开放、协同、联动的现代教师教育体系。

实施行动计划实现教师教育振兴。《行动计划》要求采取一系列主要措施，实施若干行动，包括师德养成教育全面推进行动、教师培养层次提升行动、乡村教师素质提高行动、师范生生源质量改善行动、"互联网+教师教育"创新行动、教师教育改革实验区建设行动、高水平教师教育基地建设行动、教师教育师资队伍优化行动、教师教育学科专业建设行动，以及教师教育质量保障体系构建行动。同时，要求明确责任主体，成立国家教师教育咨询专家委员会，为教师教育重大决策提供有力支撑；加强经费保障，根据教师教育发展以及财力状况适时提高师范生生均拨款标准，幼儿园、中小学和中等职业学校按照年度公用经费预算总额的 5% 安排教师培训经费，中央财政通过现行政策和资金渠道对教师教育加大支持力度，建立多元化筹资渠道；开展督导检查，建立教师教育项目实施情况的跟踪、督导机制。

3. 教师教育振兴行动计划的主要成效

自《行动计划》实施以来，通过试点改革和创新培养模式，助推教师教育改革和教学创新，提升教师队伍培养质量，进一步提高了教师队伍素质。

推动了教师教育改革和教学创新。《行动计划》实施以来，有关学校和部门通过试点工作等方式，开展教师教育改革，推动了教育教学创新。2018年8月，为贯彻落实教师教育振兴行动计划，推动教师主动适应信息化、人工智能等新技术变革，积极有效开展教育教学，教育部决定在宁夏和北京外国语大学开展人工智能助推教师队伍建设行动试点工作，探索人工智能助推教师管理优化、助推教师教育改革、助推教育教学创新、助推教育精准扶贫的新路径，为在全国层面推开人工智能助推教师队伍建设行动探索模式，积累经验，奠定基础。

明确了教师教育振兴的具体行动目标。《行动计划》实施以来，有关学校和部门根据自身特点和具体问题，有针对性地提出了振兴教师教育的具体行动计划和方案。改革师范生公费教育办法，将"免费"改为"公费"，履约服务期10年调整为6年。开展普通高校师范类专业认证，夯实师范人才培养质量保障体系。河北出台教师教育振兴行动计划，江苏印发教师教育创新行动计划，广东出台"新师范"建设方案。山东、重庆、甘肃、新疆等地提高师范专业生均拨款标准，有的达到非师范专业的1.5倍。广西建设一批省级师范教育基地。海南实施百万人才进海南行动计划。宁夏开展人工智能助推教师队伍专业素质提高行动试点，天津创建"人工智能+教师队伍建设行动"试验区（校）。湖北、吉林等地推进区县教师培训、教研、电教、科研职能有机整合。山西、辽宁、浙江建立符合职教特色的教师实践假期、流动岗、访问工程师等校企人员双向交流管理制度。❶

（二）卓越教师培养计划

建设高素质的教师队伍是人才培养的重要保障。提高教师素质，需要深化

---

❶ 介绍中共中央、国务院印发的《关于全面深化新时代教师队伍建设改革的意见》颁布一年来全国各地贯彻落实情况及下一步教师队伍建设改革思路［EB/OL］.（2019-02-15）［2022-04-19］. http://www.moe.gov.cn/fbh/live/2019/50256/mtbd/201902/t20190218_369850.html.

教师教育改革，不断提高教师培养和培训质量。为进一步提高教师质量，2014年8月，教育部发布《关于实施卓越教师培养计划的意见》，提出创新协同培养机制、强化实践导向教师教育课程内容改革等针对性措施。2018年9月，在新形势下，教育部又印发《关于实施卓越教师培养计划2.0的意见》，明确要求加快形成高水平师范人才培养体系。

1. 卓越教师培养计划的重要意义

卓越教师培养计划是解决教师教育改革新问题的重要抓手。教师教育是教育事业的工作母机，有高质量的教师教育，才有高水平的教师队伍。近年来，我国教师教育改革不断推进，教师培养质量得到提高，但也出现了一些新情况和新问题。一些师范院校不关注基础教育和职业教育的改革发展，教育教学改革相对滞后，教师教育师资队伍薄弱，培养出的师范生与中小学实际需求还存在一定差距。❶通过培养卓越教师，推动举办教师教育院校深化教师培养综合改革，对于提升教师队伍素质水平具有重要现实意义。

卓越教师培养计划是新时代建设教育强国对教师培养提出的新要求。党的十九大报告将培养高素质教师队伍作为建设教育强国的重要举措。习近平总书记在全国教育大会上指出建设社会主义现代化强国，对教师队伍建设提出新要求。2018年1月，《中共中央 国务院关于全面深化新时代教师队伍建设改革的意见》提出，大力振兴教师教育，不断提升教师专业素质能力。2018年2月，教育部等五部门联合印发《教师教育振兴行动计划（2018—2022年）》，提出要深入实施"卓越教师培养计划"，建设一流师范院校和一流师范专业，分类推进教师培养模式改革。面对新方位、新征程、新使命，升级实施"卓越教师培养计划"，培养造就一批高素质专业化创新型教师，是全面提升教师教育质量、示范引领高素质教师培养的重要举措。❷

---

❶ 推动教师教育综合改革 培养让党和人民满意的好教师——教育部教师工作司负责人就启动实施卓越教师培养计划答记者问［EB/OL］.（2014-09-18）［2022-12-30］. http://www.moe.gov.cn/jyb_xwfb/s271/201409/t20140918_175061.html.

❷ 实施卓越教师培养计划2.0 加快形成高水平师范人才培养体系——教育部教师工作司负责人就实施卓越教师培养计划2.0答记者问［EB/OL］.（2018-10-11）［2022-02-23］. http://www.moe.gov.cn/jyb_xwfb/s271/201810/t20181011_351148.html.

2. 卓越教师培养计划的核心内容

针对不同类别教师培养规律开展教师培养模式改革。《关于实施卓越教师培养计划的意见》从创新协同培养机制、建立模块化教师教育课程体系、突出实践导向的教师教育课程内容改革等方面提出一系列针对性措施。首先，分类推进。根据基础教育和职业教育改革发展新形势，基于中学、小学、幼儿园、中等职业学校和特殊教育教师培养特点，卓越教师培养计划分类推进教师培养模式改革。卓越中学教师培养，重点探索本科及教育硕士研究生阶段整体设计、分段考核、连续培养一体化模式，培养一批信念坚定、基础扎实、能力突出，能适应和引领中学教育教学改革的卓越中学教师。卓越小学教师培养，重点探索小学全科教师培养模式，培养一批热爱小学教育、知识广博、能力全面，能胜任小学多学科教育教学需要的卓越小学教师。卓越幼儿园教师培养，基于学前教育发展要求构建厚基础、强能力、重融合的培养体系，培养一批热爱学前教育、综合素质全面、保教能力突出的卓越幼儿园教师。卓越中等职业学校教师培养，面向现代职业教育发展需求，健全高校与行业企业、中等职业学校协同培养机制，探索高层次"双师型"教师培养模式，培养一批素质全面、基础扎实、技能娴熟，能胜任理论与实践一体化教学的卓越中等职业学校教师。卓越特殊教育教师培养，根据新时期特殊教育发展需要，重点探索师范院校与医学院校联合培养机制、特殊教育知识技能和学科教育教学融合培养机制，坚持理论实践结合，推动学科交叉，培养一批富有爱心、素质优良、具有复合型知识技能的卓越特殊教育教师。其次，卓越教师培养计划要求建立协同培养新机制，强化招生就业，推动教育教学改革创新，整合优化教师教育师资，建立"权责明晰、优势互补、合作共赢"长效机制；强化招生就业，遴选乐教适教的优秀学生攻读师范专业，鼓励师范生到基层特别是农村中小学任教；推进教育教学改革，突出实践导向的教师教育课程改革，开展规范化实践教学，探索建立社会评价机制，试行卓越教师培养质量年度报告制度；整合优化教师教育师资，高校建立教师教育师资队伍共同体，聘请中小学、教研机构、企事业单位和教育行政部门优秀教育工作者、高技能人才担任兼职教师，形成教师教育师资队伍共同体持续发展的有效机制。

新时代条件下加快形成高水平师范人才培养体系。《关于实施卓越教师培养计划 2.0 的意见》明确了新时代卓越教师培养的目标任务，要求经五年左右努力办好一批高水平、有特色的教师教育院校与师范专业，师德教育针对性与实效性显著增强，课程体系和教学内容显著更新，以师范生为中心的教育教学新形态基本形成，实践教学质量显著提高，协同培养机制基本健全，教师教育师资队伍明显优化，教师教育质量文化基本建立。到2035年，师范生综合素质、专业化水平、创新能力显著提升，为培养造就数以百万计骨干教师、数以十万计卓越教师、数以万计教育家型教师奠定坚实基础。为实现这一目标，全面开展师德养成教育、分类推进培养模式改革、深化信息技术推进教育教学改革、提高实践教学质量、完善全方位协同培养机制、优化教师教育师资队伍、深化教师教育国际交流合作和构建追求卓越的质量保障体系等举措，加快形成高水平师范人才培养体系，引导广大师范生求真学问、练真本领，从源头上培养高素质教师。与此同时，明确教育部、省级教育行政部门和高校分工，加强政策支持，将卓越教师培养作为高校教师评价和职称晋升、中小学工作评价与特色评选、中小学教师评优与职称晋升、中小学特级教师和学科带头人评选、名师名校长遴选培养的重要依据；加大经费保障，充分利用中央高校教育教学改革专项、地方财政高等教育、教师队伍建设、中央支持地方高校改革发展资金，支持计划实施高校；强化监督检查，实行动态调整。

3. 卓越教师培养计划的主要成效

推动了以师范生为中心的教育教学改革。各地认真落实卓越教师培养计划政策，明确教师培养模式改革重点和目标要求，构建高校、政府、中小学"三位一体"协同培养师范生的新机制，推进以师范生为中心的教育教学改革，取得明显成效。有关院校积极探索分类推进中学、小学、幼儿园、职教、特教教师培养模式改革，建立高校、政府、中小学"三位一体"协同培养师范生新机制，推动以师范生为中心的教育教学改革，取得重要进展。

催生了一批卓越教师培养计划改革项目。2014年12月，教育部确定了80个卓越教师培养计划改革项目。2020年12月，推动64所师范院校完善高校—政府—中小学协同育人机制；实施人工智能助推教师队伍建设行动试

点工作，实施信息技术能力提升工程2.0，引导教师积极探索新时代教育教学方法。❶

（三）公费师范生政策

为鼓励更多的优秀青年终身从教，进一步形成尊师重教的浓厚氛围，让教育成为全社会最受尊重的事业。2007年5月9日，国务院办公厅同意并转发《教育部直属师范大学师范生免费教育实施办法（试行）》（以下简称《实施办法（试行）》），文件明确指出，从2007年秋季入学起，六所部属师范大学实行师范生免费教育。2018年7月，为强化教师承担的国家使命和公共教育服务的职责，该项政策调整为《教育部直属师范大学师范生公费教育实施办法》（以下简称《实施办法》），并正式颁布。

1. 公费师范生政策实施的重要意义

师范生公费教育既是对师范生免费教育的延续和充分肯定，也是与时俱进深化新时代教师队伍建设改革、教师教育改革的重大举措。

师范生公费教育是对师范生免费教育的充分肯定和进一步完善。优先发展教育，在于优先发展教师，2007年我国师范生免费教育的理性回归，开启了教师教育新的历史阶段。2007—2017年，师范生免费教育试点工作达成了制度探索、积累经验、示范引领的预期目标，在优化教师培养补充机制、完善优秀生源吸引激励政策等方面发挥了补短板、促公平的导向作用。2018年，国务院根据新时代教育发展的要求和教师队伍建设的需要，对师范生免费教育政策作出调整和进一步完善，决定实施师范生公费教育，这既是对实施师范生免费教育政策的肯定，又是与时俱进深化新时代教师队伍建设改革、实施新时代师范生公费教育的制度保障，对于进一步形成尊师重教的深厚氛围，培养造就新时代高素质教师队伍产生引领作用和形成示范效应。❷

从此，我国师范生"免费教育"升级为新时代"公费教育"，"免费师范生"

---

❶ 介绍"十三五"期间国家教育改革发展、教师队伍建设、教育经费投入与使用、信息化建设情况［EB/OL］.（2020-12-01）［2022-12-30］. http: //www.moe.gov.cn/fbh/live/2020/52692.

❷ 陈时见. 新时代师范生公费教育的制度保障和现实意义［EB/OL］.（2018-08-16）［2022-03-06］. http://www.moe.gov.cn/jyb_xwfb/moe_2082/zl_2018n/2018_zl54/201808/t20180816_345400.html.

也改称为"公费师范生"。从"免费"到"公费",虽然一字之差,但其包含的政策内容和释放出来的价值意蕴却有天壤之别。从"免费"作为一种权宜之计、雪中送炭的政策倾斜,到"公费"作为一种机制和升级定格,意味着强化师范生培养中公共精神、公益品格、公共责任、公共机制的系统建立。❶

师范生公费教育是对教师教育具有战略意义的改革举措。在扩大规模办学、走向综合化的高等教育发展模式的背景下,大部分师范生培养院校突出其办学的"学科专业化"和"综合化",而忽视了其赖以生存的"师范性"和"教师专业化"的属性。突出表现在"学校教师教育人才培养规格、人才培养标准相对松散""教师教育课程体系陈旧,实践性课程严重不足""教师教育理论课程内容普遍陈旧老化,跟不上教育教学改革步伐"等问题,师范生公费教育制度的实施,从根本上改变了师范生教育的发展现状。新的政策明确要求培养院校强化师德教育,探索优秀教师培养新模式,建立教师教育改革创新实验区、国家教师教育基地等,科学构建地方政府、中小学校与高校共同培养公费师范生的机制,有助于推动部属师范大学统筹教师教育资源,深化教师教育改革。

2. 改进和完善师范生公费教育政策的核心内容

适应新时代实施师范生公费教育政策的新要求、新任务、新挑战,《实施办法》从选拔录取、履约任教、激励措施、条件保障等方面,对部属师范大学师范生公费教育政策做了系统全面规定,共6章27个条款。

实施"两免一补"公费培养。我国历来有尊师重教的优良传统,师范生公费培养的历史由来已久,将"师范生免费教育政策"调整为"师范生公费教育政策"后,国家公费师范生享受免缴学费、住宿费和补助生活费"两免一补"公费培养,以及毕业后安排就业并保证入编入岗等优惠政策,增强了师范生就读师范、毕业后当老师的自豪感,突出了教师价值的再认同、职业地位的再提升、职业形象的再塑造。为此,公费师范生将发挥师范生公益形象的再造功能。❷

制定规划师范生的履约年限。2007年《实施办法(试行)》中对师范生的

---

❶ 徐冬青. "公费制"推动师范生培养的政策升级[N]. 中国教育报,2018-08-15.
❷ 徐冬青. "公费制"推动师范生培养的政策升级[N]. 中国教育报,2018-08-15.

履约年限规定为毕业后从事中小学教育10年以上，到城镇学校工作的免费师范毕业生，应先到农村义务教育学校任教服务2年；2018年《实施办法》则规定公费师范生毕业后需要从事中小学教育工作6年以上，到城镇学校工作的公费师范生，应到农村义务教育学校任教服务至少1年。将公费师范生履约任教服务年限调整为6年以上，刚好能完成小学6年、初中或高中3年的完整教学周期，也为公费师范生营造更大发展空间，进一步焕发政策的"生命力"。同时，《实施办法》体现倾斜支持农村地区教师队伍建设，规定"到城镇学校工作的公费师范生应到农村学校服务1年"。

建立公费师范生退出机制。《实施办法》不仅允许非师范专业优秀学生入学2年内可转入公费师范生，允许公费师范生可在师范专业范围内进行二次专业选择，而且对不适合从教的公费师范生，可以退出师范专业。公费师范生进入、退出具体办法的实施，不仅使公费师范生教育制度更加完善，同时也考虑师范生的个体差异，对不适合从教的学生允许其退出，体现了制度的人性化管理。

扩大政策保障的力度。公费师范生教育制度的升级，不仅体现在对相关管理制度等方面的完善和改进，而且还表现在招生选拔方式、完善学习激励机制、整合集中优质培养资源、政府或社会出资奖励、加大师范专业支持力度等激励措施方面。支持各地探索免费培养、到岗退费、学费补偿和国家助学贷款代偿等多种方式，扩大公费师范生培养规模和质量。制定优惠政策和保障措施，鼓励支持公费师范生毕业后到农村学校任教服务。

3. 公费师范生教育政策实施的主要成效

自2007年实施师范生免费教育以来，我国师范生公费教育取得了重要进展和显著成效，吸引了更多优秀人才从事教师教育工作。

吸引更多优秀人才从事基础教育的教师工作，优化了教师队伍。截至2022年，公费师范生政策已经实施了15年，累计招收公费师范生十几万人。2017年已累计招收免费师范生10.1万人，在校就读3.1万人，毕业履约7万人，其中90%到中西部省份中小学任教。许多中西部地区中小学实现了接收北京师范大学、华东师范大学等高校毕业生"零的突破"，为地方源源不断补充了具有较高素质的优秀教师，受到了地方教育行政部门、基层学校、学生家长的热烈欢迎。

建立了师范生公费教育制度体系，推动了教师教育模式改革。《实施办法》规定，国家公费师范生享受免缴学费、住宿费和补助生活费政策，通过双向选择等方式切实为每位毕业的公费师范生落实任教学校和岗位。支持各地探索免费培养、到岗退费、学费补偿和国家助学贷款代偿等多种公费方式，逐步健全师范生公费教育制度体系。

师范生公费教育制度推动了六所部属师范大学教师教育模式改革，各高校根据高素质专业化教师的培养标准，深化教师教育改革，建立教师教育培养新体系；打破传统封闭式的教师教育模式，建立教师教育创新实验区，探索高校、地方政府与中小学校协同培养教师的新机制。

开创了教育薄弱地区补充高素质教师的新途径，使部属师范生下沉到中西部欠发达教育一线。免费师范生采取提前批录取，各校在各省录取的分数线均高出重点线，优质的生源质量、科学的培养体系保障了免费师范毕业生的综合素质。师范生公费教育通过三方协议的形式使部属师范大学的学生能够回到生源所在地进行任教，优化了当地教师队伍结构，提高了教师队伍的整体水平。

示范引领效应明显，带动了地方免费师范生教育的实施。师范生公费教育实施以来，部属师范大学的培养模式起到了明显的示范引领作用，各省市根据本地教育发展和教师队伍实际，比照部属师范大学师范生公费教育政策，因地制宜地实施公费师范生教育政策。据统计，全国已有28个省份实施了地方师范生免费教育，包括公费培养、学费补偿和国家助学贷款代偿等多种方式。地方免费师范毕业生大多进入贫困地区乡镇中小学校，在改善和均衡薄弱地区师资配置、帮助寒门学子圆大学梦等方面社会效果显著。❶

（四）师范类专业认证系列政策

师范毕业生是中小学教师队伍的主要来源，师范类专业办学质量直接决定着中小学教师队伍的整体水平，是影响中小学教育质量的关键因素。建立师范类专业认证制度和健全教师教育质量保障体系，是推动教师教育综合改革的突

---

❶ 实施师范生公费教育，吸引优秀人才从教——教育部有关负责人就《国务院办公厅关于转发教育部等部门教育部直属师范大学师范生公费教育实施办法的通知》答记者问［EB/OL］.（2018-08-10）［2022-12-30］. http://www.moe.gov.cn/jyb_xwfb/s271/201808/t20180810_344982.html.

破口和着力点。2017年10月，教育部印发《普通高等学校师范类专业认证实施办法（暂行）》，推动师范类专业院校分类和特色发展。2019年10月，教育部教师工作司印发《职业技术师范教育专业认证标准》和《特殊教育专业认证标准》，通过专业认证，进一步提升职业技术师范教育、特殊教育专业人才培养质量。2022年4月，教育部等八部门印发《新时代基础教育强师计划》，要求改进师范院校评价，推进师范类专业认证工作，推动师范专业特色发展、追求卓越。

1. 师范类专业认证的重要意义

建立师范类专业认证制度，有助于从源头上建设高素质教师队伍，并助推师范类专业院校分类和特色发展。

建立师范类专业认证制度，助推从源头上建设高素质教师队伍。近年来，我国教师教育改革取得积极进展，但也面临新情况和新问题，如开放化背景下教师教育质量保障制度亟待建立，综合化背景下教师教育特色亟待强化、其内涵式发展亟待引导等。2014年9月，习近平总书记在北京师范大学视察讲话时强调，要加强教师教育体系建设，加大对师范院校的支持力度，找准教师教育中存在的主要问题，寻求深化教师教育改革的突破口和着力点，不断提高教师培养培训质量。《国家教育事业发展"十三五"规划》提出，加强教师教育体系建设，办好一批师范院校和师范专业，探索建立教师教育质量监测评估制度。建立师范类专业认证制度，是从源头上建设高素质教师队伍的一项重要举措。[1]

建立师范类专业认证制度，助推师范类专业院校分类和特色发展。开展师范类专业认证，根据不同学段的特点和不同的师范类毕业生培养目标定位，分类研制师范类专业认证标准和实施办法，有助于促进师范类专业院校在统一认证标准指导下合理定位并谋求特色发展，发挥各类学校的主体作用；同时，引导师范类专业院校在教师培养过程中切实落实立德树人根本任务，为师范毕业生从事教育教学工作打下坚实基础。

---

[1] 实施师范类专业认证 健全教师教育质量保障体系——教育部教师工作司、高等教育教学评估中心负责人就《普通高等学校师范类专业认证实施办法（暂行）》答记者问［EB/OL］.（2017-11-08）［2022-12-30］. http://www.moe.gov.cn/jyb_xwfb/s271/201711/t20171108_318641.html.

2. 师范类专业认证的核心内容

师范类专业认证对照师范毕业生核心能力要求，评价专业人才培养质量，推动教学改进和质量持续提升。《普通高等学校师范类专业认证实施办法（暂行）》要求师范类专业认证坚持"学生中心、产出导向、质量持续改进"的认证理念，评价结果及时反馈推动教学改进和质量持续提升。《职业技术师范教育专业认证标准》和《特殊教育专业认证标准》依据国家教育法律法规和中等职业学校、特殊教育教师专业标准分类分级展开。

坚持"分级分类、特色发展、追求卓越"的认证定位。普通高等学校师范类专业认证，根据当前教师教育专业设置情况，结合中学、小学和学前教育不同学段特点，分类研制标准，实行三级认证，相互衔接、逐级递升；坚持"统一体系、学校申请、省部协同"的认证办法，基于教师教育质量监测平台和大数据，建立国家统一认证工作体系，采取在线监测与进校考查相结合、学校举证与专家查证相结合等多种方法开展认证，同时发挥学校主体作用，在学校师范类专业开展自我评估的基础上自愿申请认证，教育部和省级教育行政部门加强统筹协调，共同组织实施。认证标准分为三级，覆盖中学教育、小学教育、学前教育三类专业。

职业技术师范教育专业认证标准第一级、第二级、第三级分别是国家对职业技术师范教育专业办学基本要求、教学质量合格要求、教学质量卓越要求，适用于普通高等学校培养中等职业学校教师的本科师范类专业。特殊教育专业认证标准第一级、第二级、第三级分别是国家对特殊教育专业办学的基本要求、合格要求、卓越要求，适用于普通高等学校培养特殊教育教师的本、专科特殊教育专业。

统一师范类专业认证体系。教育部建立普通高等学校师范类专业认证制度，发布师范类专业认证办法与标准，由学校根据办学实际自愿提出认证申请，省级教育行政部门根据国家标准实施本地区高校师范类专业第二级认证。通过国家统一认定认证机构资质，统一认证结论审议等方式，保证全国认证质量的一致性。教育部成立认证专家委员会，指导监督认证工作；省级教育行政部门负责本地区师范类专业认证工作，结合地方实际情况制订本地区实施方案；教育部高等教育教学评估中心具体组织实施师范类专业认证工作，组织实施第一级监测、第三级认证和中央部门所属高校的第二级认证，建设教师教育质量监测系统，建立国家认证专家库、对各地教育评估机构进行资质认定等；教育评估机构接受省级教育行政部门委托，具体组织实施本地区的第二级认证工作。同时，加强省部协同，教育部和省级教育行政部门加强统筹协调，形成整体设计、有效衔接、分工明确、分批实施的协同机制；明确学校在专业质量建设方面的主体责任，提升专业质量保障能力。另外，开展"阳光认证"，广泛接受教师、学生和社会各界监督。教育部、省级教育行政部门分别为组织开展师范类专业认证工作提供经费保障。

3. 师范类专业认证的主要成效

师范类专业认证制度，围绕教师教育改革的突破口，从教师教育的源头发力，加强了教师教育体系建设，认证了一批师范院校和师范专业，有效提高了教师培养培训质量。

认证了一批师范院校和师范专业。师范类专业认证政策实施以来，国家教育行政部门根据政策规定，考查和认证了一批师范院校和师范专业，促进了师范类专业的规范化建设和改革。2019年8月，教育部办公厅公布2019年通过普通高等学校师范类专业认证的专业名单。经高校申请、教育评估机构组织专家现场考查、普通高等学校师范类专业认证专家委员会审定，北京师范大学汉语言文学专业等2个专业通过第三级专业认证，东北师范大学思想政治教育专业等34个专业通过第二级专业认证；江苏、广西2016—2017年通过师范类专业认证试点的专业，经教育部高等教育教学评估中心组织专家复评、普通高等学校师范类专业认证专家委员会审定，南京师范大学数学与应用数学专业等26个专业通过第二级专业认证。2020年7月，教育部办公厅公布2020年通过普通高等学校师范类专业认证的专业名单。经高校申请、教育评估机构组织专家现场考查、普通高等学校师范类专业认证专家委员会审定，东北师范大学生物科学专业等4个专业通过第三级专业认证，北京师范大学历史学专业等155个专业通过第二级专业认证。2021年9月，教育部办公厅公布2021年通过普通高等学校师范类专业认证的专业名单。经高校申请、教育评估机构组织专家现场考查、普通高等学校师范类专业认证专家委员会审定，北京师范大学地理科学专业等6个专业通过第三级专业认证，北京师范大学物理学专业等256个专业通过第二级专业认证。

促进了教师培养机制改革和质量评估。建立师范类专业认证制度，依照国家政策规定开展师范类专业认证，有效改进了教师培养机制、模式、课程，建立了教师教育质量监测评估制度。在师范类专业认证过程中，国家教育行政部门发布师范类专业认证办法与标准，基于国家统一认定认证机构资质、统一认证结论审议等方式，保障了全国认证质量的统一。通过认证专家委员会的指导监督，省级教育行政部门的本地认证，国家教育行政部门高等教育教学评估中心的认证组织实施，教师教育质量监测系统的建立，国家认证专家库的建设，以及国家和省级教育行政部门的统筹协调，确保了师范类专业认证工作的有序开展，也为国家和地方师范类专业建设的政策制定、资源配置、经费投入等提供了决策参考。同时，师范类专业院校明确了主体责任，开展自我评估，推动了教师培养机制的改革和师范类专业质量的持续提升。

（五）师范院校协同提质计划

2022年我国有225所师范院校、565所非师范院校参与教师培养，基本已经形成"以师范院校为主体、高水平综合性大学参与的中国特色教师教育体系"。但我国的师范院校的整体办学水平良莠不齐，既有高水平的国家一流师范教育院校，也有暂时处于低水平的地方薄弱院校。为整体提升我国师范教育质量，健全中国特色教师教育体系，启动了师范教育协同提质计划，这一计划是由教育部教师工作司指导、马云公益基金会捐资支持、在中国教师发展基金会设立的公益项目。

1. 师范教育协同提质计划的重要意义

师范教育协同提质计划是落实《中共中央 国务院关于全面深化新时代教师队伍建设改革的意见》，推进《新时代基础教育强师计划》的重要举措。为了全面推进新时代教师队伍建设改革，加快实现基础教育现代化，2022年教育部等八部门印发了《新时代基础教育强师计划》，提出了新时代基础教育教师队伍建设的总体要求和具体措施。基础教育是国民教育体系基础的奠基阶段，师范院校是基础教育教师培养的主体，因此需要构建高质量师范教育体系，整体提升师范院校和师范专业办学水平，提高教师培养质量，从源头上提升基础教育的师资水平。基于此，教育部主动回应并全面对接国家教师队伍建设的重大战略安排，决定实施师范教育协同提质计划，直接指向欠发达地区师范院校造血功能的发挥。

2. 师范教育协同提质计划的核心内容

实施师范教育协同提质计划是《新时代基础教育强师计划》的重点任务，是新时代国家建设高质量教师教育体系的必要举措。师范教育协同提质计划旨在协调高水平师范大学以组团形式帮扶薄弱师范院校，推动不同层次师范院校间建立协作发展共同体，促进师范院校间优质教育资源交流共享，带动协同师范院校人才队伍、学科专业、服务基础教育能力和管理能力不断提升，进而整体提高师范教育办学水平。"十四五"期间，重点支持一批中西部欠发达地区薄弱师范院校，整体提高师范教育办学水平，为欠发达地区培养高质量基础教育教师，为乡村教育发展和乡村振兴提供坚强人才支撑。

师范教育协同提质计划的组织实施有着周密计划和严格程序。教育部制定了《师范教育协同提质计划实施方案》，规定了项目实施的具体要求。一是按照"中央引领、地方支持、院校主体、社会参与"的原则，依托地方高水平师范院校、地方政府，支持中西部省份重点建设若干所服务脱贫地区、边境地区等特殊类型地区基础教育教师培养的薄弱师范院校。二是强调项目需要建立组团发展、协同提升的工作机制，具体按照"1+M+N"（M≥N）的原则组建10个左右组团，每个组团内1所师范大学牵头，3所以上其他高水平师范院校（M）参与，共同支持3所左右重点建设的薄弱师范院校（N），发挥不同学校学科、人才等优势，促进组团内各高校间资源共享、优势互补，实现共同发展。三是要求按照"一组一案、一校一策"的原则，制定各组团工作方案和薄弱师范院校提质计划，组团内各高校之间一校支持多校、多校支持一校，资源共享、人才流动，协同提升。

师范教育协同提质计划重点支持薄弱师范院校突出师范主业。项目规定了高水平院校支持薄弱院校重点建设的内容为加强人才队伍建设、加强学科专业建设、加强基础教育服务能力建设、加强学校管理和发展建设四个方面。在人才队伍建设方面，主要聚焦青年骨干教师培育、高水平教师引进和干部教师双向交流，即通过支持薄弱师范院校遴选有发展潜力的青年教师到高水平师范院校攻读博士学位，支持高水平师范院校教师教育相关学科教师（含退休教师）

到薄弱师范院校组建工作室、开展教学研究和学科建设、传帮带青年教师发展提升，支持高水平师范院校派出校级干部、中层干部和优秀教师到薄弱师范院校挂职，提升薄弱师范院校的管理水平和支持学科建设。在学科专业建设方面，主要聚焦重点学科建设、学生协同培养和教师协同教研，即支持薄弱师范院校凝练学科特色、确定重点建设的教师教育类学科专业，指导薄弱师范院校建设高质量教师教育课程、依托信息技术实现部分课程的学生跨校选修、定期互派师范生交流访学和实习实践，通过线上、线下方式，建立高水平师范院校教师、团队与薄弱师范院校教师、团队联合教研机制。在基础教育服务能力建设方面，聚焦在协同开展基础教育教师培训、协同建设地方教师发展机构、协同建设附属中小学，即高水平院校和薄弱院校协同开展面向中小学、幼儿园教师校长的培训，高水平师范院校协同薄弱师范院校支持所在地区的市、县基础教育教师发展机构建设，高水平师范院校统筹资源以对口帮扶等形式支持薄弱师范院校建设示范性中小学校。在学校管理和发展能力建设方面，聚焦学校规划提升、管理能力提升、空间协同提升和优质资源共享，即协助薄弱师范院校结合实际制定发展规划，支持薄弱师范院校管理、服务人员培训以更新管理理念，指导薄弱师范院校根据需要，建设智慧教室等数字化、信息化教学空间，共享文献数据库、图书、资料等学术资源和专家、平台资源。

师范教育协同提质计划的有效实施，需要各级政府的责任落实和各个职能部门的共同协力。师范教育协同提质计划是一项新时代的教育创举，需要各级政府和各个职能部门创造性地开展工作，教育部负责统筹协调和组织实施，相关高水平师范院校要从国家战略的高度担负起强师兴国的政治责任和工作责任，薄弱师范院校所属省（区、市）、所在市（地、州、盟）在经费投入、政策支持、协调机制等方面需要采取有力的支持举措。可以说，协同是计划实施的关键，提质是计划实施的目标。

3. 师范教育协同提质计划的主要成效

师范教育协同提质计划于2022年开始实施，已经组建项目管理委员会，制定《师范教育协同提质计划工作实施办法》《师范教育协同提质计划资金管理实施办法》《师范教育协同提质计划专家工作组建设方案》《师范教育协同提质计划"十四五"规划及2022年工作安排》等制度文件,进一步明晰工作流程与决策机制。在此基础上,完成了以北京师范大学、华东师范大学、东北师范大学、西南大学、陕西师范大学、华中师范大学、首都师范大学、南京师范大学、湖南师范大学、华南师范大学10所高水平师范院校牵头的院校遴选与组建工作,并已经制订组团工作方案。截至2022年11月,各组团启动青年教师博士培养10余人,组织干部教师跟岗挂职101人,学生交流互访186人,开展教师培训96场,培训教师10 566人次,院校间开放共享课程184门,开放校内实验室、图书馆及数据库近200个,撬动地方增加师范院校投入3250万元,取得良好效果。总之,与传统的单一支援模式相比,组团帮扶是建设和发展中国特色的高质量师范大学群的创新探索,将对破解中西部欠发达地区教育发展难题、加快教育强国建设发挥重要作用。

(六)硕师计划

发展农村教育,办好农村学校,关键在教师。国家高度重视农村教师队伍建设,采取多种措施为农村学校补充优质师资,提高农村中小学教师学历水平和业务素质,促进教育均衡发展。为此,教育部于2004年4月启动了"农村高中教育硕士师资培养计划"。2006年,根据《教育部2006年工作要点》关于"扩大农村学校教育硕士师资培养规模"的要求,教育部办公厅印发《关于做好2006年为农村学校培养教育硕士师资工作的通知》,在前两年试行的基础上,进一步完善政策,全面实施,改称"农村学校教育硕士师资培养计划",简称"硕师计划",为贫困地区农村学校培养一批研究生层次的高素质教师。2009年9月,教育部下发《关于做好2010年"农村学校教育硕士师资培养计划"实施工作的通知》,决定从2010年开始,进一步扩大"硕师计划"规模,并与"农村义务教育阶段学校教师特设岗位计划"(简称"特岗计划")结合实施。2012年9月,教育部等五部门印发的《关于大力推进农村义务教育教师队伍建设的意见》提出,扩大实施"硕师计划"和"服务期满特岗教师免试攻读教育硕士计划",并不断调整完善。2022年4月,教育部等八部门印发《新时代基础教育强师计划》,将"硕师计划"列入实施高素质教师人才培育计划的重要组成部分。

1. "硕师计划"的重要意义

"硕师计划"通过推荐免试攻读教育硕士、"特岗计划"等政策导向，成为鼓励和吸引优秀大学毕业生服务农村教育事业的重要途径。同时，引导、吸引数以万计的优秀高校毕业生到基层建功立业，拓宽了大学生就业渠道，为缓解大学生就业难作出了积极贡献。

"硕师计划"创新了农村学校教师培养模式，成为造就大批高层次高素质的农村学校骨干教师的新渠道。与此同时，此举还提高了农村学校教师学历层次，推动了农村教育教学质量的改善。

"硕师计划"创新了农村优质教师补充机制。通过农村教育硕士培养，为贫困地区学校输送了一批优秀本科毕业生，在一定程度上缓解了农村学校教师尤其是高层次高素质教师匮乏的矛盾；同时，也为立志扎根农村长期从教的教师寻找到一条促进专业发展的有效通道。

总之，实施"硕师计划"对于加强农村教师队伍建设，提高农村教育质量具有重要意义。

2. "硕师计划"的核心内容

"硕师计划"是将推荐免试的选拔方式和定向委培的培养模式相结合的一种在职研究生专项培养计划。"硕师计划"自2004年实施以来，共经历了"1+1+3"模式、"3+1+1"模式和2010年调整后的"3+1"模式。❶ 其共同点都是经推荐免试到指定高校取得教育硕士研究生入学资格的毕业生，先到签约的国家级和省级贫困县（包括实施"特岗计划"的设岗县）及以下农村学校任教，边工作边学习，通过现代远程教育、寒暑假集中面授等方式学习教育硕士专业基础课程；再到培养高校脱产集中一年学习教育硕士专业核心课程，并撰写教

---

❶ "1+1+3"模式：免试推荐一批应届本科毕业生，第一年到"国贫县"高中任教，第二年到培养学校脱产学习教育硕士，第三年在职学习部分课程并撰写论文，毕业后获教育硕士毕业证书和学位证书两证，第四年、第五年返回农村学校继续任教。"3+1+1"模式：前三年在农村学校任教，第四年到培养学校脱产学习，第五年继续工作、学习和撰写论文，毕业可获两证。"3+1"模式：免试推荐部分本科生为"农村教育硕士生"，同时，前三年作为正式在编教师在县镇及以下农村学校边任教边学习，第四年到培养学校脱产集中学习，毕业时获两证。

育硕士专业学位论文，通过论文答辩后，由培养学校授予硕士研究生毕业证书和教育硕士专业学位证书。在工作时间安排和程序上都严格按照上级下达的指标推荐免试名额、报名推荐、复试录取和培训派遣等程序进行。待遇保障方面，"硕师计划"研究生在学期间免缴学费，培养经费由培养学校在教育部下达的研究生招生国家计划内安排，住宿等费用按照在校研究生缴费办法执行。

2009年9月，教育部下发《关于做好2010年"农村学校教育硕士师资培养计划"实施工作的通知》，要求从2010年起进一步扩大规模，并在多个方面作出了政策调整。一是服务范围由国家级和省级扶贫开发工作重点县扩大到所有县镇及以下农村学校，由中西部21个省份扩大到全国31个省份。二是培养方式由"3+1+1"五年制改为"3+1"四年制。三是与"特岗计划"相结合，采取两种方式：录取为"硕师计划"研究生并同时应聘为特岗教师，先到设岗县的农村义务教育阶段学校任教服务三年，并在职学习研究生课程，第四年到培养学校脱产集中学习一年，毕业时获硕士研究生毕业证书和教育硕士专业学位证书；根据有关文件精神，对于具备普通高等学校本科学历、三年聘期内年度（或绩效）考核至少一年优秀并继续留在当地学校任教，表现突出的特岗教师，经任教学校和县级教育行政部门考核推荐、培养学校单独考核、符合培养要求的，可推荐免试在职攻读教育硕士。四是参加推荐免试工作的高等学校由58所增加至86所，承担教育硕士专业学位培养资格的高等学校由30所增加至73所。

2012年以来，"硕师计划"继续依据《教育部 财政部 人事部 中央编办关于实施农村义务教育阶段学校教师特设岗位计划的通知》和《教育部关于做好2010年"农村学校教育硕士师资培养计划"实施工作的通知》精神，根据进展情况调整招生计划，从2011年的1000人增加到2012年的2500人，并扎实推进各项有关工作。2017年后招生计划减至每年1000人。

3. "硕师计划"的主要成效

"硕师计划"施行至今，已逐步形成了比较完善的制度措施。举凡涉及培养和服务方式、推荐人选条件和范围、推荐和培养学校、工作程序（包括下达推免名额、报名推荐、复试录取、培训派遣等环节）、经费保障和相关待遇等方面，都有明确的规定。各年份一般都是通过教育部办公厅发出有关通知和招生简章,并在实践中予以完善。招生规模也随着形势发展作阶段性调整。

"硕师计划"施行以来在教师培养方面取得了积极成效,培养了一批高素质农村学校教师。据统计,2004—2009年,全国共有4400多名"硕师计划"研究生赴国家级和省级扶贫开发工作重点县的农村中学任教。❶ 2012—2016年,"硕师计划"吸引5500余名优秀应届本科大学毕业生到农村学校任教。❷ 2017年以来,"硕师计划"年招生规模约1000人,为农村学校培养了高层次高素质教师,有力支持了农村教育发展。❸

(七)高素质复合型硕士层次高中教师培养试点

教师是教育的第一资源,是建设高质量教育体系、实施高质量教育的根本力量。教育现代化对教师队伍的素质、结构都提出了更高要求,党的十八大以来,基础教育教师能力素质逐步基本满足需要,但是高学历层次、教育家型教师依然相对缺乏。2018年9月,教育部印发《关于实施卓越教师培养计划2.0的意见》,提出分类推进卓越中学、小学、幼儿园、中等职业学校和特殊教育学校教师培养改革。面向培养专业突出、底蕴深厚的卓越中学教师,重点探索本科和教育硕士研究生阶段整体设计、分段考核、有机衔接的培养模式。❹ 2020年5月,教育部同意在江苏、浙江和福建三省开展高素质复合型硕士层次高中教师培养试点,简称"复硕培养试点"。2022年4月,教育部等八部门联合印发《新时代基础教育强师计划》,力求破解教师队伍建设的深层次矛盾,构建一套全口径、完整链条的教师队伍建设政策体系,系统提升我国教师的教书育人能力,全面推进高质量教师队伍建设。在实施高素质教师人才培育计划时,提出在职前培养方面,

---

❶ 为农村造就更多高素质骨干教师——教育部有关负责人就2010年农村学校教育硕士师资培养计划实施答记者问[EB/OL].(2009-10-17)[2022-12-30]. http://www.moe.gov.cn/jyb_xwfb/gzdt_gzdt/moe_1485/tnull_53042.html.

❷ 党的十八大以来教师队伍建设进展成效[EB/OL].(2017-09-01)[2022-12-30]. http://www.moe.gov.cn/jyb_xwfb/xw_fbh/moe_2069/xwfbh_2017n/xwfb_20170901/sfcl_20170901/201709/t20170901_312866.html.

❸ 对十三届全国人大三次会议第1967号建议的答复[EB/OL].(2020-12-08)[2022-12-30]. http://www.moe.gov.cn/jyb_xxgk/xxgk_jyta/jyta_jiaoshisi/202101/t20210128_511570.html.

❹ 教育部关于实施卓越教师培养计划2.0的意见[EB/OL].(2018-09-30)[2022-12-30]. http://www.moe.gov.cn/srcsite/A10/s7011/201810/t20181010_350998.html.

深化本硕整体设计、分段考核的培养模式改革，推进高素质复合型硕士层次高中教师培养试点。❶

1."复硕培养试点"的重要意义

开展"复硕培养试点"是我国改革创新传统教师培养模式的重大举措，旨在进一步深化教师教育改革、探索本科和教育硕士研究生阶段整体设计、分段考核、有机衔接的培养模式。与传统的本硕贯通培养不同，双学科复合不是简单的"1+1"，也不是双学位培养，而是形成一个新的融合专业。其具体要求是，以新时代复合型卓越教师核心素养为引领，本科学段和教育硕士学段贯通培养，双学科专业与教师教育专业三维互动，师范院校、中学、教育行政部门和教师发展中心"四位一体"，形成复合型卓越教师协同培养机制。

开展"复硕培养试点"目的是培养一批满足新时代发展需求的新型卓越高中教师。这些复合型卓越高中教师富有高尚师德和教育情怀，具备深厚的人文与科学素养和扎实的双学科复合知识与能力，拥有突出的教育教学与实践创新能力，具有广阔的国际视野与自我发展能力，能够胜任高中双学科教学。

2."复硕培养试点"的核心内容

"复硕培养试点"自2020年开始实施以来，全国共有3省4所高校为试点单位。参与试点的高校为南京师范大学、浙江师范大学、杭州师范大学和福建师范大学。针对不同的条件，采用完整试点和推免试点两种模式，针对不同类别教师培养规律开展教师培养模式改革。

完整试点，即从当年高考生中招录，招生纳入高考统一招生，通过综合评价招生选拔乐教适教优秀生源，提前批次录取，经过本科和教育硕士完整培养。遵循通识基础—双学科知识—教师教育—实践研究反思的课程逻辑，一体化整体设计本科、教育硕士阶段6年培养方案。学生进入本科第七学期时，参加学校组织的升入教育硕士转段考核，合格者通过研究生推免录取为双学科复合型教育硕士，不合格者退出试点，转入相关专业继续完成本科阶段学习任

---

❶ 教育部等八部门发布"强师计划"：培养一批硕士层次中小学教师和教育领军人才［EB/OL］.（2022-04-14）［2022-12-30］.http：//www.moe.gov.cn/fbh/live/2022/54369/mtbd/202204/t20220414_617769.html.

务。试点高校自行组织相关专业中学教师资格考试笔试和面试工作，考核合格学生可直接按程序申请两个学科的中学教师资格证书，无须参加全国统一的教师资格考试笔试和面试。

推免试点，即从在校大学四年级学生中选拔，通过推荐免试方式录取为教育硕士。推免试点专业，只面向非本专业师范生招生。推免试点设计本硕过渡年级（大四）和教育硕士阶段培养方案，确保本硕有机衔接，达到两段及复合要求。学生在大四及硕士阶段可参加试点学校组织的教师资格考试笔试和面试，合格者取得相应学科教师资格。学生完成教育硕士阶段学业且取得第二个学科教师资格方可获得研究生毕业证书、授予教育硕士专业学位。

此外，所有拟进入试点项目的学生都参照国家公费师范生管理办法，进入项目前与试点高校、教育厅签订三方协议，明确录取为试点项目的学生定向在省内高中任教，双向选择就业，确保有编有岗，服务期不少于6年。同时实施到岗学费补偿，服务期内由各地逐年返还学费。

3. "复硕培养试点"的主要成效

探索形成高水平师范人才培养体制。例如，在完整试点培养模式中，一是改革招生方式，实行两次生源选拔。本科阶段招生纳入高考统一招生，试点项目学生进入本科第七学期时，对其进行升入教育硕士转段考核，考核合格者以研究生推免方式进入教育硕士阶段学习，考核不合格者退出试点。二是全程贯通培养，素养能力并重。围绕高素质复合型卓越高中教师培养目标，关注学生综合素养培养，强调双学科和教育教学知识的有机融合，将师德养成和教育实践贯穿全程。三是学籍学历资格明确，教学管理衔接。入学后前四年学籍注册为本科生，经升入教育硕士转段考核合格，且取得本科毕业证书和学士学位证书的，第五年开始注册为教育硕士研究生。学生完成本科和硕士相应阶段学业，达到相应要求，分别授予其本科毕业证书、学士学位和研究生毕业证书、教育硕士专业学位；毕业证书上专业名称与招生时专业名称相同。

创设了一批"复硕培养试点"改革项目。例如，浙江省参与试点的高校有浙江师范大学和杭州师范大学。在完整试点专业方面，浙江师范大学推出"地理科学+思想政治教育""化学+生物科学"2个试点项目；杭州师范大学推出"物理学+教育技术学""历史学+思想政治教育"2个完整试点专业。在推免试点专业方面，浙江师范大学推出"学科教学（思政复合）""学科教学（历史复合）""学科教学（地理复合）""学科教学（现代教育技术复合）"4个试点专业；杭州师范大学推出"学科教学（化学复合）""学科教学（思政复合）""学科教学（现代教育技术复合）"3个试点专业。❶南京师范大学开设了"物技专业（物理+技术教育）"和"史政专业（历史+思政）"2个复合型本硕衔接培养高中教师试点专业。福建师范大学开设了历史学（历史学+地理科学复合培养）和化学（化学+生物科学复合培养）2个复合型公费师范生专业。

（八）小学科学教师培养

现代国家之间的竞争本质上是科技竞争和人才竞争。党的二十大报告首次把教育、科技、人才一体部署，提出了建设教育强国、科技强国、人才强国的目标。科技强国建设必须重视科技自主自强的人才自主培养，科学教育关乎科技强国战略落实和国家长远发展大计。科学教师是创新人才培养的源头活水，优秀的科学教师不断涌现必将为建设科技强国注入强大力量。

1.加强小学科学教师培养的重要意义

加强科学教师队伍建设、提升科学教师培养质量是贯彻党的二十大和《中共中央 国务院关于全面深化新时代教师队伍建设改革的意见》精神，落实《新时代基础教育强师计划》要求的重要举措，推进小学科学教师队伍建设是"破题之钥"。

一是为科学的种子提供充足的养分。青少年科学教育是国家科技竞争力的根基，让孩子在小学阶段就接受科学教育对于提升公民科学素养、建设创新型国家具有奠基作用。"培养创新精神应从小学开始。小学生不需要有很多发现或发明，但老师要从小学开始，引导他们善于发现问题，善于设计解决

---

❶ 我省试点培养复合型硕士层次高中教师［N/OL］.浙江教育报，2020-06-24［2022-12-30］.http://zjjyb.cn/html/2020-06/24/content_27386.htm.

问题的方法。"❶科学教师不仅要传授科学知识，还要培养学生的思维方式，要能灵活运用科学方法，掌握科学思想，传播科学精神，科学教师不仅要能开展理论和实验课堂教学，还要有活跃的创新意识和科技活动的组织能力。这意味着我们必须建立一支同时具备专业知识和科学素养的高质量小学科学教师队伍。

二是解决科学教师培养不足的问题。2021年下半年，教育部教育指导委员会科学专委会组织开展了一项面向全国的调查，共收集了13.1万名小学科学教师的调查数据，结果发现我国既有小学科学教师供给不足的数量问题，也有教师素质和能力不强、专业发展欠缺等质量问题。科学教师培养与需求存在较大的错位，一方面高校培养的科学教育专业毕业生就业不尽如人意，另一方面一线中小学尤其是小学急需大量的科学教师又无法引进。教师是立教之本、兴教之源。专业科学教师的缺乏会直接影响科学教育教学质量。

三是建设高质量科学教育体系的需要。小学阶段的科学教育肩负培养青少年科学兴趣、树立科学志向的重要使命。小学科学课程是科学教育的重要抓手，对人才早期成长具有奠基性作用。经过几代人的努力，我国科学教育已有了长足发展。但受功利的教育观及应试教育影响，我国小学科学教育长期以来受到的重视程度还不够，区域发展不平衡，科学课专业师资缺口较大，科学教育总体水平与发达国家差距仍然较大。根据党中央的统一部署，我国教育改革的核心任务是"建设高质量教育体系"，这也对构建高质量的小学科学教育提出了新要求。

2. 加强小学科学教师培养的核心内容

2022年5月，教育部办公厅发布《关于加强小学科学教师培养的通知》，直击职前阶段科学教师培养链条的薄弱环节，在建强科学教育专业扩大招生规模、加大相关专业科学教师人才培养力度、优化小学科学教师人才培养方案及创新小学科学教师培养协同机制等方面进行了部署。

一是建强科学教育专业扩大招生规模。鼓励高水平师范院校整合校内外优

---

❶ "全国科学教育暑期学校"在多个城市火热开班［N/OL］.中国教师报，2022-08-17［2022-12-30］.http://www.chinateacher.com.cn/zgjsb/html/2022-08/17/content_612874.htm.

质资源开设科学教育专业。持续加强现有科学教育专业建设，及时总结、交流人才培养经验，推动相关院校扩大科学教育专业招生规模，培养高素质专业化小学科学教师队伍。

二是加大相关专业科学教师人才培养力度。推动师范院校面向小学科学教师补充需求，扩大数学与应用数学、物理学、化学、生物科学、地理科学、教育技术学等师范类专业以及主修理工科的小学教育专业招生规模。鼓励相关工科专业参与小学科学教师培养。强化小学科学学科教育教学方法实训，着力培养理工科专业背景、能胜任小学科学课程教学任务的教师。

三是优化小学科学教师人才培养方案。师范院校要根据《义务教育科学课程标准（2022年版）》要求，加强小学科学教育及教师人才培养研究，聚焦高质量小学科学教师培养目标，优化科学教育等相关专业师范生培养方案。着眼科技与教育发展趋势，立足科学教育的综合性，强化学科横向联系，鼓励学生辅修其他理工科专业或核心课程模块（微专业），拓宽专业基础。加强理工科教育教学实验室建设，创新教学方法，强化教育实践，着重提升师范生项目式教学、跨学科教学等实践能力。

四是创新小学科学教师培养协同机制。深化师范院校、地方政府、小学协同培养机制，加强人才培养供需对接，发挥一线小学教师、科技辅导员等对师范生培养的指导作用，聚焦小学科学教师专业核心素养与科学教育实践能力培养协同创新。支持师范院校与理工科大学开放课程、学分互认、互派教师，鼓励中国科学院、中国工程院下辖单位相关专家到师范院校兼职，加强师范院校间协同，合作培养小学科学教师。支持师范院校与科研院所、科技馆、博物馆、天文台、植物园及其他科普教育基地、高新技术企业等建立合作关系，充分利用社会科普资源、科技创新第一现场开展教研，优化教师培养，全面提升面向小学教师培养的相关专业师范生创新开展科学教育活动的能力。

五是开展一系列专项行动推动教师科学素养整体提升。2022年5月19日，教育部教师工作司与中国科学院科学传播局签署合作备忘录，充分发挥双方优势，协作互助、共同促进，合作推进教师科学素养提升工作，进一步加强科教协同育人。2022年6月30日，教育部教师工作司会同中国科学院科学传播局印发《关于实施中小学教师科学素养提升行动计划的通知》和《关于启动"全国科学教育暑期学校"中小学教师培训的通知》，正式启动中小学教师科学素养提升行动计划,开始"全国科学教育"暑期学校中小学教师培训。2022年10月,教育部、中国科学院启动"特色科学教师研修班",依托中国科学院科教资源,让中小学骨干科学教师走进科研院所,邀请相关领域科学家作科学研究报告和科普工作报告,带领学员参观相关专业领域的实验室、科学装置、野外台站等,在真实或仿真条件下开展现场教学讲解、课题探究和实验体验,拓宽学员科学视野,了解国内外科技前沿发展动态,掌握科学研究方法,感受科学家精神,提升科学思维和科学教育教学活动的设计、组织实施水平。

3. 加强小学科学教师培养的主要成效

近年来,抓好小学科学教育成为社会各界的共识,受到高度重视。教育部多措并举、扎扎实实推出一系列部署,为教师科学素养的提升作出了巨大努力,也取得了一系列成效。

一是首次印发学科教师培养文件。2022年5月,教育部办公厅印发《关于加强小学科学教师培养的通知》,这是《中共中央 国务院关于全面深化新时代教师队伍建设改革的意见》出台以来第一个针对特定专业教师培养的专门性文件。它旨在从源头上增加科学教育专业或理工科相关专业小学科学教师供给,为培养更多从小心怀科学梦想、树立创新志向的青少年奠定人才基础。在时间上抢抓2022年师范院校招生计划确定前的关键时机,推动各地制订2022—2025年相关工作方案。

二是专项行动和专题研修班受到广泛赞誉并取得实际效果。"全国科学教育暑期学校"由12所师范大学联合中国科学院分院和院属单位在北京及11个中国科学院地方分院所在城市举办了12期暑期学校培训,共邀请到包括19名院士和200多位科技、教育专家授课,1244名中小学科学教师参与线下培训,并通过国家智慧教育公共服务平台"暑期教师研修"专题直播,累计点击量超过6400万次。2022年10月29日,召开专项工作会议,会同中国科学院全面总结2022年"全国科学教育暑期学校"工作成效与经验做法。"特色科学教师研修班"在北京、上海、深圳、昆明4个城市开展6期,每期50名中小学科学教师参加为期5天的特色研修,形成的课程资源通过国家智慧教育公共服务平台向全国中小学教师开放。

三、提升基础教育教师能力素质

（一）实施国培计划

"国培计划"是指"中小学幼儿园教师国家级培训计划"。为适应教育改革发展对教师素质能力提出的新的更高要求，加强教师培训成为提高教师素质能力的重要举措。2010年6月，教育部、财政部印发《关于实施"中小学教师国家级培训计划"的通知》，由此"国培计划"成为一项延续至今的持续性政策举措。党的十八大以来，以习近平同志为核心的党中央高度重视教师队伍建设，坚持把教师队伍建设作为基础工作。在党中央关于教师工作的正确引领下，"国培计划"在培训内容、培训对象、培训模式、培训方法等方面不断创新和完善，为全面促进教师专业发展提供了坚实保障。

1."国培计划"实施的重要意义

实施"国培计划"、加强教师培训是提高中西部中小学幼儿园教师特别是农村教师队伍整体素质的重要举措，对于推进义务教育均衡发展、促进基础教育改革、提高教育质量具有重要意义。

"国培计划"是培育示范引领"种子"教师的重要举措。通过实施"国培计划"，能够率先培训一批"种子"教师，提高"种子"教师的专业素质能力，引领"种子"教师掌握先进的教育价值理念、方式方法、知识技能，使他们在教书育人和教师培训方面发挥骨干示范作用，带动一批批教师不断取得专业发展，以更高的专业素养投身教育实践，从而推动教育高质量内涵式发展。

"国培计划"是推进教师培训高质量发展的重大实践。高效的教师培训必然依赖优质的培训资源，也需要先进创新的培训模式、方式方法和技术手段。"国培计划"的启动实施，促进了教师培训课程内容建设，推动了教师培训课程指导标准的研究制定，也加快了优质教师培训资源的开发与整合，带动教师培训模式和方式的创新。这也成为全国大规模开展中小学教师培训工作的重要推力，为教师培训的全面展开奠定了基础。

"国培计划"是抓重点补短板强弱项促发展的坚实保障。农村地区中小学校教师素质能力提升的任务最为艰巨，也是影响农村教育质量提升、促进教育公平正义的主要因素。"国培计划"启动实施以来，始终把农村教师作为培训工作的重中之重，着力支持中西部农村教师专业培训和职业发展，不断加大对农村教师培训力度，推动农村教师队伍素质能力显著提高，为提高农村教育质量发挥了抓重点补短板强弱项促发展的重要作用。

"国培计划"是形成师范院校与中小学校协同发展的强大动力。师范院校具有培养优秀师资、服务基础教育、指导教育实践的办学使命，在教师培养培训和专业提升方面具有深厚的研究基础和智力引领作用。"国培计划"的实施进一步赋予师范院校明确的主体责任，使师范院校面向基础教育、服务基础教育的办学使命和教育功能更加突出，形成了师范院校与基础教育中小学校协同发展的良性互动格局。

2. "国培计划"的核心内容

设立专门培训项目，培训对象明确聚焦。"国培计划"包括"示范性培训项目"和"中西部骨干教师培训项目"两项内容。"示范性培训项目"主要包括中小学骨干教师研修、中小学教师远程培训、班主任教师培训、紧缺薄弱学科教师培训、培训团队研修五类项目。"示范性培训项目"主要为全国中小学幼儿园教师校园长培训培养骨干，作出示范，并开发和提供一批优质培训课程教学资源，为"中西部骨干教师培训项目"和中小学教师专业发展提供有力支持。"中西部骨干教师培训项目"对中西部农村义务教育和幼儿园教师校园长进行有针对性的培训，同时引导地方完善教师培训体系，加大农村教师校园长培训力度，提高农村教师校园长的教学能力和专业水平。

培训对象逐步扩大，覆盖范围更加广泛。为贯彻落实《国务院关于当前发展学前教育的若干意见》和《财政部 教育部关于加大财政投入支持学前教育发展的通知》，进一步加强农村幼儿教师队伍建设，提高农村幼儿教师素质，2011年9月，教育部、财政部印发《关于实施幼儿教师国家级培训计划的通知》，将培训对象扩大到中西部地区农村公办幼儿园（含部门、集体办幼儿园）和普惠性民办幼儿园园长、骨干教师、转岗教师。2013年9月，教育部印发《关于进一步加强中小学校长培训工作的意见》，提出造就一支高素质专业化中小学校长队伍，推动中小学校长队伍整体素质全面提升的培训工程启动实施。[1] 此后，教育部开启了"校长国培计划"——卓越校长领航工程首期中小学名校长领航班、"国培计划"中小学名师名校长领航工程（简称"双名工程"）等项目，使培训的覆盖面更广、受益教师群体更多。

深化培训改革创新，促进培训提质增效。党的十八大以后，《教育部关于深化中小学教师培训模式改革全面提升培训质量的指导意见》《"国培计划"——教师工作坊研修实施指南》等相继颁布，教师培训工作的针对性更强、培训模式更新、整体质量和成效得到进一步提升。2015年9月，教育部、财政部印发的《关于改革实施中小学幼儿园教师国家级培训计划的通知》提出，改进培训内容，贴近一线乡村教师实际需求；创新培训模式，推行集中面授、网络跟进研修与课堂现场实践相结合的混合式培训；加强培训者队伍建设，打造"干得好、用得上"的乡村教师培训团队；建立乡村教师专业发展支持服务体系，持续提升乡村教师能力素质；优化项目管理，整合高等学校、县级教师发展中心和中小学幼儿园优质资源，实施协同申报，探索教师培训选学和学分管理，形成乡村教师常态化培训机制。[2] 这些改革举措成为撬动培训质量提升的重要杠杆，对提高教师培训实效发展发挥了重要作用。

与时俱进换挡升级，全面强化质量提升。2021年4月，教育部、财政部联合印发的《关于实施中小学幼儿园教师国家级培训计划（2021—2025年）的通知》要求，在培训内容上更突出思想政治、师德师风等核心素养培养；在培训方式、机制上推进改革；从机构、队伍、资源和平台等方面，健全教师发展的支持服务体系，提升高质量培训资源的供给能力；对培训机构、培训项目、培训效果进行全方位、全过程的监管评价，为提升培训质量提供保证。这是面向构建高质量教育体系进行的一次具有战略意义的改革部署，将推动教师培训全面进入高质量发展新阶段，为造就一支高素质专业化创新型教师队伍提供有力保障。

---

[1] 教育部办公厅关于启动实施中小学校长国家级培训计划的通知［EB/OL］.（2014-06-11）［2022-12-30］. http://www.moe.gov.cn/srcsite/A10/s7034/201406/t20140611_170727.html.

[2] 教育部 财政部关于改革实施中小学幼儿园教师国家级培训计划的通知［EB/OL］.（2015-09-01）［2022-12-30］. http://www.moe.gov.cn/srcsite/A10/s7034/201509/t20150906_205502.html.

3. "国培计划"实施的主要成效

"国培计划"实现了从探索到提质的完善升级。2010—2014 年为"国培计划"1.0 阶段，呈现"起步与探索"的特征，项目全面实施，覆盖各层各类教师；2015—2018 年为"国培计划"2.0 阶段，呈现"反思与转型"的特征，突出乡村教师群体，强调统筹规划、多方协作开展培训；从 2019 年起为"国培计划"3.0 阶段，呈现"提质与增效"的特征，强调分层分类施训，推动教师培训深化改革。❶

实现了对中西部农村义务教育学校和幼儿园教师的全覆盖。"国培计划"通过一系列政策举措，十年来对中西部农村教师轮训一遍，有效提高了教师的教育教学水平。截至 2022 年，国培计划累计投入经费超过 200 亿元、培训教师校长 1800 多万人次。❷

引领带动形成"国培—省培—市培—县培—校培"五级联动的新型教师培训体系。通过"国培计划"，获得培训的教师、校长数量大幅增加，打造了一支高水平、专业化的教师培训专业队伍，探索了一条中小学教师素质能力提升的中国道路，为基础教育改革发展培养了高端引领人才，为乡村振兴和中西部欠发达地区农村教育改革发展提供了坚强师资支撑。

"国培计划"在实施层面形成了多元有效的培训模式和方式。顶岗置换、送教下乡、网络研修、短期集中、专家指导、校本研修等培训模式和方式方法得到广泛运用，为全面深化新时代教师队伍建设改革，提高教师培训质量，促进教师专业发展，打造一支高质量的教师队伍创新了实践路径。这些成就将进一步有力推动教师培训和教师专业发展迈上新台阶、进入新阶段，为建设高质量教育体系、建成教育强国奠定坚实基础。

（二）加强中小学名师名校长培养

为深入贯彻落实习近平总书记关于教育的重要论述，落实《中共中央 国

---

❶ 朱伶俐，陈鹏."国培计划"培训模式综述［J］.继续教育研究，2020（6）：14-20.
❷ 中国教育科学研究院.砥砺十年铸华章——中国教育改革发展报告（2010—2020年）［M］.北京：教育科学出版社，2021：535.

务院关于全面深化新时代教师队伍建设改革的意见》，2022年4月，教育部等八部门印发了《新时代基础教育强师计划》，为进一步落实"强师计划"，教育部办公厅推出《关于实施新时代中小学名师名校长培养计划（2022—2025）的通知》（以下简称"双名计划"）。"双名计划"是在总结中小学名师名校长工程经验的基础上，推出的一个战略型高端培养模式，目标是造就一批能够引领基础教育改革发展的教育家型教师和校长，让他们发挥示范引领作用，发挥最大影响力，辐射影响一大批教师和校长，助力更多高品质教师诞生，为基础教育高质量发展提供有力支撑与赋能。

1. "双名计划"的重要意义

教师是教育发展的第一资源，是国家富强、民族振兴、人民幸福的重要基石，而高质量教师又是高质量教育发展的中坚力量。《中华人民共和国国民经济和社会发展第十四个五年规划和2035年远景目标纲要》明确要求，建立高水平现代教师教育体系，提升教师教书育人能力素质，努力造就新时代高素质专业化创新型中小学教师队伍。

高质量发展是教育改革的战略主题，要达成这个战略目标，最关键的要素是有大批高素质人才。高素质人才培养的基本逻辑，是需要高品质学校和高素质教师，而最关键和最艰巨的任务是大批高素质教师怎么来。我国基础教育规模巨大，地域辽阔且差别很大，教育水平也存在较大的不平衡，如何创新教师教育，加快造就高水平教师队伍，是急需破解的难题。

"双名计划"的推出，是破解基础教育高水平教师队伍建设难题的重大创新举措。发挥榜样的作用是一条基本的教育规律，目标激励与导向是人成长的一条基本法则，在我国高端优质教育资源不足的条件下，加强高端教师培养，以发挥其更大辐射力、影响力、导向力的效能会更加明显。

2. "双名计划"的核心内容

"双名计划"目标明确，实施方案翔实，指标任务具体，将"教育家型教师与校长"从概念范式走到了具体目标与行动范式，给教师职业与专业发展指明了路径和方向，也给骨干教师和卓越教师的培养提供了范式。培养方式的创新，将激励教师教育方式创新走上快车道，加快高质量教师队伍建设的步伐。

"双名计划"的核心内容表现在以下方面。

第一，培养任务与目标明晰。"双名计划"旨在培养造就一批具有鲜明教育理念和成熟教学模式、能够引领基础教育改革发展的名师名校长，培养为学、为事、为人示范的新时代"大先生"。健全名师名校长遴选、培养、管理、使用一体化的培养体系和管理机制，营造教育家脱颖而出的环境，为全面落实立德树人根本任务、推动基础教育高质量发展提供有力支撑。

"双名计划"提出，2022—2025年，依托30家左右高水平的培养基地，对300名左右的中小学教师校长进行为期三年的集中培养，帮助教师校长进一步凝练教育理念，提升教育教学、办学治校能力，着力培养造就一批能够引领基础教育改革发展的教育家型教师校长，支持他们发挥示范引领作用，带动更多教师校长发展。

可见，"双名计划"是培养基础教育的顶级人才，育是为了用，未来带动影响一批，特点与作用十分鲜明。一是必须教育理念先进，要形成自己的教育思想；二是教学治校有方，能力突出；三是必须战略引领，彰显辐射力与影响力，发挥领头雁作用；四是发展目标明确，能产生一批教育家。

第二，培养对象高起点、高定位。按照"双名计划"要求，各级教育行政部门需要制定区域教育名师标准，树立一批名师榜样，"双名计划"是培养国家级名师名校长，体现人才成长的阶段与阶梯性特点，因此，必然是高起点、高定位。选拔对象体现了严要求高标准。首先，政治素质过硬，教育理想坚定，具有深厚教育情怀和高尚师德师风；教育教学业绩突出，育人成果显著，深受学生喜爱，是"四有"好老师的楷模典范。其次，强调业务精干。规定了人选的起点，强调了长期从事一线教学、教研与学校管理工作，初步形成了自己的教育风格。这里揭示了教育大智慧的形成需要长期积淀，长期历练才能形成自己的风格，强调了对教育科研能力的严格要求。对于名师名校长，"双名计划"强调了较强的教育研究能力，要开展课题研究、编著专著或教材等，并取得较为显著的成果。对于获得过国家级、省部级荣誉称号或政府奖励的、正高级教师职称或特级教师称号的优秀教师，强调对社会贡献度的肯定，强调教师更要具有爱和奉献精神。

第三，强调培养者的责任担当。"双名计划"强调采取"中央与地方相结合、理论与实践相结合、统一与个性相结合、培养与使用相结合"的原则，综合采用多种方式进行培养。强调全过程主体责任,即强调"选、育、管、用"全过程的主体责任。对基地的实力要求具体明确,对基地的集中深度研学,线上线下指导的内容与频次都有相应规定。"双名计划"特别强调采用多种方式的创新模式。

第四,强调被培养者的结业质量管理。要求每个基地制定评价指标和管理办法,督促指导培养对象按照培养方案和导师指导完成研修活动,对研修过程进行动态调控和监督。结业考核包括8个1,即培养对象在集中培养期间,需要完成一本个人专著、一项省级以上研究课题、一篇期刊论文、一场学术报告、一个优秀团队以及一项教育帮扶、一批数字资源、一份专业发展报告。其中,7个1主要是体现名师名校长的教育思想以及对教育的研究能力,一个1是为了辐射影响力和对贫困地区教育的帮扶,使优质资源带动教育的发展。

第五,强调被培养者的引领辐射作用。强调通过名师名校长工作室建设,强化辐射与带动效能,带动区域内教师校长队伍素质整体提升和基础教育改革发展。强调名师名校长通过凝练教育理念,形成教学风格和治理风格,强调被培养者通过专业指导、示范教学、跨区域研修等多种方式,支持欠发达地区乡村教育发展,发挥示范引领作用。"双名计划"的核心价值在于引领,强调国家名师名校长培养工程的引领,把省、市、县名师名校长培养体系与国家名师名校长培养体系有机衔接,建立起分层分类、阶梯式教师成长发展体系,整个基础教育阶段教师队伍的质量就会有一个快速提升。

第六,强调数字化赋能名师名校长培养。数字化是教育现代化的基本内涵和象征,加强名师名校长的数字化素养和能力培养,使其成长为教育数字化转型的探索者和引领者。在国家中小学智慧教育平台上为名师名校长建立线上工作室,吸纳全国教师参加,开展远程备课、线上教研,共享优质教育教学资源,发挥辐射带动作用。

3. 中小学名师名校长培养展望

中小学名师名校长是基础教育高质量发展的核心力量,国家、社会、家庭都期待教育培养出来的人才是高品质的,自然就要求整个中小学教师队伍是高质量的,因此,如何创新教师成长发展机制,让更多优秀教师脱颖而出,更快成为名师名校长,是新时代深化中小学教师队伍建设的重要课题。

"双名计划"是深化中小学教师队伍建设改革开辟的新赛道,按照这个模式,省、市、县三级应该在原有基础上更进一步提高标准、严格要求、拓展路径、创新机制,强化名师名校长的培养与引领作用。党的二十大报告强调,教育、科技、人才是全面建设社会主义现代化国家的基础性、战略性支撑。必须坚持科技是第一生产力、人才是第一资源、创新是第一动力,深入实施科教兴国战略、人才强国战略、创新驱动发展战略,开辟发展新领域新赛道,不断塑造发展新动能新优势。

(三)实施乡村教师支持计划

党的十八大以来,以习近平同志为核心的党中央高度重视乡村教师队伍建设,把乡村教师队伍建设摆在优先发展的战略地位。2015年6月,国务院办公厅印发《乡村教师支持计划(2015—2020年)》(以下简称《支持计划》),全面部署通过拓展教师补充渠道、提升能力素质等八大举措,加强乡村教师队伍建设。2020年8月,面对推进乡村振兴的新形势、新任务、新要求,教育部等六部门联合印发《关于加强新时代乡村教师队伍建设的意见》(以下简称《新时代乡村教师意见》),提出加强师德师风建设、创新教师教育模式、拓展职业成长通道等七大举措。

1. 乡村教师队伍支持计划实施的重要意义

乡村教师是教师队伍建设的重要组成部分。21世纪以来,国家在稳定和扩大规模、提高待遇水平、加强培养培训等方面采取了一系列政策举措,乡村教师队伍面貌发生了巨大变化。但受城乡发展不平衡、交通地理条件不便、学校办学条件欠账多等因素影响,乡村教师队伍面临职业吸引力不强、补充渠道不畅、优质资源配置不足、结构不尽合理、整体素质不高等突出问题,制约了乡村教育持续健康发展。2014年9月,习近平总书记在北京师范大学发表重要讲话,就新时期加强教师队伍建设提出明确要求,指出教育短板在西部地区、农村地区,在老少边穷岛地区,要制定切实可行的政策措施,鼓励有志青年到农村、到边远地区为国家教育事业建功立业。2015年6月,国务院办公厅印发《支持计划》。伴随《支持计划》实施5年周期到期,乡村教师队伍建设得到了显著加强,乡村学校教师"下不去、留不住、教不好"的问题得到了显著缓解。面对乡村振兴的新形势、新任务、新要求，以及脱贫攻坚战进入收官阶段，迫切需要巩固已有成果，加强新时代乡村教师队伍建设。2020年8月，《新时代乡村教师意见》出台，重申了乡村教师队伍建设优先发展的战略地位，提出了"努力造就一支热爱乡村、数量充足、素质优良、充满活力的乡村教师队伍"的工作目标。

2. 乡村教师支持计划的核心内容

从《支持计划》到《新时代乡村教师意见》，乡村教师师德水平、能力素质、地位待遇的提升受到了持续关注；同时，加强了对乡村教师内生动力、乡土归属与自身发展的重视。此外，5G、人工智能等新技术助推乡村教育发展的功能也受到了更多的关注。

第一，加强乡村教师师德师风建设。一是建立健全乡村教师政治理论学习制度，提升思想政治水平。二是切实加强乡村教师党建工作，建强乡村学校思政教师队伍。三是厚植乡村教育情怀，充分融合当地风土文化，引导教师立足乡村大地，做乡村振兴和乡村教育现代化的推动者和实践者。

第二，创新挖潜编制，提高乡村学校教师编制的使用效益。一是创新乡村教师编制配备，编制标准向乡村倾斜。二是挖潜调整乡村学校编制。三是规范乡村学校人员管理。教师配置尚未达标的地区可通过政府购买服务等多种形式支持乡村教育事业，鼓励体育社会组织和专业艺术人才为乡村中小学提供体育、艺术教育服务。

第三，推动城镇优秀教师和乡村教师双向流动。一是健全县域交流轮岗机制。完善双向交流轮岗激励机制，将到农村学校或薄弱学校任教一年以上作为申报高级职称的必要条件。二是加强城乡一体流动。采取定期交流、跨校竞聘、学区一体化管理、学校联盟、对口支援、乡镇中心学校教师走教等多种途径和方式，形成长效流动机制。三是多种形式配备乡村教师。构建招聘、支教、高端人才、骨干教师和高校毕业生、退休教师多层次人员踊跃到乡村从教、支教的格局。

第四，进一步提高乡村教师的素质能力。一是加强定向公费培养。加强面向乡村学校的师范生委托培养院校建设，高校和政府、学生签订三方协议，采取定向招生、定向培养、定向就业等方式，精准培养本土化乡村教师。二是抓好乡村教师培训。积极构建省、市、县教师发展机构、教师专业发展基地学校和名校（园）长、名班主任、名教师"三名"工作室五级一体化、分工合作的乡村教师专业发展体系。三是发挥5G、人工智能等新技术助推作用。深化师范生培养课程改革，优化人工智能应用等教育技术课程，把信息化教学能力纳入师范生基本功培养。

第五，拓展乡村教师职业渠道。一是职称评聘向乡村倾斜。职称评聘可按规定"定向评价、定向使用"，并对中高级岗位实行总量控制、比例单列，可不受所在学校岗位结构比例限制。二是培育乡村教育带头人。着力选拔培养乡村优秀教师校（园）长。三是拓展多元发展空间。让更多符合条件的乡村教师有学习深造的机会，加大从优秀乡村教师中培养选拔乡村振兴人才的力度。

第六，提高乡村教师生活待遇。提高乡村教师社会地位和工资待遇。全面落实教师平均工资收入水平不低于或高于当地公务员平均工资收入水平政策，并依据学校艰苦边远程度实行差别化的补助标准。完善荣誉制度。

第七，优化青年教师工作生活。实施多种形式的乡村青年教师成长项目，加快乡村青年教师成长步伐。丰富精神文化生活。关心乡村青年教师婚恋问题，组织青年教师参加乡村各种文化活动，融入当地文化社会。

3. 乡村教师支持计划的主要成效

多渠道补充乡村教师，扭转"下不去"问题。为充实乡村教师队伍，国家出台了多项相关政策，教师补充向乡村倾斜成为主要政策方向。"特岗计划""三支一扶"的举措开辟了新的乡村教师补充渠道。乡村学校编制改革有效缓解了乡村教师缺乏的矛盾。通过实施"优师计划"每年向中西部农村中小学校定向培养1万名左右师范生，从源头上改善中西部欠发达地区中小学教师队伍质量。

双管齐下确保乡村教师"留得住"。通过不断提高乡村教师地位和待遇，确保教师留得住。调查数据显示，一是城乡义务教育教师社会地位差距明显缩小。2015年城区教师认为社会地位高的比例比乡村教师高4.4%，2017年差距缩小到1.5%，2020年乡村教师略高于城区。❶二是乡村教师愿意推荐子

---

❶ 武向荣，张宁娟，郝静.从教师社会地位看教师发展的"喜"与"忧"——基于中国教科院基础教育满意度调查数据[J].科研与决策（内部资料），2021（30）.

女或亲友从事该职业的比例增长显著。2017年该比例为13.7%，2020年达到35.9%。❶ 三是乡村教师工资收入水平持续提高。中国教育科学研究院课题组根据9省监测数据发现，2019年乡村教师年工资收入平均为89 743.8元，比上一年上浮8.3%。❷

多措并举助力乡村教师"教得好"。为深入落实《支持计划》和《新时代乡村教师意见》，教育部先后出台《送教下乡培训指南》《乡村教师网络研修与校本研修整合培训指南》《乡村教师工作坊研修指南》《乡村教师培训团队置换脱产研修指南》等文件，按照乡村教师的实际需求改进培训方式，采取顶岗置换、网络研修、送教下乡、专家指导、校本研修等多种形式，增强培训的针对性和实效性。

（四）教师发展机构建设

教师发展机构是我国教师教育体系的重要组成部分，在教育改革发展史上发挥了重要的作用。面对新时代、新要求、新任务和新挑战，教师发展机构亟须转型升级，切实提高自身专业能力，有效助力各级各类教师专业发展，为区域教育改革发展奠定坚实的师资基础和保障。党的十八大以来，关于教师队伍建设的多项政策均关注和推动教师发展机构的建设。

1. 教师发展机构建设的重要意义

一是健全中国特色现代教师教育体系的必要之举。教师发展机构在职前职后一体化现代教师教育体系中具有重要的作用。教师发展机构既熟悉一线各级各类教师的专业发展现状，了解教育教学实践的现状与问题，又作为专业的教师发展机构，了解上级政策，把握教师发展规律，善于做好教师发展研究，因此，对于实现教师教育职前职后一体化具有重要的纽带和协调作用。

二是推进各级各类教师培训专业化的根本之策。教师职后培训作为提高教师专业素质、提升教育质量的重要举措，其效果的落实需要教师发展机构开展

---

❶ 乡村教师激励制度研究课题组基于乡村教师队伍建设连续4年的调查数据。
❷ 张布和，高慧斌.《中共中央 国务院关于全面深化新时代教师队伍建设改革的意见》实施状况监测报告[J].科研与决策（内部资料），2021（3）.

持续的追踪和服务，指导受训教师能够将培训所得的新理念、新知识、新方法和新技能应用到教育教学实践中。

三是持续提升教师专业素养的关键保障。教师发展机构作为距离教师最近的专业发展服务机构，能够深入了解教师的需求，持续指导和支持教师的教育教学实践，能够给予教师定制化、持续化和全方位的专业支持，从根本上提升教师专业素养。

2. 教师发展机构建设的核心内容

党的十八大以来，关于教师发展机构建设的核心内容出现在不同的政策文件中，综合梳理发现，主要聚焦深化机构改革、促进功能齐全、加强标准建设和实现协同发展等方面。

一是加强机构整合。自2002年《教育部关于加强县级教师培训机构建设的指导意见》颁布以来，国家一直推动县级教师发展机构整合。2013年5月颁布的《教育部关于深化中小学教师培训模式改革全面提升培训质量的指导意见》提出，"各地要依托现有资源，加快推进县级教师培训机构与教研、科研和电教等部门的整合，建设县级教师发展中心，发挥其在全员培训的规划设计、组织实施和服务指导等方面的功能"❶。2015年，国务院办公厅印发《乡村教师支持计划（2015—2020年）》，提出"整合高等学校、县级教师发展中心和中小学校优质资源，建立乡村教师校长专业发展支持服务体系"❷。2018年，《中共中央 国务院关于全面深化新时代教师队伍建设改革的意见》明确要求推行培训自主选学，实行培训学分管理，建立培训学分银行，搭建教师培训与学历教育衔接的"立交桥"，建立健全地方教师发展机构和专业培训者队伍，依托现有资源，结合各地实际，逐步推进县级教师发展机构建设与改革，实现培训、教研、电教、科研部门有机整合。❸2020年，教育部等六部门印发《关于加强

---

❶ 教育部关于深化中小学教师培训模式改革全面提升培训质量的指导意见[EB/OL].（2013-05-08）[2022-10-16].http://www.moe.gov.cn/srcsite/A10/s7034/201305/t20130508_151910.html.

❷ 国务院办公厅关于印发乡村教师支持计划（2015—2020年）的通知[EB/OL].（2015-06-01）[2022-10-16].http://www.moe.gov.cn/jyb_xxgk/moe_1777/moe_1778/201506/t20150612_190354.html.

❸ 中共中央 国务院关于全面深化新时代教师队伍建设改革的意见[EB/OL]（2018-01-31）[2022-10-16].http://www.gov.cn/zhengce/2018-01/31/content_5262659.htm.

新时代乡村教师队伍建设的意见》，提出构建省、市、县教师发展机构、教师专业发展基地学校和名校（园）长、名班主任、名教师"三名"工作室五级一体化、分工合作的乡村教师专业发展体系。❶

二是促进功能齐全。在加强机构整合的基础上，相关政策不断突出教师发展机构的复合型、综合化专业功能。2016年1月颁布的《教育部办公厅关于印发乡村教师培训指南的通知》提出：其一，加强培训需求调研。县级教师发展中心（培训教研机构）会同高等学校，根据教育行政部门相关要求，做好培训需求调研，确定培训主题，研制实施方案。其二，注重培训资源建设。县级教师发展中心（培训教研机构）对各个送培团队课程及学校研修的代表性成果进行加工，形成本土化培训资源包，支持学校校本研修和乡村教师专业自主发展。其三，做好返岗实践指导。市县教师发展中心负责培训跟岗实践组织实施，配合高等学校做好返岗培训实践指导。市县教师发展中心和优质中小学幼儿园协助提供培训现场示范和培训案例资源。❷

三是推动标准建设。2018年3月，教育部等五部门关于印发《教师教育振兴行动计划（2018—2022年）》的通知提出，"制定县级教师发展中心建设标准。以优质市县教师发展机构为引领，推动整合教师培训机构、教研室、教科所（室）、电教馆的职能和资源，按照精简、统一、效能原则建设研训一体的市县教师发展机构，更好地为区域教师专业发展服务"❸。2022年4月，教育部等八部门联合发布的《基础教育强师计划》提出，"通过建立标准、项目拉动、转型改制等举措，推动各地构建完善省域内教师发展机构体系，建强县级教师发展机构及培训者、教研员队伍"❹。

四是注重协同发展。近年来，各项政策注重从教师教育体系建设的视角强化教师发展机构建设和改革。2021年4月，《教育部 财政部关于实施中小学幼

---

❶ 教育部等六部门关于加强新时代乡村教师队伍建设的意见［EB/OL］.（2020-07-31）［2022-10-16］. http://www.gov.cn/zhengce/zhengceku/2020-09/04/content_5540386.htm.

❷ 教育部办公厅关于印发乡村教师培训指南的通知［EB/OL］.（2016-01-14）［2022-10-16］. http://www.moe.gov.cn/srcsite/A10/s7034/201601/t20160126_228910.html.

❸ 教育部等五部门关于印发《教师教育振兴行动计划（2018—2022年）》的通知［EB/OL］.（2018-03-22）［2022-10-16］. http://www.moe.gov.cn/srcsite/A10/s7034/201803/t20180323_331063.html.

❹ 教育部等八部门关于印发《新时代基础教育强师计划》的通知［EB/OL］.（2022-04-11）［2022-10-16］. http://www.moe.gov.cn/srcsite/A10/s7034/202204/t20220413_616644.html.

儿园教师国家级培训计划（2021—2025年）的通知》提出，"带动形成教师发展机构、高等院校、培训机构、中小学校幼儿园'四位一体'的教师专业发展支持服务体系"❶。2022年4月，教育部等八部门联合发布的《新时代基础教育强师计划》提出，"重点支持建设一批国家师范教育基地，构建师范院校为主体、高水平综合大学参与、教师发展机构为纽带、优质中小学为实践基地的开放、协同、联动的现代教师教育体系"❷。

3.教师发展机构建设的主要成效

一是建成一批示范性教师发展机构。在国家政策导向下，各地开展示范性县级教师发展中心建设评估工作，突出整合县域教研、教科、培训、电教部门，建立四位一体的"小实体、多功能、大服务"的发展导向。2005—2007年与2012—2015年，教育部在全国范围内组织评估认定350所左右示范性县级教师培训机构，河南、江苏等省先后开展示范性县级教师培训机构建设认定工作，加大相关资金政策支持。为贯彻落实《乡村教师支持计划（2015—2020年）》，更好地支持乡村教师专业发展，教育部、财政部改革实施"国培计划"，从2015年起，"国培计划"下移实施重心，采取项目县推进机制，集中支持中西部乡村中小学幼儿园教师、校园长培训，全面落实5年一周期360学时的教师全员培训。❸

二是提升了教师发展机构的专业服务能力。从2015年起，县级教师发展机构纳入国培任务承担单位遴选范围，并以"实现教师培训机构、教研和电教等部门整合"作为遴选"国培计划"中西部项目和幼师国培项目区县的必备条件之一，推动各地充分整合县域资源，建立高等学校、县级教师发展中心、片区研修中心、校本研修四位一体的教师专业发展支持服务体系，切实加强县级教师培训机

---

❶ 教育部 财政部关于实施中小学幼儿园教师国家级培训计划（2021—2025年）的通知［EB/OL］.（2021-05-13）［2022-10-16］. http://www.moe.gov.cn/srcsite/A10/s7034/202105/t20210519_532221.html.

❷ 教育部等八部门关于印发《新时代基础教育强师计划》的通知［EB/OL］.（2022-04-11）［2022-10-16］. http://www.moe.gov.cn/srcsite/A10/s7034/202204/t20220413_616644.html.

❸ 教育部对十二届全国人大五次会议第6133号建议的答复［EB/OL］.（2017-09-28）［2022-10-16］. http://www.moe.gov.cn/jyb_xxgk/xxgk_jyta/jyta_jiaoshisi/201801/t20180109_324200.html.

构在县域内教师职后教育、促进教师专业发展中的核心和主体地位。❶

（五）教师培训课程标准

教师的专业发展水平在很大程度上决定着人才培养规格和质量。"国培计划"实施以来，为分层、分类、分科组织实施教师培训，提高针对性和实效性，国家有序推进培训课程标准和项目实施指南研究制定。2017年11月16日，教育部办公厅印发了《中小学幼儿园教师培训课程指导标准（义务教育语文、数学、化学学科教学）》。2020年7月22日，教育部办公厅印发了《中小学教师培训课程指导标准（师德修养）》《中小学教师培训课程指导标准（班级管理）》《中小学教师培训课程指导标准（专业发展）》。这些标准为高质量开展教师培训提供了有力保障。

1. 教师培训课程标准的重要意义

教师培训必须以课程和标准为依托。党的十八大以来，教师培训工作取得明显进展。印发有关标准对提高培训课程同教师专业发展个性化需求的满足度，加强培训课程设计、开发、实施的规范性，增强教师培训的针对性和实效性等发挥了重要作用。

教师培训课程标准是教师培训和教师发展的宏观指导。一系列指导标准成为国家、省、地（市）、县（区）组织开展教师培训工作的重要参考，是各级教师培训机构、教研机构以及中小学设置关于教师专业发展的培训课程、开发和选择教师培训课程资源的基本依据，也是中小学教师规划个人专业发展和自主选择培训课程的根本指南，为广大中小学教师的学习提高提供了基本遵循，对中小学教师培训工作具有重要的指导意义。❷

教师培训课程标准是促进教师培训提质增效的措施保障。随着教师培训课程标准的持续推出和不断完善，总体实现了对中小学幼儿园学段全覆盖，涉及语文、数学、化学等学科和师德修养、班级管理、专业发展等多个方面，教师

---

❶ 关于政协十三届全国委员会第三次会议第4238号（教育类385号）提案答复的函［EB/OL］.（2020-12-08）［2022-10-16］. http://www.moe.gov.cn/jyb_xxgk/xxgk_jyta/jyta_jiaoshisi/202101/t20210128_511589.html.
❷ 强化系统培训，促进专业发展［EB/OL］.（2020-09-25）［2022-12-30］. http://www.moe.gov.cn/jyb_xwfb/moe_2082/zl_2020n/2020_zl56/202009/t20200925_490731.html.

培训领域存在的针对性不强、内容泛化、方式单一、质量监控薄弱等突出问题得到有效破解，推动教师培训工作整体进入提质增效新阶段。

教师培训课程标准是提高教师培训专业化水平的重要依据。教师培训课程标准的出台，使教师培训管理机制不断完善，聚焦不同发展阶段教师和乡村校园长核心素养与关键能力的分层分类培训体系更加健全，有效带动了教师培训评价机制的科学化、规范化、标准化，教师培训工作向着更高水平的专业化发展具备了新依据、形成了新动力、迈出了新步伐。

教师培训课程标准是教师培训改革和路径创新的助推动力。根据《中共中央 国务院关于全面深化新时代教师队伍建设改革的意见》关于全面提高中小学、幼儿园教师质量的部署，教师培训课程标准建设不仅推动了教师培训的专业化特性进一步彰显，也按照教师专业成长规律有效促进了教师培训改革，提升培训课程设计、内容组织的系统性，提高培训模式和方式方法的创新性，将为整体提升教师队伍综合素养，建设高素质专业化创新型教师队伍提供重要动力。

2. 教师培训课程标准的核心内容

一是围绕学科教学的教师培训课程标准。《中小学幼儿园教师培训课程指导标准（义务教育语文、数学、化学学科教学）》建立了分学科教学能力标准体系，实质是将学生的课程目标，转换为教师的教学能力标准，使培训和工作紧密结合，充分体现实践性。同时，研发了"能力表现级差表"工具，帮助教师对照进行自我诊断，激发其主动参与培训的内在需求。设置"按需施训"的培训课程，根据教学能力水平不同层次的不同需要，提供课程专题和内容要点的参考建议，真正实现以诊断为基础设置课程、实施培训，增强培训的针对性。❶

二是聚焦师德修养的教师培训课程标准。《中小学教师培训课程指导标准（师德修养）》以培养"四有"好老师为目标，制定了目标导向和实践导向相结合的框架内容，反映出要培育教师树立正确的历史观、民族观、国家观和文化观，将社会主义核心价值观的认同与践行贯穿于师德养成的全过程。引导教师

---

❶ 教育部教师工作司有关负责人就《中小学幼儿园教师培训课程指导标准（义务教育语文、数学、化学学科教学）》答记者问［EB/OL］.（2018-01-03）［2022-12-30］. http://www.moe.gov.cn/jyb_xwfb/s271/201801/t20180102_323535.html.

以德立身、以德立学、以德施教、以德育德，启发教师不断提升道德修养和道德智慧。准确把握不同教师群体的特点，强调案例培训、实践体验、浸润式研修，培育教师的自主学习、合作学习和研究性学习的能力和创造性，引导教师知行合一。❶

三是针对班级管理的教师培训课程标准。《中小学教师培训课程指导标准（班级管理）》对中小学班主任教师培训进行了系统规划，提出了师德为先、能力为重、学生为本、实践导向、分层培训的基本理念，以提升班主任班级管理能力为宗旨，制定实践导向的培训目标，设计班主任班级管理能力诊断方案，设置有针对性的分层次的培训课程，满足义务教育阶段不同层次班主任教师的培训需要，更好地解决了班主任培训的现存问题，实现更加精准的培训。❷

四是服务专业发展的教师培训课程标准。《中小学教师培训课程指导标准（专业发展）》主张教师只有经受系统的专业学习和训练方可完成好教师职业角色，设计课程体系和课程内容，不断更新专业理念，拓展专业知识和提升专业能力。倡导教师通过终身学习新的理念、新的知识、新的方法和新的技术，保证自身持续发展。强调教师的专业发展具有阶段性特征，不同发展阶段的教师有不同的需求和不同的目标，既要满足不同阶段教师发展的需要，也能引领教师朝向更高阶段发展。❸

3.教师培训课程标准的主要成效

教师培训课程指导标准发挥了规范指导各地分层、分类、分科实施教师培训的作用，引导各地对教师教育教学能力进行科学诊断，设置针对性培训课程，确保按需施训，创新培训模式，提升培训实效，持续提升教师专业能力与整体素质。

建立完整标准体系，实现培训对象和课程领域全覆盖。《中小学幼儿园教师

---

❶ 以培养"四有"好老师为目标 实施《中小学教师培训课程指导标准（师德修养）》[EB/OL]．（2020-09-27）[2022-12-30]．http：//www.moe.gov.cn/jyb_xwfb/moe_2082/zl_2020n/2020_zl56/202009/t20200927_491846.html．

❷ 因需而学 按需施训——《中小学教师培训课程指导标准（班级管理）》颁发开启班主任个性化培训新时代[EB/OL]．（2020-09-25）[2022-12-30]．http：//www.moe.gov.cn/jyb_xwfb/moe_2082/zl_2020n/2020_zl56/202009/t20200925_490730.html．

❸ 强化系统培训，促进专业发展[EB/OL]．（2020-09-25）[2022-12-30]．http：//www.moe.gov.cn/jyb_xwfb/moe_2082/zl_2020n/2020_zl56/202009/t20200925_490731.html．

培训课程指导标准（义务教育语文、数学、化学学科教学）》属于首批印发，具有弥补空白的历史性意义，标志着从此中小学幼儿园教师教学能力如何衡量和培训有了标准和依据。❶ 整体而言，我国教师培训课程指导标准分别涵盖义务教育阶段教师的师德修养、班级管理、学习与发展、学科教学等15个学科领域18项标准，以及学前教育阶段教师的幼儿研究与支持、幼儿保育与教育等4个学科领域4项标准，共计22项标准。这些标准采取分批研制、逐步健全、形成体系的思路，分学科、分领域构建一个完整的中小学幼儿园教师培训课程指导标准体系。

实行重点模块设计，科学引导教师专业发展。教师培训课程指导标准采用相同体例设计，均分为培训目标、能力诊断、课程内容、实施要求4个主要模块。培训目标是对教师专业发展的具体要求，是教师工作能力的理想状态，给教师发展"建模子"。能力诊断用于确定教师工作能力的实际状态，通过能力表现级差表，判断实际状态与理想状态的差距，科学诊断教师培训需求，带教师个体"照镜子"。课程内容着眼于缩短实际状态与理想状态的差距，帮助教师解决实际问题，提升能力素质，给教师提升"开方子"。实施要求重在为缩短差距提供有效的方式方法，推动各地创新培训模式，增强培训实效性，为教师培训"找路子"。

聚焦关键重点领域，强化教师素质能力整体提升。"中小学教师师德修养培训课程"以"理想信念""道德情操""扎实学识""仁爱之心"为主线，细化出28个研修主题，使教师培训机构围绕各研修主题设计相应的课程专题。"中小学教师班级管理培训课程"确定了班级管理能力培训目标和诊断班主任班级管理核心能力的指标，开发了用于班主任自我诊断的"能力诊断级差表"，设计了与班主任班级管理能力水平相对应的培训课程。"中小学教师专业发展培训课程"把中小学教师专业发展划分为"专业发展规划""专业知识学习""专业实践研修"3个领域，每个领域开发用于教师自我诊断的"发展水平级差表"，设计与教师专业发展水平相对应的培训课程。❷ 这三个标准属于中小

---

❶ 教育部出台教师培训课程指导标准［EB/OL］.（2018-01-04）［2022-12-30］. http://www.moe.gov.cn/jyb_xwfb/s5147/201801/t20180104_323676.html.
❷ 中小学教师培训课程指导标准印发［EB/OL］.（2020-09-26）［2022-12-30］. http://www.moe.gov.cn/jyb_xwfb/s5147/202009/t20200927_491605.html.

学教师培训课程体系中新增设的培训课程门类，为通识性课程，遥相呼应、相得益彰，紧扣教师职业的本质特征，充分体现教书育人工作应有属性，使得中小学教师培训课程体系更加系统完备，课程设置更加合理完善，课程内容更加科学精准。

四、深化基础教育教师管理改革

（一）教师资格制度与定期注册改革

我国的中小学教师资格制度改革进程与党在不同历史时期对教师工作的战略定位和发展目标保持一致，与教师队伍建设的现代化进程保持一致。面对教师准入门槛的低标准和教师准入通道的闭塞性，建立新的教师资格制度已成为时代的要求。特别是党的十八大以来，国家确立了建设高素质专业化创新型教师队伍的建设目标，教师职业的内涵也随之发生变化。从"四有"好老师、"四个引路人""四个相统一"到"四个服务"，这些重要论断是新时代新形势下对教师地位和作用的新思考、新定位。我国中小学教师资格制度的改革与发展一直服务于"坚持把教师队伍建设作为基础工作"的要求，助力新时代教师队伍建设总目标的实现。健全教师资格制度，对于促进教师职业专业化发展、提升教师的社会地位具有重要的价值。

1. 教师资格制度实施的重要意义

教师资格制度改革是规范教师任用标准、促进教师专业化发展的重要环节，是建立开放式教师教育体系的需要，也是我国教师管理体制完善的一项重要内容。

顺应职业资格发展，促进教师专业化发展"上轨道"。我国一些行业已经实施较为成熟的职业资格证书制度，都已严格按照相关职业的特点、受众群体需求及社会必然的发展趋势，建立了完善的职业资格定期更新制度。如律师、会计师和医师等众多行业推出了行业资格证书注册制度、年检报告制度与资格证书管理制度，对于资格证书的注册和更换也有相关的规定，特别是对在一定时间内没有从业的资格证书持有者，严格提出了需要重新考核的规定。在关乎国计民生的教育行业，更应该加强教师资格制度的改革与创新。同时，实施教师资格的定期认定制度，是国际教师资格制度建设的必然趋势。

教师资格制度改革是我国教师管理领域的重大举措和制度创新。中小学教师资格考试作为贯彻落实党中央国务院关于教师工作有关精神的前沿阵地，具有鲜明的意识形态属性，在其发展历程中，始终坚持正确的政治方向，积极回应不同时期的教师职业发展和队伍建设要求。❶教师资格制度改革衔接教师专业标准和教师教育体系内的课程标准，一方面兼顾我国教师人才发现与选拔的基本门槛；另一方面与中国特色教师教育体系的建立协同发展，既要确保中小学教师资格契合教师教育的办学实际，又要确保教师人才素质结构门槛的系统性和层次性。同时，在我国教师资格制度完善的过程中，实施有年限的教师资格注册制对于保障教师质量、提高教师专业化水平是必需的举措。

2. 教师资格制度的核心内容

教师资格考试制度改革和定期注册制度改革提高了教师准入门槛，破除了教师资格终身制，提升了教师队伍的质量和水平。

由省考到国考，建立国家资格准入标准体系。从2015年起教师资格考试执行一年两次的"国考"制度。"国考"通过统一的中小学教师资格考试标准，考试的形式和内容更加全面丰富，考试组织实施更加严密，考试要求更加严格，改变了之前由各省份自主制定考试政策的局面和教师队伍素质参差不齐的情况。教师资格考试制度"国考"的确立，奠定了中小学教师资格考试制度的总体框架，建立了中小学教师资格考试国家标准体系，规定了统一的考试科目，考试采用笔试和面试相结合的方法，并广泛应用信息技术。这项考试提升了教师职业的准入门槛，深刻影响了教师教育体系和基础教育领域的生态结构。

从国考到免试认定相结合，教师人才选拔机制科学化。2015年为扩大教师来源渠道，改变现有中小学教师人才结构，打破师范生一毕业就可以获取教师资格证、担任中小学教师的传统，师范生免试认定教师资格的专业优势被暂时

---

❶ 杨宏博.中国共产党领导下的中小学教师资格考试发展探析［J］.中国考试，2021（7）：42-49.

取消。至此，教师资格认定开辟了引进优秀人才的新渠道，教师人才选拔机制更具开放性，师范生将与非师范生按照统一标准、统一要求参加"普遍选拔"，并择优而用。2017年教育部开展普通高等学校师范类专业认证工作。为深化教育领域"放管服"改革，完善教师资格准入办法，吸引优秀人才到中小学任教，2020年教育部重新恢复了师范生免试认定教师资格的权利，并对不同学段的认定情况作出了具体规定。2022年进一步推进师范生"免试认定"教师资格的改革，主要涉及扩大免试认定改革范围、建立健全师范生教育教学能力考核制度、严格免试认定改革工作要求等内容。至此，实现了由"各地自主认证"到"国家统一认证"的过渡，进入了"多元综合认证"阶段，即各院校自主认证（第二级、第三级认证）和国家统一认证并存，国家统考和高校考核并行的教师资格考试制度基本形成。

严把教师"入口关"，使之满足教师专业化发展的需要。教师资格制度改革内容主要体现在提高报考门槛和重视教师的教育教学实践能力考核方面。主要表现在：一是在学历要求上，除对考生年龄、户口、普通话水平等作出相应规定的基础上，"国考"明晰了在校学生的报考年级要求，明确规定了各类教师资格证所对应的学历要求，相应类别的教师起点学历要求都有不同层次的提高。二是在教师职业道德、基本素养、教育教学能力和教师专业发展潜质等其他条件上也逐渐严格。2012年出台的《国务院关于加强教师队伍建设的意见》指出要进一步规范和提高教师资格的相关条件，并加强对申请者思想道德情况的考察。2018年出台《中共中央 国务院关于全面深化新时代教师队伍建设改革的意见》，要求不断优化和完善教师准入制度，逐步重视教师专业培训在资格认定中的重要作用。

由"终身制"到"可进可出"，优化教师任用机制。教育部自2011年启动教师资格考试和定期注册改革试点工作后，将建立国标、省考、县聘、校用的教师职业准入和管理制度作为重点工作，试行五年一周期的教师资格定期登记制度。此举扭转了过去教师行列"只进不出"的局面，将不合格的人员拒之门外，同时引入了教师竞争机制，促进了教师队伍的优胜劣汰、合理更替，建立了"可进可出"、灵活的教师任用机制。同时，"国考"顺应大数据时代的要求，建立了全国范围内的教师资格定期注册信息管理系统，为教育系统在数据支持和信息保障基础上进行科学决策提供了有效供给。

3. 教师资格制度实施的主要成效

我国的新型教师资格制度不论是在提高教师资格认定标准上，还是将师范生和非师范生共同纳入统考行列再恢复"免试认定"，抑或是规定为期三年的教师资格有效期和五年注册制度，教师资格制度改革都成为促进教师专业持续、动态发展的有效激励机制，拓宽了师资来源的渠道，优化了教师队伍的结构，激励了更多高学历、高素质和高水平的优秀人才加入教师队伍中来。

通过提高准入门槛，提高了教师队伍综合素质。中小学教师资格准入制度改革统一和提高了中小学教师队伍的选拔标准和要求，选拔出的中小学教师学历水平和教学能力水平更高，提高了教师队伍的专业化水平和综合素质。如原先拥有大专学历可申请报考初中教师资格，而实施"国考"后大专学历只能申请报考小学教师资格。

打破教师资格终身制度，形成积极有效的管理和监督体制。教师定期注册制度，打破教师资格终身制，使得"当教师不再是'铁饭碗'"，进而清退不具备教师能力的人员，优化教师队伍结构，提升教师队伍质量，在教师队伍中形成"优胜劣汰"的良好运行机制。定期注册制度激励教师在职接受再教育，不断更新教育教学观念，促进了教师对教育教学技术的学习，使自觉学习、终身学习成为常态。同时，对教师的专业发展也有促进作用，克服了教师专业发展阶段中的"瓶颈期"；对教师的终身学习有激励作用，有助于提升教师思想认识和教育技能。

形成多元综合认证局面，倒逼师范类专业人才培养质量提升。通过推动培养与认证一体化，从源头上推动教师教育改革，提高教师资格认证质量。教师资格经历了"各地自主认证"到"国家统一认证"的过渡，现在进入了"多元综合认证"阶段，即各院校自主认证和国家统一认证并存，这增加了教师资格认证的专业性和灵活性。不是所有教师教育院校的毕业生都可免试认定教师资格，只有办学质量通过审核的院校才有认证资格，这就倒逼教师教育院校开始重视办学质量，充分发挥师范院校在教师资格认证中的学术引领作用。

（二）教师编制管理改革

编制问题是中小学教师队伍建设的一个关键问题，编制政策是中小学教师队伍建设的一项重要政策。改革开放以来,中小学教师编制标准制度经历了三次改革,一是城镇优先的班师比师资编制标准(1984—2000 年),二是城市优先的生师比师资编制标准(2001—2014 年),三是城乡统一的生师比配置标准(2014 年至今)。❶党的十八大以来,中小学教师编制标准改革主要聚焦统一城乡教师编制标准,向乡村小规模学校倾斜,为教育改革发展保障充足的师资配置。

1. 教师编制管理改革的重要意义

随着教育事业的进一步发展,在教育普及水平大幅提高、人人都能上学的背景下,社会各界对教育公平的呼声越来越强烈。因而,长期实行城乡二元结构所导致的城乡教育差距,成为政府和学界的核心关注点。2010 年,《国家中长期教育改革和发展规划纲要(2010—2020 年)》明确规定,"逐步实行城乡统一的中小学编制标准,对农村边远地区实行倾斜政策"。2012 年 9 月颁布的《国务院关于深入推进义务教育均衡发展的意见》提出,"各地逐步实行城乡统一的中小学编制标准,并对村小学和教学点予以倾斜。合理配置各学科教师,配齐体育、音乐、美术等课程教师"。2012 年,《国务院关于加强教师队伍建设的意见》强调,"逐步实行城乡统一的中小学教职工编制标准,对农村边远地区实行倾斜政策"。随后,教师编制标准迈入新的改革历程。

一是加强教师队伍建设的关键之举。教育改革发展不断对教师队伍建设提出新的要求和需求,而充足的师资配置是教师队伍建设的基础和关键,为城乡教育配置合理的师资资源是加强教师队伍建设的关键之举。没有充足的师资资源,教师队伍建设无从谈起,教育改革发展更是成为无源之水、无本之木。而教师编制标准是决定师资配置的最根本的关键性制度。

二是促进教育公平的必要举措。鉴于城乡二元结构的历史和现实,城乡教育发展不均衡、不公平的现象和问题由来已久,随着义务教育学校标准化建设的深入推进,城乡教育不公平主要体现在师资配置上的差距。实施多年的向城市倾斜的教师配置编制标准也阻碍了城乡师资配置的均衡和公平。因此,此次

---

❶ 李新翠.我国中小学教师配置标准政策变迁的制度逻辑——基于历史制度主义的分析[J].教育研究,2015(10):72-77.

改革实行城乡统一的师资配置标准是促进城乡义务教育均衡发展，实现教育公平的必要举措。

三是提高基础教育质量的重要保障。随着"有学上"目标的基本实现，人民群众对教育的需求逐渐转为"上好学"。而有好的教师，才有好的教育，有高质量的教师队伍，才有高质量的教育。因此，为基础教育配置充足的师资，能够不断提高教师队伍的素质、优化教师队伍的学科结构和年龄结构，更加适应教育改革发展提出的新要求和新挑战，是提高教育质量的重要保障。

2. 教师编制管理改革的核心内容

党的十八大以来，为深化中小学教师编制改革，强化师资资源配置和促进教育公平，国家出台了系列政策。一是2014年11月，中央编办、教育部、财政部联合发布《关于统一城乡中小学教职工编制标准的通知》。二是2018年1月出台的《中共中央 国务院关于全面深化新时代教师队伍建设改革的意见》再次提出"创新和规范中小学教师编制配备"。三是2019年，中央编办会同教育部、财政部、人力资源社会保障部出台进一步挖潜创新加强中小学教职工管理的政策，要求各地编制、教育、财政、人力资源社会保障部门，统筹各类资源，提高使用效益，创新供给方式，更好地满足中小学教育事业发展。四是2021年6月，中央编办、教育部共同印发《关于推动中小学教职工编制全面达到国家基本标准的通知》，要求各地2021年底前实现全省（自治区、直辖市）总量达标，2022年6月底前实现以县（含地级市辖区）为单位全面达标。

统一城乡编制标准。统一城乡教师配置编制标准，建立新的教师配置标准制度。根据中央关于推进城乡发展一体化和基本公共服务均等化精神，2014年11月，《中央编办 教育部 财政部关于统一城乡中小学教职工编制标准的通知》明确将县镇、农村中小学教职工编制标准统一到城市标准，即高中教职工与学生比为1∶12.5、初中为1∶13.5、小学为1∶19❶，结束了长达13年城乡不统一的配置标准。

严格控制编制总量。坚持从严从紧，严格控制编制总量。实行城乡统一的

---

❶ 中央编办 教育部 财政部关于统一城乡中小学教职工编制标准的通知［EB/OL］.（2014-11-13）［2022-12-30］. http://www.moe.gov.cn/s78/A10/tongzhi/201412/t20141209_181014.html.

中小学教职工编制标准工作,要坚决贯彻中央严格控制机构编制和本届政府财政供养人员只减不增有关精神,按照严控总量、盘活存量、优化结构、增减平衡的要求,由省级政府负总责,实行总量控制,确保核定后的中小学教职工编制不突破现有编制总量。

加强动态调整和统筹。加强部门配合,做好动态调整与统筹使用工作。各级机构编制部门要会同教育、财政部门,在机构编制总量调控的前提下,按照统一后的标准做好中小学教职工编制的具体核定并统筹使用。县级教育部门在核定的编制总额内,按照班额、生源等情况统筹分配各校教职工编制,并报同级机构编制部门和财政部门备案。进一步完善中小学教职工编制动态管理机制,根据学校布局结构调整、不同学段学生规模变化等情况进行动态调整,提高编制使用效益。探索教职工编制管理与人事管理相结合,促进县域内的教师交流轮岗和均衡优化配置。

聚焦短板重倾斜。考虑实际需求,对农村边远地区适当倾斜。根据基础教育均衡发展的新要求,各地在严格执行国家关于向农村边远地区倾斜等规定的同时,重点对学生规模较小的村小、教学点,按照教职工与学生比例和教职工与班级比例相结合的方式核定教职工编制。在县域范围内统筹中小学教师资源,确保基本开齐开足国家规定课程,特别是体育、音乐、美术、科学技术等课程,以保障基础教育发展需要和素质教育全面实施。

强化严格规范管理。严格规范中小学教职工编制管理。各地要严禁挤占、挪用和截留中小学教职工编制,严禁在有合格教师来源的情况下"有编不补"、长期聘用代课教师,严禁以各种形式"吃空饷",严禁管理部门与中小学校混编混岗占用教职工编制。各级机构编制、教育、财政等部门要加强督查,采取多种方式,定期开展编制清理专项工作,定期督查各地中小学编制管理政策落实情况,对违反编制管理规定的单位和责任人,依法依规严肃处理。

此外,面对经济社会发展的新形势和教育改革发展的新要求,对加强基于编制管理的教师配置政策优化和创新,挖潜创新现有编制管理,提高编制管理使用效益,强化教师资源配置。

3.教师编制管理改革的主要成效

教师编制改革是决定教师资源配置的关键环节,既保障了师资资源在数量上的充足，也为补齐师资队伍建设的短板奠定了基础，为加强教师队伍建设发挥了重要的作用。

一是改革了师资配置标准。此次教师编制改革首次提出统一城乡学校教师编制标准，结束了实行30多年的城乡倒挂教师编制标准，建立起统一的城乡教师配置编制标准，为促进义务教育均衡发展，实现教育公平奠定了基础。

二是优化了师资配置。从统计数据来看，2012年小学、初中和高中生师比分别为18.93、13.59和15.47，2020年小学、初中和高中生师比分别为16.67、12.73和12.90，都实现了较大幅度的优化配置，特别是小学和高中教师配置优化最明显。截至2022年6月底，全国省、市、县三级中小学教职工编制，已如期达到或高于国家基本标准，有效促进了教育资源的城乡均衡配置，为办好人民满意的教育奠定了坚实基础。

三是强化了薄弱环节。编制改革中明确提出对偏远地区小规模学校、教学点实行编制标准倾斜，对这些学校实行生师比与班师比相结合的配置标准，体现了对这类学校面广、分散、学生数量少等特点的关注，有利于补齐乡村学校和乡村教师的短板。

近几年的教师编制改革进一步促进了教育公平，特别是实行城乡统一的教师编制配置标准，聚焦乡村学校和小规模学校的特殊性，将教师编制改革纳入整个事业单位编制统筹管理中，挖潜创新事业编制总量和存量，既突出教师编制增量，又抓住提高教师编制存量的使用效益。

（三）教师职称与岗位管理改革

改革开放以后，教师职称制度均始于1985的职称制度改革，1988年，中央职称改革工作领导小组相继批准了29个专业技术职务系列的试行条例❶，由此教师职称制度得以确立。随着社会发展进步以及教育改革发展深入，我国各级各类教师职称制度不断显现出不适应新时代教师队伍建设以及教师专业发展的需要，如评价标准、职称级别设立、评审机制等方面亟须进一步深化改革。2007年印发的《关于义务教育学校岗位设置管理的指导意见》实施多年，需要适应新时代教师发展进行改革完善。为此，2015年启动了中小学教师职称制度

---

❶ 吴江，蔡学军.中国职称制度改革［M］.北京：中国人事出版社，2011：3-4.

改革，2022年9月启动中小学教师岗位设置管理改革。

1. 教师职称与岗位管理改革的重要意义

2015年8月，人力资源社会保障部、教育部印发《关于深化中小学教师职称制度改革的指导意见》，对中小学教师职称制度改革作出全面布局❶；2022年9月，人力资源社会保障部、教育部印发《关于进一步完善中小学岗位设置管理的指导意见》❷，启动了教师岗位设置管理系统改革。

教师职称与岗位管理改革是加强教师队伍建设的核心要义。职称制度和岗位管理制度是我国中小学教师管理的重要制度构成，是加强教师队伍建设的关键。教师职称制度涉及教师职业晋级的方向、标准和机制，教师岗位管理关系教师的定岗定级，关系教师的工资待遇等切身利益，系统推进职称评审和岗位管理优化，是理顺教师管理体制、提升教师管理效能的重要举措，在教师队伍建设的总体布局中具有重要的战略意义和现实意义。

教师职称与岗位管理改革是优化教师管理的关键环节。职称制度改革涉及对教师发展的评价标准、职业晋级、评价机制以及评价结果的使用等教师评价的全方位和全流程。岗位管理改革涉及岗位结构、岗位聘用、岗位管理及岗位待遇等教师工作的方方面面。因此，教师职称与岗位管理在根本上是对教师评价制度的改革和优化，特别是对贯彻落实《深化新时代教育评价改革总体方案》具有重要的推动作用。

教师职称与岗位管理改革是提高教师队伍素质的重要举措。教师职称和岗位是教师专业素质和能力的体现。职称和岗位管理进行改革的出发点是基于教师评价标准、职称等级设置进而合理设置岗位结构。职称和岗位管理改革根据各级各类教师不同特点和发展实际，结合区域、城乡、校际差异，定向发力，对不同群体教师坚持分类施策、分级管理，有利于促进评价机制改革，进而促进教师队伍整体专业素养的提升。因此，教师职称与岗位管理制度改革是提高教师队伍素质的重要举措。

---

❶ 人力资源社会保障部 教育部关于印发《关于深化中小学教师职称制度改革的指导意见》的通知［EB/OL］.（2015-08-28）［2022-10-16］. http：//www.gov.cn/gongbao/content/2016/content_5033907.htm.

❷ 人力资源社会保障部 教育部关于印发《关于进一步完善中小学岗位设置管理的指导意见》的通知［EB/OL］.（2022-09-02）［2022-10-16］. http：//www.gov.cn/zhengce/zhengceku/2022-09/10/content_5709280.htm.

2. 教师职称与岗位管理改革的核心内容

教师职称与岗位管理改革均聚焦当前制度存在的问题和不足，着力从以下几个方面推进改革。

优化职称制度体系和岗位结构比例。建立中小学教师统一的职称职务制度，初级设员级和助理级；高级设副高级和正高级。员级、助理级、中级、副高级和正高级职称（职务）名称依次为三级教师、二级教师、一级教师、高级教师和正高级教师。❶ 统一后的中小学教师职称（职务）分别与事业单位专业技术岗位等级相对应：正高级教师对应专业技术岗位一至四级，高级教师对应专业技术岗位五至七级，一级教师对应专业技术岗位八至十级，二级教师对应专业技术岗位十一至十二级，三级教师对应专业技术岗位十三级。

完善评价标准和岗位设置方案。中小学教师专业技术水平评价标准，要适应实施素质教育和课程改革的新要求，充分体现中小学教师职业特点，着眼于中小学教师队伍长远发展，并在实践中不断完善。要充分考虑教书育人工作的专业性、实践性、长期性，坚持育人为本、德育为先，注重师德素养，注重教育教学工作业绩，注重教育教学方法，注重教育教学一线实践经历，切实改变过分强调论文、学历的倾向，引导教师立德树人、爱岗敬业、积极进取，不断提高实施素质教育的能力和水平。

创新职称评价机制和强化岗位管理。建立以同行专家评审为基础的业内评价机制。一是建立健全同行专家评审制度，完善评委会的组织管理办法，扩大评委会组成人员的范围，注重遴选高水平的教育教学专家和经验丰富的一线教师。二是健全评委会工作程序和评审规则，建立评审专家责任制。三是改革和创新评价办法。总结推广同行专家评审在中小学教师专业技术水平评价中的成功经验，继续探索社会和业内认可的实现形式，采取说课讲课、面试答辩、专家评议等多种评价方式，对中小学教师的业绩、能力进行有效评价，确保评价

---

❶ 与原中小学教师专业技术职务的对应关系是：原中学高级教师（含在小学中聘任的中学高级教师）对应高级教师；原中学一级教师和小学高级教师对应一级教师；原中学二级教师和小学一级教师对应二级教师；原中学三级教师和小学二级、三级教师对应三级教师。

结果的客观公正，增强同行专家评审的公信力。四是实行评价结果公示制度，增加评审工作的透明度。

职称评审和岗位结构比例均向乡村学校倾斜。教师职称与岗位管理改革均是在国家事业单位相关人事制度的框架下，适应教育改革发展需求，突出各级各类教育特点，从建立新的制度体系、完善评价标准、创新评价机制、加强监督管理以及向特殊群体倾斜等方面，进一步建立健全各级各类教师职称评审制度体系，进一步激发教师工作动力和发展活力，进一步促进教育公平，进一步深化教育领域放管服改革。

3.教师职称与岗位管理改革的主要成效

虽然教师职称制度改革启动时间不长且不一致，但从总体上，三个类别教师职称制度改革对于教师队伍建设产生了积极效果。

一是健全了教师职称制度体系和岗位设置相关制度。教师职称制度改革政策的实施从总体上建立起符合各级各类教育本质和规律，顺应教师队伍建设重点和任务的教师职称政策体系，突破了中小学教师职称评审的天花板，统一了中小学教师职称岗位系列，构建起职称设置、评价标准、评价机制、评聘使用等全方位的制度体系。

二是增强了教师专业发展动力。无论是职称评审打破了中小学教师职业发展的天花板，为教师职业发展注入源源不断的动力，还是优化教师岗位结构、实行县域统筹管理、规范开展岗位竞聘、加强聘后管理，均是遵循中小学教职工成长发展规律，创新岗位管理政策措施，拓宽职业发展通道，激发中小学教职工的积极性、主动性、创造性，进一步加强中小学教师队伍建设。

三是优化了教师队伍治理体系。教师职称改革在职称系列设置、评价标准等方面更加突出本阶段或类别教育的本质和属性，中小学教师职称评审突出教师一线工作及工作实绩。教师岗位管理改革突出县域统筹管理，规范岗位聘用和强化聘后管理，坚持定向评价、定向使用的基本原则，是落实教师从"单位人"向"系统人"转变的关键举措，有利于实现县域内教师资源均衡配置，促进教师队伍的合理流动和高效使用。

(四)"县管校聘"改革

校长教师"交流轮岗"作为国家政策表述,首次出现于2012年国务院印发的《关于加强教师队伍建设的意见》文件中。随后,在2013年党的十八届三中全会通过的《中共中央关于全面深化改革若干重大问题的决定》中明确指出,实行校长教师交流轮岗是"深化教育领域综合改革"的具体举措之一。由此,教师资源配置进入深度改革时期。2014年,教育部、财政部、人力资源和社会保障部联合下发《关于推进县(区)域内义务教育学校校长教师交流轮岗的意见》,其核心内容细化了县域内城乡教师交流政策实施的工作方案,首次在国家层面提出"县管校聘"管理改革,将这项工作推向制度化、常态化。随着义务教育优质均衡发展战略的推进,国家层面多个政策均强调实施"县管校聘"体制改革下的校长教师交流轮岗。

1."县管校聘"改革的重要意义

校长教师交流轮岗是深化教师人事制度综合改革的必然要求,是加强边远贫困地区乡村学校教师补充配备的重要举措,同时也是新型城镇化背景下建立教师队伍一体化发展机制的重要内容,也是解决城市择校难题、促进义务教育均衡发展的关键举措,对教师资源均衡配置起着重要的推动作用。❶

"县管校聘"是我国中小学教师管理制度的创新之举。针对区域内教师资源的校际壁垒、乡村教师队伍的结构性失衡等问题,结合在城镇化进程中不断出现的学校规模、班额大小和生源构成等新变化,引发教师资源出现新的不均衡矛盾的现实难题,"县管校聘"在教师管理体制机制上突破以往"校管校用"的制度约束,加强县域内教师资源的统筹使用管理,由县级教育行政部门对县域内教师编制、人事进行统一管理,实现教师在城乡、校际均衡配置,由"学校人"变为"系统人"。

校长教师交流轮岗制度是推进优质教育资源均衡的抓手。在城乡以及区域优质师资配置尚不均衡的现实背景下,教育部联合财政部、人社部出台了

---

❶ 教育部等三部委就印发校长教师交流轮岗文件答问[EB/OL].(2014-09-02)[2022-12-30]. http://www.gov.cn/govweb/xinwen/2014-09/02/content_2743993.htm.

多项措施，各地方一方面通过将教师职称评定与教师轮岗交流捆绑以实现交流的制度化与常态化，另一方面也不断完善相关保障制度以维护轮岗教师的权益，这些政策的旨归在于重点引导优秀校长和骨干教师向农村学校、薄弱学校有序流动，将优秀校长、优秀教师视为重要资源，通过引导城镇校长、教师、优秀校长及教师向农村地区、薄弱学校流动，进而实现义务教育的优质均衡发展。

2. "县管校聘"改革的核心内容

校长教师交流轮岗政策是促进区域内教师资源合理优化和均衡配置的有力举措。其顺利实施可以对现有的教师资源"存量"进行动态调整和优化配置，以缩小区域内城乡师资水平的悬殊对比，实现优质师资共享，从而促进义务教育优质均衡发展。

以城乡教育均衡发展为核心目标，重点向乡村及薄弱地区流动。校长教师交流轮岗的重点是推动优秀校长和骨干教师到农村学校、薄弱学校任职任教并发挥示范带动作用。相关政策文本里明确提到交流轮岗工作中的"重点"包括：有镇区和乡村学校的县（区），重点推动城镇学校向乡村学校交流轮岗；没有乡村学校的市辖区，重点推动优质学校向薄弱学校交流轮岗；乡镇范围内，重点推动中心学校向村小学、教学点交流轮岗。通过提升薄弱学校的教育质量，最终缩小区域范围内城乡教育质量的差距，达到教育均衡的基本目标。

让教师"动起来"为主要内容，合理规范流动范围和方式。在如何"动起来"方面，一是合理确定校长教师交流轮岗的人员范围。政策规定义务教育阶段公办学校在编在岗教师，在同一所学校连续任教达到地方教育行政部门规定年限的专任教师均应交流轮岗。城镇学校、优质学校每学年教师交流轮岗的比例不低于符合交流条件教师总数的10%，其中骨干教师交流轮岗应不低于交流总数的20%。此外，校长交流轮岗的人员范围为义务教育阶段公办学校校长、副校长。二是不断创新校长教师交流轮岗的方式方法。政策规定根据各地具体情况，可采取定期交流、跨校竞聘、学区一体化管理、学校联盟、名校办分校、集团化办学、对口支援、乡镇中心学校教师走教等多种途径和方式，也可结合本地实际，创新其他方式方法。

以"系统人"为关键突破，搭建"县管校聘"管理改革体制框架。为了打破教师交流轮岗的管理体制障碍，切实盘活县（区）域内义务教育师资配置，文件明确了"县管校聘"的改革方向，强调公开县（区）域内教师岗位招聘和管理办法，完善合同聘用制，并通过制定规范性的岗位结构比例、针对性的培训计划、科学性的业绩考核标准以及完善的工资待遇方案，以规范人事档案管理工作。国家自2015年以来陆续出台了一系列旨在推行"县管校聘"改革的政策文件及以示范区试点为代表的政策实践。其突破口和着力点主要表现在：一是在"县管"层面，编办和人社部门放权，由教育部门在总量控制内核定学校教职工编制和职称岗位分布；二是在"校聘"层面，学校与教职工签订岗位管理合同，从而解决教师究竟归谁管的问题，实现教师由"学校人"向"系统人"的转变。教育行政部门也积极推动管理实践的变革。

以提高交流轮岗积极性为主旨，形成闭环的激励保障机制。政策明确指出要在编制核定、岗位设置、职务（职称）晋升、聘用管理、业绩考核、培养培训、薪酬福利、评优表彰等方面制定优惠政策，激发校长教师参与交流轮岗的积极性和主动性。如逐步提高农村学校中级、高级教师岗位比例，推动县（区）域城乡学校教师岗位结构比例的总体均衡；在薪酬福利、评优表彰等工作中，切实保障参加交流轮岗校长教师的工资待遇，在绩效工资分配中予以倾斜，优先使用教师周转房等。

3. 校长教师交流轮岗政策的主要成效

自2014年校长教师交流轮岗专门性文件出台，至2015年教育部确定首批"县管校聘"试点实施以来，通过完善教师编制管理、统筹配置教师资源以及适当引入岗位竞聘等措施，有力地促进了城乡教育的均衡发展。截至2022年，全部31个省份均出台了省级层面的专门性文件，全面推进"县管校聘"管理改革模式下的校长教师交流轮岗。

破除管理体制障碍，县域内教师资源统筹使用。借力于"县管校聘"管理体制改革的实施，城乡教师交流轮岗过程中遭遇的制度困境得到有效疏通。"县管校聘"体制改革将教师由"学校人"变为"系统人"，转变以往核编到校的教师人事管理体制，实现身份管理到岗位管理的转变，规定了教师在编制管理、培养培训等方面由县级行政主管部门负责管理，其日常管理与考核任用由其最终所任教的具体学校负责，破除教师交流校际障碍，为组织城镇教师到乡村学校任教提供制度保障，从根本上解决农村教师结构性缺编、城镇教师"有岗无编"等问题，促进县域内城乡义务教育一体化改革发展。

合理规范校长教师流动，促进教育均衡发展。通过合理设置的校长教师交流轮岗范围和方法，盘活县域内教师资源，实现区域内教师队伍内部结构的优化和完善，激活了教师工作的积极性和主动性，使得县域教师队伍结构能够实现动态优化。同时精确化交流轮岗的各项内容，分层分类实施，不断完善县域内校长教师交流的配套政策措施，促进校长教师在城乡、校际合理流动，从而更好地推动城乡义务教育均衡发展。

落实义务教育法人自主权，办学活力增强。"县管校聘"模式下的校长教师交流轮岗政策将教师的编制管理、培养培训等工作上移至县级行政主管部门（或专门的教师服务中心），一定程度上减轻了基层学校校长的管理压力，使其有充足的时间和精力投入学校的教育教学管理工作当中。同时，学校以签订聘用合同的方式来明确每个教师岗位的职责和任务，以岗位聘任的形式来激活教师的忧患意识和竞争意识，相较于以往的教师支教政策来说，赋予了学校更大的用人自主权，即能够根据学校自身教育教学需要，在参加县域内学区竞聘和跨学区竞聘的教师中进行自主选择。这就落实了学校在人事管理方面的自主权，形成了以合同管理为基础的用人制度。

（五）中小学校管理人员制度改革

全面深化基础教育综合性改革需要建立一支高素质的中小学领导人员队伍。面对我国改革发展的新形势新任务，特别是教育改革的新任务新要求，为全面贯彻落实党的十八大以来的改革要求和最新精神，2017年1月，中共中央组织部、教育部联合颁布《中小学校领导人员管理暂行办法》（以下简称《管理暂行办法》），对中小学管理人员的专业化发展提出了系统性、综合性的要求。《管理暂行办法》是对《党政领导干部选拔任用工作条例》《事业单位领导人员管理暂行规定》的具体规范和延伸拓展，是中小学校领导人员管理的工作基础和重要指南。

1. 中小学校管理人员制度改革的重要意义

《管理暂行办法》的研制是深化中小学校领导人员管理改革的迫切需要。

党管干部是党和国家干部管理制度的根本原则。自 20 世纪 80 年代中期以来，我国政府就正式开始有计划、有目的、有步骤、有措施地推进中小学领导人员管理制度的建设，在中小学校长选拔、任用、培训、管理、考核等制度建设方面取得了进展，但还没有形成全面、完整、配套的管理制度，特别是对中小学党组织建设的相关制度设计还不够完善。党的十八大以来全面从严治党战略部署的实施，对中小学校领导人员素质的政治性、时代性提出了全面要求。《管理暂行办法》的出台是党中央全面推进党政干部队伍建设和中小学校领导人员队伍建设的重要成果，为各级教育行政机构和中小学育人、选人、用人、留人提供了政策支持和制度保障。

《管理暂行办法》积极回应了中小学领导人员专业化发展的综合性要求。近年来，各地各级政府部门均将教师队伍建设和领导人员队伍建设情况作为反映教育现代化水平、区域教育核心竞争力的重要指标。但在中小学校领导人员队伍建设和管理过程中，主要依照《党政领导干部选拔任用工作条例》《事业单位领导人员管理暂行规定》等政策法规。根据中小学领导人员的成长规律、职务性质和工作特点，解决中小学领导人员的管理制度建设存在的不完善状态，系统整体综合进行中小学领导人员的管理制度和办法的制定就显得尤为重要，迫切需要从制度建设上保障中小学领导人员专业化发展的综合性要求。《管理暂行办法》的出台，及时填补了"专业对口"的空白。

2. 中小学校管理人员制度改革的核心内容

《管理暂行办法》遵循了党政领导干部选拔任用、事业单位领导人员管理的基本思路，又区别于简单照搬套用党政领导干部管理模式，将"主管机关（部门）党委（党组）的领导和把关作用"与中小学校实际特点相结合，为当前全面从严治党背景下中小学校领导人员的管理工作提供了基本遵循。

凸显党管干部的政治方向。《管理暂行办法》突出强调了中小学校领导人员管理必须坚持党管干部、党管人才，坚持德才兼备、以德为先的原则；在应当具备的任职基本条件中特别强调了具有较高的思想政治素质，重视政治理论学习，坚持马克思主义指导思想，坚持共产主义远大理想和中国特色社会主义共同理想，坚持社会主义办学方向，认真贯彻党的教育方针，忠诚于党和人民的教育事业，牢固树立政治意识、大局意识、核心意识、看齐意识，在思想上政治上行动上同以习近平同志为核心的党中央保持高度一致。切实做到对党忠诚、为党分忧、为党担责、为党尽责。

体现校长负责制与学校党建的紧密契合。《管理暂行办法》进一步明确了中小学校领导人员的管理架构和运行机制。具体体现在：一是进一步厘清学校行政和党建的关系。如"坚持党建工作与业务工作同步考核"，"学校党组织履行抓党建主体责任、党组织书记履行抓党建第一责任人职责、领导班子其他成员履行职责范围内党建责任等情况"，"落实中小学校长负责制，保障学校办学自主权，支持领导人员依法依规履行职责"等，这就进一步明确了中小学校领导人员行政管理和教育党建两个责任主体以及相辅相成的关系，为依法治校提供了政策依据。二是进一步强调中小学校管理要落实党建政治责任。如"党组织书记一般应当具有学校党务和行政岗位工作经历"，"贯彻全面从严治党要求，完善中小学校领导班子和领导人员特别是主要负责人监督约束机制，构建严密有效的监督体系"。

体现领导人员专业发展的具体化发展要求。相对于党政机关和其他事业单位领导人员，对中小学校领导人员的监督、管理、约束和退出，一直以来都特别需要明确具体的规章制度，监督机制也需要明确规范。《管理暂行办法》强调了中小学领导人员要忠诚党和人民的教育事业，坚持全面实施素质教育的质量观和人才观，了解和掌握中小学生健康成长的规律；在选拔任用中采取单位内部推选、外部选派、竞争（聘）上岗、公开选拔（聘）等方式；在任期和任期目标责任制上，既突出了政治方面的要求，又体现了业务内容要求；在考核评价上，强调以任务目标为依据，又注重坚持业务工作和党建工作同步考核；在职业发展和激励保障上，围绕政治上激励、工作上支持、待遇上保障、心理上关怀，调动领导人员干事业的积极性；在监督约束上，严格管理不搞例外，强调关键环节及重点部位加大监督力度；在退出机制上，对不宜担任现职的相关情形作出了规定。此外，为了调动领导人员的积极性、主动性、创造性，强调了容错纠错机制的建立。

凸显中小学校领导人员制度化管理的问题导向。《管理暂行办法》提出实行中小学校领导人员任期制，在任职期限上没有实行"一刀切"，只提出每个任期一般为三至六年，同一岗位连续任职一般不超过十二年，工作特殊需要的，按照干部管理权限经批准后可以延长任期年限。这就让干好的还要接着干，有利于培养真正的教育家。同时，要求实行任期目标责任制，注重打基础、利长远、求实效，具体内容根据学校实际确定，并听取学校教职工（代表）大会、学生家长等有关方面的意见。提出任期制，但不规定具体任期，要求实行目标责任制，但不提出具体要求，充分尊重了现实差异，并为地方和基层学校结合具体情况灵活操作留下"空间"，体现实事求是的原则。

3. 中小学校管理人员制度改革的主要成效

习近平总书记对好干部提出了五条标准，对好老师提出了"四有"要求，《管理暂行办法》提出"建设一支符合好干部标准的高素质领导人员队伍"，对于健全中小学校领导人员选拔任用机制和管理监督机制，推进教育事业又好又快发展将起到极大的推动作用。

《管理暂行办法》共九章四十七条，对当前中小学校领导人员选拔任用和行业管理要求进行了全面规范，立足中小学领导人员专业发展路径综合思考管理办法的制定，整体规范推进中小学领导人员的专业发展，使管理办法更符合基础教育自身的规律和特点，从而为基础教育的健康发展奠定了坚实的基础。[1]《管理暂行办法》充分遵循了人才成长规律，激发了基层和学校发展活力，其管理原则、基本条件和制度要求是遵循教育规律，符合学校实际的具体体现，对学校领导人的管理真正步入规范化、制度化、科学化的轨道，成为全国90余万中小学校领导人员加强管理、提升素质、激发活力、健全机制的总引擎，有助于引领中小学校领导人员管理现代化发展。为加强和改进中小学校领导人员管理，完善选拔任用和管理监督机制，教育部正在根据《事业单位领导人员管理规定》，修订《管理暂行办法》，进一步完善任职资格条件和选拔任用程序，推进建设一支符合好干部标准的高素质专业化中小学校领导人员队伍。

（六）党组织领导的校长负责制

中小学领导体制是贯彻落实党的教育方针和立德树人根本任务的重要保障。学校领导体制是学校管理体制和治理结构的核心。1995年，校长负责制作

---

[1] 整体构建管理办法 全面推进中小学领导人的专业发展［EB/OL］.（2017-01-22）［2022-12-30］. http://www.moe.gov.cn/jyb_xwfb/s6319/zb_2017n/2017_zb02/17zb02_xw/201701/t20170122_295519.html.

为我国中小学领导体制的主要模式,被写入了《中华人民共和国教育法》。党的十八大以来,以习近平同志为核心的党中央高度重视教育事业改革发展,高度重视加强党对教育工作的全面领导。2022年1月,中共中央办公厅印发了《关于建立中小学校党组织领导的校长负责制的意见(试行)》(以下简称《意见(试行)》),提出建立中小学校党组织领导的校长负责制。建立党组织领导的校长负责制是我国中小学领导体制和治理结构的一项重要改革,是符合新时代特点、适应中国实际情况、切合基础教育发展要求的一项纲领性工作,标志着新时代中小学领导体制的重大变革。中小学校领导主体的变化和领导方式的转换,将会有效推动学校治理结构的转型,推进学校治理体系和治理能力现代化的实现。

1. 党组织领导的校长负责制的重要意义

实行中小学校党组织领导的校长负责制是贯彻落实党的教育方针和党中央决策部署的必然要求。中小学校实行党组织领导的校长负责制,既是基于我国公立学校的基本性质的一种判断和制度安排,也是对当前我国日益复杂的教育环境和充满挑战的国际政治环境的一种回应。中小学校领导体制改革是坚持和加强党对教育工作全面领导的重要举措,其根本出发点和落脚点在于坚持和加强党对中小学校的全面领导,把政治标准和政治要求贯穿办学治校、教书育人全过程各方面。建立党组织领导的校长负责制就是要坚持正确的办学方向,坚持为党育人、为国育才,矫正办学治校中的偏差,确保党的教育方针在中小学贯彻不走样,党中央决策部署落实不虚化。

实行中小学校党组织领导的校长负责制将有效完善中小学校内部治理,提高科学决策、民主决策、依法决策质量和水平。进入新时代,面对新形势新任务新要求,进一步调整完善中小学校领导体制和工作机制,是保证正确办学方向、激发中小学校办学活力的必然要求,也是以高质量党建引领教育高质量发展的必然要求,是推进学校治理体系和治理能力现代化的根本保障。通过建立中小学校党组织领导的校长负责制,健全完善中小学校议事决策制度和协调运行机制,发挥学校党组织领导作用,保证校长依法依规行使职权,不断提高议事决策水平,以学校基层党组织与内设部门的组织合力激发办学活力,推动学校各项工作健康有序发展。

2. 党组织领导的校长负责制的核心内容

党组织领导的校长负责制是在总结我国中小学领导体制经验教训的基础上，根据新时代特点和中国实际作出的重大决策，具有新的时代内涵，其核心在党组织，着力点和生力点在校长负责制，这是制度设计的旨归，也是此体制的灵魂或关键所在。

握牢"一个主线"明确党组织领导核心。《意见（试行）》提出中小学校党组织职责共10项，主要包括：把好政治方向。坚持以习近平新时代中国特色社会主义思想为指导，确保党的教育方针和党中央决策部署在中小学校得到贯彻落实；坚持把政治标准和政治要求贯穿办学治校、教书育人全过程各方面，坚持社会主义办学方向等。决定重大事项。讨论决定事关学校改革发展稳定及教育教学、行政管理中的"三重一大"事项和学校章程等基本管理制度，坚持党管干部、党管人才等。开展思政工作。开展社会主义核心价值观教育，抓好学生德育工作，做好教职工思想政治工作和学校意识形态工作，以及强化党建带团建、队建等。加强基层党建。加强学校各级党组织建设和党员队伍建设，坚持全面从严治党，落实党风廉政建设主体责任等。同时，《意见（试行）》对学校党组织运行和党组织书记职责也作出了明确规定。学校党组织实行集体领导和个人分工负责相结合的制度。凡属重大问题都要按照集体领导、民主集中、个别酝酿、会议决定的原则，由党组织会议集体讨论作出决定。学校党组织书记主持党组织全面工作，负责组织党组织重要活动，督促检查党组织决议贯彻落实，督促党组织班子成员履行职责、发挥作用。

校长依然担负领导学校教育教学和行政管理等工作的重要责任。《意见（试行）》提出校长职责共10项，主要包括：研究拟定和执行重要事项。包括学校发展规划、基本管理制度、内部机构设置方案、具体规章制度、年度工作计划以及重大建设项目、重要资产处置、重要办学资源配置方案、年度预算等。组织开展教育教学。包括开展教学活动和教育教学研究，加强学生德育、体育、美育、劳动教育和心理健康教育，提高学校思政课教学质量等。加强学校日常管理。包括加强教师等各类人才日常教育管理工作，做好学校安全稳定和后勤保障工作，组织开展学校对外交流与合作。认真执行报告制度。向学校党组织报告重大决议执行情况，向教职工大会（教职工代表大会）报告工作，依法保障师生员工合法权益。

健全党组织会议制度、校长办公会议制度、党政协调运行机制"三个制度机制"。一是健全党组织会议制度。《意见（试行）》规定，学校党组织会议讨论决定学校重大问题。党组织会议由党组织书记召集并主持，不是党组织班子成员的行政班子成员根据工作需要可列席会议。会议议题由学校领导班子成员提出，党组织书记确定。二是健全校长办公会议制度。《意见（试行）》规定，校长办公会议（校务会议）是学校行政议事决策机构，研究提出拟由学校党组织讨论决定的重要事项方案，具体部署落实党组织决议的有关措施，研究处理教育教学、行政管理等工作。会议由校长召集并主持。会议成员一般为学校行政班子成员，不是行政班子成员的党组织班子成员可参加会议。会议议题由学校领导班子成员提出，校长确定。三是健全党政协调运行机制。建立健全党组织统一领导、党政分工合作、协调运行的工作机制。建立学校党组织书记和校长定期沟通制度。党组织书记和校长要及时交流思想、工作情况，带头维护班子团结。学校党组织会议、校长办公会议（校务会议）的重要议题，党组织书记、校长应当在会前听取对方意见，意见不一致的议题暂缓上会，待进一步交换意见、取得共识后再提交会议讨论。集体决定重大问题前，党组织书记、校长和有关领导班子成员要个别酝酿、充分沟通。发挥教职工大会（教职工代表大会）和群团组织作用，健全师生员工参与民主管理和监督的工作机制。

3. 党组织领导的校长负责制的主要成效

中小学校领导体制改革涉及根本、事关全局，既是基础教育系统重要改革，也是今后一个时期中小学校党的建设重点任务，意义重大、影响深远。《意见（试行）》在历史与现实相互对照中探寻规律，端正办学指导思想，厘清学校文化建设的内涵和方向，引导正确的办学道路。同时，坚持理论与实践相结合，紧紧抓住思想政治工作这条生命线，树立党建思维，强化基层党建工作与教育教学实践的深度融合。

实行党组织领导的校长负责制，坚持党的全面领导和社会主义办学方向，从中小学党组织核心地位、校长履职、学校内部权力制衡等方面赋予了学校体制改革新的内涵与外延，是从传统教育治理观向现代教育治理观的一种转变，对基础教育发展起到巨大的促进作用。

（七）减轻教师负担

2019年12月，中共中央办公厅、国务院办公厅印发《关于减轻中小学教师负担进一步营造教育教学良好环境的若干意见》（以下简称《若干意见》）。

1. 减轻教师负担的重要意义

一是落实基层减负，贯彻中央决策部署。中央提出将2019年作为"基层减负年"并明确了基层减负的硬杠杠。教师工作点多面广线长，教师队伍占据事业单位人员半壁江山，有关中小学教师负担过重报道时有出现，成为广大基层教师反映强烈的突出问题。中小学教师减负意见的出台，有利于切实减少对中小学校和教师不必要的干扰，营造良好的教育教学环境，让教师全身心投入教书育人工作，落实好立德树人根本任务。

二是加强制度建设，为中小学教师减负增能。由于一些历史的和体制机制方面的原因，教师特别是中小学教师的额外工作负担过重，各种督查、检查、评比、考核等事项名目多、频率高，各类调研、统计、信息采集等活动交叉重复、布置随意。还有一些地方和部门，在落实安全稳定、扫黑除恶、创优评先等工作时，经常向学校和教师摊派任务，影响学校正常的教育教学秩序，占用教师大量时间、耗费大量精力。究其原因，表面上体现为广大教师承担了与教育教学科研不相干的事务，疲于应付、忙于琐事，但从根本上反映了在尊重教师专业发展规律、理顺现代学校和教师管理体制机制方面存在的制度性问题。出台为中小学教师减负的文件，有针对性地回答了目前减轻中小学教师负担、加强教师统筹管理中的一系列机制性问题，标志着中小学教师管理制度建设体系日益趋向完善。

三是弘扬尊师重教，办好人民满意的教育。教育是国之大计，党之大计。教师是教育的第一资源，承载着为党育人、为国育才的历史使命，肩负着培养社会主义建设者和接班人的时代重任。出台教师减负文件，要求各级党委和政府牢固树立教师的天职是教书育人的理念，呼吁社会各界把宁静还给学校，把时间还给教师，这既是积极回应基层一线教师热切期盼的迫切需要，也是弘扬全社会尊师重教，推进教育事业公平而有质量发展的迫切需要。

2. 减轻教师负担的核心内容

《若干意见》从四个方面提出为教师减负的工作部署。❶

统筹规范督查检查评比考核事项。一是依法依规开展督查检查评比考核。中小学校和教师的督查检查评比考核工作，由各级党委和政府统一部署，同级教育行政部门统筹协调开展，按照归口管理原则，实行年度计划和审批报备制度。二是全面清理精简现有督查检查评比考核事项。省级党委和政府对现有督查检查评比考核事项，进行一次集中清理，严格控制总量和频次，在现有基础上减少50%以上，清理后保留的事项实行清单管理制度。三是改进督查检查评比考核的方式方法。要完善考核评价体系，体现差别化原则，坚持走群众路线，加强常态化了解，坚决纠正机械式做法。

统筹规范社会事务进校园。一是教师是社会成员的重要组成部分，在不影响教育教学主责主业的前提下，有责任有义务参与社会建设。各级党委和政府统一部署的社会事务中确需中小学教师参与的，应由教育部门严格按要求依程序统筹安排。二是在开展涉及中小学校和教师的社会事务时，要充分尊重教育教学规律。三是要防范"一刀切"的形式主义做法。由教育部门整体规划、分类指导、统筹安排进入校园。

统筹规范精简相关报表填写工作。一是规范精简各类报表填写。各级党委和政府及教育部门要严把各类报表填写入口关，精简内容和次数，统筹安排，坚决杜绝多头填报、重复填报。二是提升数据采集和管理的信息化水平。建立健全各类教育信息数据库，进一步规范基本信息的采集和管理，努力做到一次采集，最大限度使用。三是严格规范教育统计和调研工作。除国家统计局外，其他部门开展涉及中小学校和教师的教育统计工作时，须向同级人民政府统计机构报请审批备案。针对中小学教师开展的调研活动，须经教育部门同意并由教育部门部署开展。

统筹规范抽调借用中小学教师事宜。教育部门统筹中小学教师的安排使用

---

❶ 中共中央办公厅 国务院办公厅印发《关于减轻中小学教师负担进一步营造教育教学良好环境的若干意见》[EB/OL].（2019-12-15）[2022-10-16］. http://www.moe.gov.cn/jyb_xxgk/moe_1777/moe_1778/201912/t20191215_412081.html.

工作，严格限制和规范有关部门对中小学教师的抽调借用。对于借用中小学教师参与贯彻落实党和国家重大决策部署任务的，在不影响学校正常教育教学情况下，应经县级以上教育部门同意，并报同级党委审批备案，借用期限原则上不超过半年。

3. 减轻教师负担的主要成效

自《若干意见》)实施以来，各地先后出台教师减负清单，推动中小学教师减负工作取得实质进展，总体成效显著。❶

督查检查评比考核事项明显减少。各地通过多种方式减轻基层学校和教师应对各类督查检查评比考核的负担，总体实现了"中小学校和教师的督查检查评比考核事项在现有基础上减少50%以上"的任务目标。一是"合并+取消"并重的治理原则，实现能取消尽取消，能合并则合并。二是创新教育管理方式，以侧重常态、真实、客观督导，强化督导工作职能，提高督导在统筹规范督查检查评比考核工作中的效能。三是提高管理信息化水平，强化以数字化赋能管理的科学化水平。

社会事务进校园得到规范管理。一是社会事务进校园的机制得到优化和理顺。各地在对各类社会事务进校园的摸排检查基础上，建立社会事务进校园清单管理制度和审核备案制度，总体实现由教育部门整体规划、分类指导、源头把关、统筹安排的良好态势。二是大力减轻教师"指尖"负担。三是促进社会事务进校园遵循教育规律。一些地区主动深化学校课程改革，引导学校将对中小学生全面发展有益的各类社会事务进校园活动，特别是针对学生的毒品、卫生、消防等教育融合到学科课程和综合实践活动之中，实现宣传教育和课程育人常态化。

各类报表填写工作明显减少。一是严格规范涉及中小学教师的有关报表填写工作，根据需要统筹安排各类报表填报工作，精简填写内容和次数，有效杜绝了重复上报各种数据及多头填写表格现象。二是提升教师管理信息化水平，多地加强教师队伍信息化、数字化治理效能，将信息化作为教师队伍管理和教师减负的重要手段，通过强化信息化平台建设，完善信息管理系统，及时

---

❶ 汇总各地教师减负工作总结材料。

更新维护全国教师管理信息平台数据，建立健全各类教育信息数据库以及政务服务"一网通办"、城市运行"一网统管"等方式，促进教育相关数据共建共享、便捷交换，实现跨部门、跨区域数据共用，实行一次采集、多次使用、分块建设、高度共享、及时更新，减少数据采集次数，提高数据使用效率，做到让信息多跑路、让教师少跑腿，提升教育管理工作的信息化、科学化水平。

中小学教师抽调借调逐步规范。一是规范中小学教师抽调借调制度，对抽调借用中小学教师的周期时限、批准程序、待遇保障等作出明确要求，力争不影响学校正常教育教学工作，将借用中小学教师期限规定为半年或一年，充分关心借调人员在借调期间的专业发展和绩效待遇，确保借调人员没有后顾之忧。二是优化中小学教师培训安排。各地加强中小学教师培训统筹安排，规范教师专业成长体系，注重结合教师工作和生活实际，优化内容、改进形式，杜绝教师培训走形式、走过场，使无关教育教学的培训活动得到有效控制。

五、强化乡村教师队伍建设推进教师资源均衡配置

（一）特岗计划

为认真贯彻落实党中央、国务院关于加强农村教师队伍建设和引导、鼓励高校毕业生面向基层就业的精神，针对农村义务教育阶段中小学师资力量薄弱、结构失衡、素质需要进一步提高等问题，2006年5月，教育部、财政部、人事部、中央编办联合下发了《关于实施农村义务教育阶段学校教师特设岗位计划的通知》（以下简称"特岗计划"），提出了由中央财政支持，公开招聘高校毕业生到西部"两基"攻坚县县以下农村义务教育阶段学校任教的政策要求，并作为年度计划持续实施。党的十八大以来，提高农村义务教育质量成为实现教育现代化的关键环节，不断完善农村教师补充新机制，鼓励引导高校毕业生到基层就业，吸引更多优秀人才到农村学校从教是"特岗计划"着重解决的实践难题。

1. 实施"特岗计划"的重要意义

"特岗计划"是提高教育质量,巩固"两基"和脱贫攻坚成果、促进义务教育均衡发展和教育公平的一项战略举措,是农村教师队伍建设的一项重大制度创新和成功实践。

"特岗计划"是农村教师队伍建设的一项重大制度创新和成功实践。农村教育的关键在教师,但农村地区教师数量不足、教师结构性缺编、教师整体素质不高,量质齐缺导致农村地区教育水平低下。"特岗计划"利用部属师范大学培养"特岗"教师的模式引领省级师范大学学习效仿创新,为农村地区输送高水平毕业生,对于解决西部地区农村学校教师紧缺、结构矛盾突出、素质急需提高等问题具有现实意义。

"特岗计划"是巩固"两基"攻坚和脱贫攻坚成果、助力乡村振兴的一项重大举措。"特岗计划"是配合实施西部"两基"攻坚计划的重要举措,是完善农村义务教育经费保障新机制的有效补充,也是中央财政引导各级地方政府加强农村教师队伍建设的重要示范。党的十八大以来,党中央把脱贫攻坚工作作为实现第一个百年奋斗目标的重点任务,"特岗计划"一方面作为基础教育精准扶贫全局性、战略性的调控手段,另一方面是建成小康社会后教育服务乡村振兴战略使命任务的重要抓手,是教育解决相对贫困长效机制的重要组成部分。

2. "特岗计划"的核心内容

设岗范围不断扩大,支援重点深化聚焦。"特岗计划"最初实施是在西部11个省(自治区、直辖市)以及纳入国家西部开发计划的湖北、海南省部分"两基"攻坚县和新疆生产建设兵团的部分团场。以后逐年扩大范围,到2011年增加到21个。

2012年,"特岗计划"实施范围进一步扩大,范围包括《中国农村扶贫开发纲要(2011—2020年)》确定的11个集中连片特殊困难地区和四省藏区县、中西部地区国家扶贫开发工作重点县、西部地区原"两基"攻坚县(含新疆生产建设兵团的部分团场)、纳入国家西部开发计划的部分中部省份的少数民族自治州以及西部地区一些有特殊困难的边境县、少数民族自治县和少小民族县。2015年实施范围扩大到中西部老少边穷岛等贫困地区。2016年扩大到连片特困地区和国家扶贫开发工作重点县村小、教学点。2018年聚焦到优先满足"三区三州"等深度贫困地区县。2020年该计划优先满足"三区三州"等深度贫困地区县，特别是52个脱贫攻坚挂牌督战县，以及新冠疫情严重地区县村小、教学点的需求。2021年实施范围为脱贫地区，其余地区与往年相同。

招聘条件注重学历和实践经验，职业道德成为新时代关注焦点。"特岗计划"实施之初就从学历、年龄、实践等方面提出了相应条件，学历以本科为主，可招少量应届师范类专业专科毕业生和30岁以下的全日制普通高校往届本科毕业生，具备教师资格和一定教育教学实践经验，另外对参加过"大学生志愿服务西部计划"、有从教经历的志愿者和参加过半年以上实习支教的师范院校毕业生同等条件下优先。

截至2019年，该招聘条件一直沿用。2020年，因新冠疫情的特殊情况，特岗教师招聘不将教师资格作为限制性条件，其他条件与以往基本相同。2021年对特岗教师的职业道德提出了具体要求，首先必须符合相关法律法规规定的普通话水平、身心条件；其次是符合新时代中小学、幼儿园教师职业行为十项准则要求，无刑事犯罪记录和其他不得聘用的违法记录。同时，为确保质量，对新冠疫情期间教师资格证书的获取受阻情况给予充分考量，严格"持证上岗"，所有拟聘人员在办理录用手续前须取得教师资格证书。

工资逐年提升，福利待遇逐渐改善。为保障特岗教师安心从教，国家对特岗教师的福利待遇、住房条件做了规定。一是工资方面逐年提高。中央财政设立专项资金，用于特设岗位教师的工资性支出，2006年，特岗教师按人均年1.5万元的标准。从2012年起，特岗教师工资性补助标准提高为西部地区人均年2.7万元，中部地区人均年2.4万元。2020年，该标准进一步提高，中部地区人均年3.52万元，西部地区人均年3.82万元。❶ 二是待遇补贴与公办教师同等待遇。该计划实施之初，特岗教师津贴补贴、交通补助、体检费和其他社会保障待遇等资金由省级财政负责统筹落实资金。2009年，"特岗计划"规定要确保特岗教师在工资待遇、职称评聘、评优评先、年度考核等方面与当地公办

---

❶ 任友群.2020年教师政策支撑体系将更加"全方位、全领域"[EB/OL].(2020-03-29)[2022-12-30]. https://m.thepaper.cn/baijiahao_6746071.

学校教师同等对待。2012年，政策进一步要求，特岗教师的津贴补贴由各地根据当地同等条件公办教师年收入水平和中央补助水平综合确定，特岗教师年收入水平应与当地同级公办教师平均水平一致。各受援县（市）和学校，要为特设岗位教师提供相应的周转住房和必要的生活条件。2021年，"特岗计划"针对教师工龄、教龄计算和人事关系和工资关系等作出专门规定。

为专业发展搭建平台，奖励表彰突出贡献者。为不断提高特岗教师专业水平，从政策实施之初即规定"特岗计划"与"农村学校教育硕士师资培养计划"相结合，符合相应条件要求的特设岗位教师，可按规定推荐免试攻读教育硕士。特岗教师3年聘期视同"农村学校教育硕士师资培养计划"要求的3年基层教学实践，并不断细化相关要求，从最初的推荐免试在职攻读教育硕士到招收服务期满并继续留在当地农村学校任教的具有本科学历的优秀特岗教师，单独考试，在职攻读，通过学位论文答辩后授予教育硕士专业学位证书。2016年，服务期满后3年内可以参加全国硕士研究生招生考试，初试总分加10分，同等条件下优先录取。

特设岗位教师在聘期内，由地方教育行政部门对其进行跟踪评估，对于成绩突出、表现优秀，且获得特岗教师服务证书的给予表彰，可享受面向基层就业和从事支教、支农、支医和扶贫工作的高校毕业生的奖励。

3. "特岗计划"的主要成效

"特岗计划"的实施，不仅建立和完善了农村教师补充的新机制，吸引更多优秀人才到农村学校从教，而且开辟了高校毕业生到基层建功立业的渠道，提高了农村教育质量。

一是补充了教师数量，提高教师质量。"特岗计划"有效缓解了乡村教师短缺的问题，乡村教师队伍的学历结构、年龄结构和学科结构得到优化。2017—2019年连续3年每年增加招聘计划1万人，提前一年实现年招聘10万人的工作目标。❶ 这在一定程度上有效缓解了"下不去"的问题。

二是强化了农村教师队伍管理，解决了经费和编制两难问题。由中央财政

---

❶ 中央财政下达94.5亿元 支持农村义务教育教师特岗计划［EB/OL］.（2020–07–22）［2022–12–30］. http://www.moe.gov.cn/jyb_xwfb/s5147/202007/t20200722_474254.html.

支持工资性经费,解决了"有编难补"的问题,在编制总额内统筹考虑,采取"先进后出"的办法,解决了"无编可补"的窘境。特事特办的方式为农村学校补充了一大批教育教学急需的教师,缓解了师资紧缺的矛盾。

三是产生了示范效应,引领了地方特岗。"特岗计划"的实施起到了很好的示范和引领作用,各省份参照中央"特岗计划"模式,推进地方"特岗计划",由省级财政予以支持,教育厅统一组织招聘,公开选拔优秀大学生到农村中小学任教,提升农村师资水平。

四是吸引了优秀人才,扩宽了就业渠道。"特岗计划"既是农村教师补充机制的重大创新,也是落实《国务院办公厅关于加强普通高等学校毕业生就业工作的通知》精神、解决大学生就业的重要举措。特岗教师通过人性化的制度设计和优惠政策以及广泛的宣传动员,吸引了一大批优秀大学生前来应聘,为年轻有为的大学生提供了施展才华的平台,他们为当地教育事业发展作出了积极的贡献,拓宽了大学生的就业渠道,促进了人才流动。

(二)中西部欠发达地区优秀教师定向培养计划

党的十八大以来,以习近平同志为核心的党中央高度重视教育事业,把教师队伍建设摆在突出位置,深刻阐释了教师工作对中华民族伟大复兴的决定性意义与极端重要性,并作出一系列重大决策部署。为贯彻落实习近平总书记关于教育的重要论述特别是关于教师队伍建设的重要讲话精神,落实《中华人民共和国国民经济和社会发展第十四个五年规划和2035年远景目标纲要》有关要求,加强中西部欠发达地区教师定向培养,推动巩固拓展教育脱贫攻坚成果同乡村振兴有效衔接,2021年8月2日,教育部等九部门印发了《中西部欠发达地区优秀教师定向培养计划》(即"优师计划"),目的是为中西部欠发达地区培养和造就一批有理想信念、有道德情操、有扎实学识、有仁爱之心的"四有"好老师。

1. "优师计划"的重要意义

"优师计划"是贯彻习近平总书记关于教师重要论述精神的关键举措,其深度服务乡村振兴战略,为建设高质量教育体系开源拓渠。

从源头上改善欠发达地区师资质量。"优师计划"规定,6所教育部直属师范大学承担国家优师专项培养任务，发挥示范引领作用，面向中西部省份招生。中西部省级教育行政部门确定的本科层次师范院校，承担相关省份地方优师专项培养任务。按照这样的帮扶措施，经过十几年的培养，贫困县的师资队伍主要由部属高校培养出来的优秀教师和由地方优质师范院校培养出来的大部分教师组成。具体而言，从2021年起，教育部直属师范大学与地方师范院校每年为832个脱贫县（原集中连片特困地区县、国家扶贫开发工作重点县）和中西部陆地边境县（以下统称定向县）中小学校培养1万名左右师范生，从源头上改善中西部欠发达地区中小学教师队伍质量，培养造就大批优秀教师。

定向精准施策巩固拓展脱贫攻坚成果。党的十八大以来，以习近平同志为核心的党中央把脱贫攻坚摆在治国理政的突出位置，作为实现第一个百年奋斗目标的重点任务，纳入"五位一体"总体布局和"四个全面"战略布局，作出一系列重大部署和安排，全面打响脱贫攻坚战，困扰中华民族几千年的绝对贫困问题即将历史性地得到解决，脱贫攻坚成果举世瞩目。2020年我国现行标准下农村贫困人口全部实现脱贫、贫困县全部摘帽、区域性整体贫困得到解决。为脱贫地区采取定向培养的方式输送优质师资，对于巩固脱贫成果，防止贫困反弹提供了教育智力上的支持。

分层分类培养的方式优化了教师教育体系。虽然我国已经建立多元开放的教师教育体系，实现了教师培养模式的多样化，但由于我国各地区经济发展水平差异较大，导致教育发展水平也存在很多差异。标准化的师资培养模式不能满足所有地区师资的现实需求，尤其是西部欠发达地区对优质教师的需求极为迫切。为此，教育部与中央编办、财政部、人力资源社会保障部深度协同，部属师范大学等高水平师范院校根据省级教育部门提交的招生需求，为欠发达地区精准培养中学特别是高中优质师资，改善当地教师学缘结构，提升教师队伍素质。地方高水平师范院校承担地方优师专项培养任务，根据定向县需求，培养普通教育、职业教育不同类型和不同学段中小学教师。这种订单式、定向培养方式既能满足当地教育发展的需要，也改革我国教师教育大一统的培养模式，优化了教师教育体系。

2. "优师计划"的核心内容

"优师计划"主要从工作目标、计划编制、招生录取、职前培养、就业管理、职后发展和实施保障做了详细的规定。

规约入学前期相关工作。"优师计划"的目标明确、具体，主要服务的区域为刚刚摆脱贫困的县城和中西部陆地边境县。这些师范生由相关部门统筹安排在全国年度招生计划中，在高校年度招生总规模内单列下达。制定编制时，由教育行政部门会同本省（区、市）人力资源社会保障等有关部门，根据省域内定向县中小学教师培养补充需要，在核定的编制内统计并上报本省（区、市）"优师计划"年度培养需求，确保每个"优师计划"中的师范生都能在毕业时有教师编制。具体招生时，优师生实行提前批次录取，入学前签订三方协议，承诺毕业后到生源所在省份定向县中小学履约任教不少于 6 年。

构建"优师"特色师范课程。"优师计划"旨在为中西部欠发达地区培养优秀师资，因此，培养的重点紧紧围绕"四有"好老师目标，设置系列特色课程。坚持正确政治方向，加强理想信念和思想政治教育，引领师范生深入学习领会习近平总书记关于教育的重要论述，开展"四史"教育，大力弘扬社会主义核心价值观，引导师范生树立正确的历史观、民族观、国家观、文化观，涵养长期从教、终身从教的职业情怀。为提高这些师范生的实践技能，地方政府、中小学校和培养院校三方协同，合作育人，集中优势资源支持优师生培养，建立健全贯穿培养全程、与理论教学有机结合的实践教学体系，全面落实高校教师与中小学教师共同指导教育实践的"双导师制"，强化师范生教学基本功，提升教书育人本领。

强化就业管理职能。"优师计划"中的师范生毕业后按照协议要求必须到定向县中小学履约任教。省级教育行政部门会同有关部门加强统筹协调，严格管理，落实计划，做好师范生履约就业的各项入职条件保障，确保"优师计划"师范生覆盖本省（区、市）所有定向县。国家优师专项师范生就业工作由省级教育行政部门统筹管理，相关地市及定向县教育行政部门会同人力资源社会保障部门按照事业单位新进人员实行公开招聘制度的要求，负责组织用人学校与"优师计划"师范生在需求岗位范围内进行专项招聘，通过双向选择等方式切实为"优师计划"毕业生落实任教学校和岗位，签订聘用合同，实行合同管理。

对于未按规定履约的优师生，按照协议约定承担相应责任，违约记录归入人事档案，依法依规纳入社会信用体系。

优先安排履约优师生职后发展。为了使优师生在履约后能够尽快成长为当地的优秀教师,为乡村教育作出更大的贡献,"优师计划"针对这些教师的职后发展做了专门规定,要求各地各校要重视并支持"优师计划"师范生职后专业发展工作。优先安排履约任教的"优师计划"师范生参加"国培计划"等各级教师培训项目,以及访学交流、教学技能竞赛等活动。要求培养高校建立跟踪指导机制,通过各种方式持续支持"优师计划"师范生提升教书育人本领,造就"四有"好老师。

在组织机构、经费以及政策上予以充分保障。"优师计划"在实施保障上,要求教育部、财政部、人力资源社会保障部和编制部门各司其职,教育部做好招生、培养、就业等工作,财政部提供经费支持,人力资源社会保障部门做好人事政策工作,编制部门落实好编制。在培养上,投入大量经费,免除"优师计划"师范生在校学习期间学费,免缴住宿费,并补助生活费。中央财政负责部属师范大学"优师计划"师范生的相关费用,地方财政负责地方高水平师范院校"优师计划"师范生的相关费用。各地加强履约优师生周转宿舍的建设,将符合条件的"优师计划"师范生纳入当地住房保障范围,为其就业和专业发展创造有利条件。

"优师计划"自实施之日起,就受到了社会各界的高度关注,2021年是"优师计划"招生的第一年,不仅生源质量良好,而且生源数量基本达到预期目标,85所培养院校26个专业,招录师范生总数9530人。

实施"优师计划",是立足当前、实现巩固教育脱贫攻坚成果同乡村振兴有效衔接的有效途径。"优师计划"对提高乡村教师整体素质起到了极大的提振作用。这些师范生必将与所执教地区的其他教师一起,巩固教育脱贫攻坚成果,推动教育优质均衡发展,实现乡村教育振兴。

(三)乡村中小学首席教师岗位计划

为深入贯彻习近平总书记关于教育的重要论述和全国教育大会精神,落实《中共中央 国务院关于全面深化新时代教师队伍建设改革的意见》和国家"十三五"规划纲要,为中西部乡村地区造就一批基础教育领军人才,2019年3月,教育部办公厅下发《关于开展中西部乡村中小学首席教师岗位计划试点工作的通知》,启动实施中西部乡村中小学首席教师岗位计划,在安徽、河南、陕西、甘肃四省先行试点。

1. 乡村中小学首席教师岗位计划的重要意义

立足"十四五"规划和2035年远景目标，乡村振兴成为实现第二个百年奋斗目标的重要任务。2019年全国"两会"期间，习近平总书记在参加河南代表团审议时强调，乡村振兴最终要靠人才，而人才的培养要靠教育。相比城市而言，乡村师资明显不足与质量不高的现实问题严重制约着乡村教育的高质量发展。中西部乡村中小学教师队伍建设一直是教育发展的软肋，因乡村地理环境、办学条件、教研氛围、发展机遇等原因，乡村学校留不住人才，留不住优秀教师。在中西部乡村学校设立一批中小学首席教师岗位，遴选政治素质过硬、业务素质精湛、育人水平高超、组织协调能力强的优秀教师，支持他们大胆探索，创新教育理念、教育模式和教育方法，形成教学特色和办学风格，鼓励他们成长为当地基础教育领军人才。同时，充分发挥他们的示范引领作用，带动当地乡村教师提升教育教学水平，进而提高中西部乡村教育质量。

2. 乡村中小学首席教师岗位计划的核心内容

明确首席教师岗位条件。一是具有过硬的政治素质。深入学习贯彻习近平新时代中国特色社会主义思想，忠诚于党和人民的教育事业，全面贯彻党的教育方针，坚持社会主义办学方向。二是拥有高尚的师德师风。带头践行社会主义核心价值观，为人师表，敬业爱生，以德立身、以德立学、以德施教，在教师中享有较高威望，深受学生爱戴。三是育人成绩显著。遵循教育规律和人才成长规律，业务知识扎实，教育理念先进、教学能力突出、教学质量高，培养了一大批优秀学生。四是教研能力较强。积极开展教育教学研究，在实施素质教育、推进基础教育课程改革、开发符合当地乡村教育实际的校本课程等方面进行有益探索，并将研究成果运用于教育教学改革实践。五是组织能力较强。积极组织教研活动，主动指导和帮助青年教师提高业务水平和教学能力，具有丰富的教学团队组织和带动能力。六是荣获市级以上教学成果奖、优秀教师、教学名师、教书育人楷模及特级教师等的优先。七是具有副高级职称以上，50周岁（含）以下，不含乡、镇中心校正职校领导。

突出岗位职责。一是承担所在乡村学校正常教学工作。二是参与所在县（市、区）、乡镇和学校的教育教学改革，对教学改革、课程建设、教学管理等工作提出意见建议。三是发挥教育教学示范带动作用，组建教师发展共同体、名师工作室，并承担本乡镇青年教师培养、指导任务。四是紧跟基础教育教学研究前沿，引领、带动本乡镇或学区的教科研工作，并在任期内取得标志性成果。

优化岗位设置。一是以乡镇（不含城关镇）或学区为单位，中小学专任教师在100人以下的乡镇或学区，分别在中学和小学设立1个首席教师岗位；中小学专任教师100人以上、200人以下的乡镇或学区，分别在中学和小学设立2个首席教师岗位；中小学专任教师200人以上的乡镇或学区，分别在中学和小学设立3个首席教师岗位。首席教师岗位设置侧重语文、数学、英语学科，面向县域内中小学教师公开竞聘。实行任期制管理，3年一聘。每一任期从当年8月开始，到第三年7月结束。

深化岗位管理。一是促进首席教师成长。将首席岗位教师纳入县级中小学骨干教师培养规划，优先安排参加各级骨干教师提升培训，并将其作为各级名师的重点培养对象。省、市、县在各级培训中，帮助首席岗位教师建设名师工作室，支持首席教师岗位教师通过多种形式，完成本乡镇青年教师培养、指导任务。有条件的地区可为首席岗位教师提供一定津贴，或参照特级教师待遇给予补助。二是严格考核。首席岗位教师日常管理由任职学校负责，学校要合理安排教学工作量，为其外出学习、开展教科研工作、带动培养青年教师等提供支持。岗位职责考核由省级教育行政部门制定考核办法，县级教育行政部门负责实施。年度考核不合格者，解除聘任合同，停止聘期。任期期满考核合格，可以参加下一轮竞聘。三是加强激励。入选首席教师岗位的教师，在各级评优评先时予以倾斜，在各级名师及教育系统先进个人、特级教师等评选时，同等条件下优先考虑。副高级教师在申报正高级职称时，同等条件下优先考虑。贡献特别突出者，经过省级教育行政部门评审认定，教育部、人力资源社会保障部备案，可破格晋升正高级职称。

3. 乡村中小学首席教师岗位计划的主要成效

各试点省份深入贯彻《关于开展中西部乡村中小学首席教师岗位计划试点工作的通知》，分别因地制宜出台了实施计划，普遍建立以乡村首席岗位教师为核心的工作室，形成了本乡镇区域学科教师的发展共同体，带动本乡镇或学区的教师教科研工作，在提升所在地区乡村教师教学科研能力中发挥了重要作用，起到良

第四章 加强基础教育教师队伍建设

好的示范带头作用，使得该政策的初衷得以实现。部分试点省份还将乡村首席教师岗位计划进一步扩大。如河南省将在"十四五"期间，覆盖全省所有乡镇，遴选3000名左右乡村首席岗位教师，建立3000个乡村首席岗位教师工作室，将又有一批优秀的乡村教师执鞭出征，担负点亮农村学子梦想的光荣使命。在乡村中小学设立首席教师岗位，有效激励了优秀教师扎根乡村，以自己的专业特长引领乡村的教育教学工作。

（四）教育人才支教

教育扶贫是阻断贫困代际传递的治本之策，党的十八大以来，党和政府在"帮扶谁"和"怎么帮"的问题上，出台系列教育人才支教计划，力求提高教育扶贫工作的靶向性。

1. 教育人才支教的重要意义

我国已建成全世界规模最大的基础教育教师队伍，但边远地区、边疆地区、革命老区、乡村地区的教师整体发展水平低下，迫切需要发挥我国"一方有难，八方支援"的制度优势和优良传统，在更大范围内动员优质师资开展持续、有针对性的支教帮扶。

一是实现教育现代化、建设教育强国的发展需要。中国特色社会主义进入新时代，教育领域的主要矛盾体现为人民群众对优质、公平教育的需求更加强烈，上述四个地区教育短板亟须弥补，为使这些地区与全国同步基本实现教育现代化，广大支教教师是振兴受援地区教师队伍、回应人民群众关切的重要力量，也是建设教育强国的重要力量。

二是提高农村地区、西部薄弱地区教育质量的现实需要。实施教师支教计划、"银龄讲学计划"、"组团式"帮扶计划等，增加受援地区教师补充渠道，通过引领示范，提高当地教师队伍专业水平，让边远地区、乡村地区以及边疆地区的孩子都能享受公平而有质量的基础教育。"银龄支援计划"鼓励高校优秀退休教师继续发挥自己的政治优势、经验优势和专业优势，助力西部高校提升立德树人、队伍建设和科研创新的能力，是一种以资源流动解决教育发展不平衡问题的全新途径。

三是打赢脱贫攻坚战、全面建成小康社会的迫切需要。农村地区和西部地区是打赢脱贫攻坚战、全面建成小康社会的难点和重点,更是我国发展重要回旋余地和提升全国平均发展水平的巨大潜力所在。2020年我国脱贫攻坚取得决定性胜利,但历史性消除绝对贫困,不是终点,而是起点,阻止贫困现象代际传递,根本靠教育,关键靠教师。实施教育人才支教计划,将教育相对发达地区的优秀管理人才、优质师资援引到教育薄弱地区,发挥引领示范作用,为薄弱地区的教育提供智力支持,是减贫脱困的治本之策,对于打赢脱贫攻坚战具有重要意义。

2. 教育人才支教的核心内容

教育人才支教主要体现在教师援藏援疆支教计划、"银龄"计划和"组团式"对口帮扶三个方面。

第一,教师援藏援疆支教计划。2017年,教育部、国家发展改革委、财政部、人力资源社会保障部研究制定了《援藏援疆万名教师支教计划实施方案》;2019年,教育部又发布援疆补充工作通知;2021年,该政策进一步升级为"组团式"对口援疆,以此提高教育援疆的综合效益,助推新疆教育高质量发展。

教师援藏援疆计划旨在"建立西藏、新疆与内地学校共享优质教育资源的常态化机制",援助省市选派教育管理人员和专任教师,带动和培训当地教师,提高受援学校管理和教学水平,提升受援地区教育造血能力,全面提高新疆基础教育质量。教育管理人员的主要任务是加强学校管理、组织实施教育教学改革、开展学校德育和教育教学工作,推动受援学校全面提高教育教学和管理水平。专任教师的主要任务是发挥自身学科专长和团队优势,开展示范教学、校本教研,组建教学团队,开展业务培训和教学指导。三份文件均要求选派到西藏或者新疆的教育管理人员和专任教师必须政治可靠、业务水平过硬、身体健康,具有奉献精神,同时也对援藏援疆时间、人事关系、工资发放以及津贴补贴都做了相应的规定。值得一提的是,援藏援疆人员的职称评审享有一定的倾斜政策。

第二,"银龄计划"的主要内容。"银龄计划"分为"银龄讲学计划"和"银龄支援计划",二者皆从目标任务、工作要求、保障措施、组织实施以及其他要求五个方面做了系统全面的规定。

"银龄讲学计划"主要招募优秀的中小学校长、教师和教研员,主要目标是发挥优秀退休教师引领示范作用,缓解农村学校优秀师资总量不足和结构不合理等矛盾，促进城乡义务教育均衡发展。双方本着"需求为本、形式灵活"的原则开展多种形式的活动，讲学教师可以根据自己的专业特长开展以课堂教学为主的讲学活动、听评课、研讨课或专题讲座，发挥示范和辐射作用，带动提升受援学校教育教学和管理水平。

"银龄支援计划"的主要目标是"帮助提升西部高校立德树人、队伍建设和科研创新的能力，推动西部地区高校'双一流'建设，缓解西部地区高校师资总量不足和结构不合理等矛盾，提升西部高等教育发展水平"。援派教师工作内容主要根据受援学校的实际需求来确定，主要以课程教学、教学指导、课题研究、团队建设指导为主，短期授课、远程教育、同步课堂、学术讲座（报告）为辅，援派时间有长短之分。为了吸引更多的退休教师参加支援行动，"银龄支援计划"在经费和政策上予以充分保障。

第三，教育人才"组团式"对口帮扶。《国家乡村振兴重点帮扶县教育人才"组团式"帮扶工作方案》（以下简称《方案》）出台的主要目的是通过接续帮扶，支持西部10个省区市的160个国家乡村振兴重点帮扶县高中阶段学校提升管理和教育教学水平，有效落实党中央关于推动巩固拓展脱贫攻坚成果同乡村振兴有效衔接的决策部署。

《方案》指出，组团人员的构成为从东部省市向重点帮扶县选派1名领队挂任县委副书记或者市（州、盟）政府副秘书长，负责"组团式"帮扶工作的总协调，统筹调度有关帮扶力量和帮扶资源。东部省市向每个被帮扶学校选派1名校长，帮扶团队中的中层管理人员和专任教师以西部省区市为主，东部省市积极参与。《方案》还对选派人员的政治素养、业务能力、敬业精神、帮扶时间、帮扶形式、管理考核和激励保障做了具体规定。

3. 教育人才支教的主要成效

教育人才支教计划实施以来，广大支教教师克服重重困难，深入受援学校，甘于奉献、输血造血，为缓解当地师资紧缺、优秀教师不足的突出矛盾，促进教育均衡发展作出了突出贡献。

延续完善巩固拓展脱贫攻坚成果同乡村振兴有效衔接的对口帮扶机制。教育人才支教计划充分利用对口施援省市优质教育资源，向边疆地区、边远地区和乡村地区选派一批优秀教育人才，加强了当地教师队伍建设，建立健全受援市县与对口援助省市学校共享优质教育资源的常态化机制。实施"银龄支援计划"对口支援西部地区高等学校,创新了对口支援方式,明确了受援高校发展定位,强化了服务面向,打造了一批特色学科专业,精准实施对口支援,为受援高校提供指导支持,构建联动发展新格局。

为提升当地学校管理水平、赋能教育教学作出了突出贡献。系列教育人才支教计划的实施,为当地教育带来新的活力、新的理念,也为当地教师和学生打开了新的视野。优秀教育管理人员的支教奉献,为当地学校提升管理水平、赋能教育教学作出了突出贡献。同时,前往民族地区、边疆地区支教的教师还肩负着特别的使命,为促进民族团结进步、增强维护祖国统一作出重大贡献。

优化了师资结构,提高了优秀教师比例。2018—2020年援藏援疆支教计划共向西藏、新疆选派9000余名教师。2021年,开展"组团式"援疆教育人才支教选派2000余名教育管理人员和专任教师。中小学"银龄讲学计划"自2018年至2021年已招募近15 000名退休校长、教师到农村义务教育阶段学校讲学。2020年高校"银龄支援计划"实施后,在西部高校反响非常强烈,2021年又新增了7所受援高校和81所支援高校。2022年,"组团式"帮扶从东部8省份选派了247名优秀骨干,赴西部国家乡村振兴重点帮扶县的1所普通高中、1所职业高中任正职校长。优质师资的输入,优化了当地师资结构,提高了优秀教师的比例。

六、加强义务教育教师工资待遇保障

(一)义务教育教师工资待遇保障

党中央、国务院历来高度重视义务教育教师工资保障问题。1993年颁布的《中华人民共和国教师法》明确要求教师的平均工资水平应当不低于或者高于国家公务员的平均工资水平(以下简称"不低于")。2008年12月,《国务院办公厅转发人力资源社会保障部财政部教育部关于义务教育学校实施绩效工资指导意见的通知》规定从2009年1月1日起在中小学正式实施绩效工资制度。教师工资待遇得到了基本保障,但"不低于"等问题没有得到有效解决。党的十八大以来,围绕落实"不低于"、缩小城乡收入差距等问题,先后出台多项政策，不断改革教师工资制度，完善教师薪资结构，提高教师待遇，对新时代建设高质量教师队伍起到了关键性的制度保障作用。

1. 从加强教师队伍建设出发对提高教师工资水平作出原则性要求

为全面深化新时代教师队伍建设改革，努力取得新时代教师队伍建设的新成效，近10年来先后印发了《国务院关于加强教师队伍建设的意见》和《中共中央 国务院关于全面深化新时代教师队伍建设改革的意见》（以下简称《意见》）等纲领性文件，对提高教师工资水平提出了原则性要求。其中，2012年8月印发的《国务院关于加强教师队伍建设的意见》明确要求强化教师工资保障机制，包括依法保证落实"不低于"、完善岗位绩效工资分配激励约束机制、向乡村教师倾斜等。2018年1月印发的《意见》在延续上述政策要求的同时，开始重点关注如何建立健全长效联动机制以落实"不低于"的要求，以及重点人群的绩效工资分配问题。具体举措包括健全中小学教师工资长效联动机制，核定绩效工资总量时统筹考虑当地公务员实际收入水平，确保"不低于"；完善教师收入分配激励机制，有效体现教师工作量和工作绩效，绩效工资分配向班主任和特殊教育教师倾斜；实行中小学校长职级制的地区，根据实际实施相应的校长收入分配办法等。为深入贯彻《意见》精神，之后印发的《教师教育振兴行动计划（2018—2022年）》《关于深化教育教学改革全面提高义务教育质量的意见》《关于进一步激发中小学办学活力的若干意见》等文件也都要求完善绩效工资分配制度，依法保障教师权益和待遇。

2. 通过提高工资标准、发放津贴补贴等手段，不断提高教师尤其是乡村教师工资水平

一是持续提高教师基本工资标准。2015年1月，《国务院办公厅转发人力资源社会保障部财政部关于调整机关事业单位工作人员基本工资标准和增加机关事业单位离退休人员离退休费三个实施方案的通知》决定从2014年10月1日起，调整事业单位工作人员基本工资标准。文件要求将部分津贴补贴或绩效工资纳入基本工资，适当提高基本工资比重，同时冻结规范性津贴补贴增长，规定各地各部门不能自行提高津贴补贴水平和调整津贴补贴标准。中小学教师作为事业单位工作人员，其工资水平也随着这次调整得到较大幅度的提高。文件同时规定，

"建立定期调整机关工作人员基本工资标准的制度。今后基本工资标准原则上每年或每两年调整一次,依据工资调查比较结果,综合考虑国民经济发展、财政状况和物价变动等因数确定调整幅度"。2016年7月起再次调整机关事业单位工作人员基本工资标准。2018年7月起在以往基本工资标准提高10%的政策倾斜基础上,调资时为义务教育教师单独制定了工资标准,进一步加大倾斜力度。

二是实施一系列农村教师工资倾斜政策,包括乡村教师生活补助政策、乡镇工作补贴、多次提高"特岗教师"工资性补助标准等。乡镇工作补贴从2015年开始实施。2015年1月,人力资源社会保障部、财政部印发《关于乡镇机关事业单位工作人员实行乡镇工作补贴的通知》,对包括乡村教师在内的乡镇机关事业单位职工,实行乡镇工作补贴,补贴标准不低于月人均200元,并向条件艰苦的偏远乡镇和长期在乡镇工作的人员倾斜。乡村教师作为在乡镇事业单位工作的职工,享受到这一政策。

三是多次提高工资性补助标准。2012年起,按照中央要求,"特岗教师"工资性补助标准由人均年2.1万元,提高为西部地区人均年2.7万元,中部地区人均年2.4万元。此后,2014年10月起,又提高至西部地区人均年3.1万元,中部地区人均年2.8万元。2019年4月,教育部再次下发《关于下达2019年城乡义务教育补助经费预算的通知》,规定从2018年7月1日起提高特岗教师工资性补助标准,年人均补助标准中部地区由3.16万元提高到3.52万元、西部地区由3.46万元提高到3.82万元。

3. 通过狠抓落实"不低于"要求,扎实推进教师工资水平持续提高

一是突出地方政府是保障义务教育教师工资待遇的责任主体。2018年年底,中央决定在2020年年底实现"不低于"目标,并要求各地制定具体的时间表和路线图。为督促地方落实,2019—2021年,多次以中央教育工作领导小组秘书组名义印发通知,通报各地落实进展情况。同时,国务院教育督导委员会办公室也把落实"不低于"作为年度1号工作任务,先后印发《关于义务教育教师工资收入落实情况督导工作安排的通知》《关于再次提醒严格落实义务教育教师工资待遇保障政策的通知》等文件,反复强调地方政府是保障义务教育教师工资待遇的责任主体,要求各地调整优化财政教育支出结构,优先解决义务教育教师工资所需经费,保证义务教育教师工资水平逐步提高,建立义务教育阶段教师工资收

入长效保障机制和义务教育教师工资收入随当地公务员工资收入动态调整机制,务必把"不低于"政策落实落细。

二是压实省级政府主体责任,确保发挥地方政府主导主体作用。2021年年初,为发挥教育督导"长牙齿"作用,督促各地落实义务教育教师工资待遇政策,《国务院教育督导委员会办公室关于印发〈2021年对省级人民政府履行教育职责的评价方案〉的通知》将建立健全"不低于"长效机制作为省级政府履责重要内容,压实省级政府主体责任,确保发挥地方政府主导主体作用,有效保障教师工资待遇。

综上,为提高义务教育学校教师工资水平,从中央到地方积极行动,大力推进教师工资制度改革,综合施策,依法保障了中小学教师的工资待遇,为建设高质量教师队伍奠定基础。同时,建立健全了中小学教师平均工资收入和当地公务员平均工资收入的长效联动机制,保证了教师工资随公务员工资同步增长。此外,通过实施乡村教师工资倾斜政策,设立农村教师津贴补贴,完善乡村教师绩效分配机制,保证了县域内教师工资水平大体平衡,促进了区域内义务教育均衡发展,有力保障了农村教师队伍的稳定性。

(二)乡村教师生活补助政策

为解决乡村教师职业吸引力不强、城乡教师收入差距等问题,提高乡村教师工资待遇水平,2013年开始实施乡村教师生活补助政策。多年来,各地一直坚持认真贯彻落实党中央、国务院决策部署,积极开展乡村教师生活补助实施工作,探索了有益经验,取得了积极成效。

1. 实施乡村教师生活补助政策的重要意义

落实乡村教师生活补助政策是加强农村教师队伍建设的重要举措。发展乡村教育,教师是关键,必须把乡村教师队伍建设摆在优先发展的战略地位。党和国家历来高度重视乡村教师队伍建设,在稳定和扩大规模、提高待遇水平、加强培养培训等方面采取了一系列政策举措,乡村教师队伍面貌发生了巨大变化,乡村教育质量得到了显著提高。但受城乡发展不平衡、交通地理条件不便、学校办学条件欠账多等因素影响,乡村教师队伍仍面临职业吸引力不强,"下不去、留不住、教不好"的问题长期存在,严重制约了乡村教育健康发展。

提高乡村教师工资待遇水平，实施乡村教师生活补助并不断提高补助标准，吸引优秀人才到乡村学校任教，稳定乡村教师队伍，带动和促进教师队伍整体水平提高，对促进教育公平、推动城乡一体化建设、推进社会主义新农村建设具有十分重要的意义。

2. 乡村教师生活补助政策的核心内容

2013年1月发布的中央1号文件《中共中央 国务院关于加快发展现代农业 进一步增强农村发展活力的若干意见》明确要求，"设立专项资金，对在连片特困地区乡、村学校和教学点工作的教师给予生活补助"。同年9月，教育部、财政部印发《关于落实2013年中央1号文件要求对在连片特困地区工作的乡村教师给予生活补助的通知》，要求实施乡村教师生活补助政策，认真落实中央有关乡村教师工资倾斜政策要求。此后每年都以教育部办公厅名义印发《关于进一步做好乡村教师生活补助政策实施工作的通知》，针对上年存在的问题提出新的要求，不断完善该政策执行。同时，在印发的乡村教师队伍建设相关文件中也多次要求认真落实乡村教师生活补助政策。该政策的核心内容主要包括以下方面。

一是地方自主实施。地方政府是落实乡村教师生活补助政策的责任主体。由地方自主实施连片特困地区乡村教师生活补助政策，具体实施时间、补助范围和对象、补助标准和资金来源等，由各地结合实际情况确定。

二是中央财政奖补。中央财政在农村义务教育经费保障机制改革经费中增列综合奖补资金，将义务教育乡村教师生活补助政策落实情况作为奖补因素之一，对已经实施这一政策的地方给予奖补。综合奖补资金可以由省级财政统筹用于农村义务教育经费保障机制改革的相关支出。

三是实施差异化补助标准。相关文件均明确要求各地制定补助标准时，要根据教师工作、生活条件的艰苦程度等因素合理分档确定，重点向村小和教学点倾斜、向条件艰苦地区倾斜，不搞平均主义。每年印发的实施工作通知文件多次强调各地要根据乡村学校艰苦边远程度，完善乡村教师生活补助差别化政策，合理划分补助的档次及标准，实行有差别的补助政策，不断提升乡村教师待遇。《乡村教师支持计划（2015—2020年）》等文件也多次要求认真落实，并提出要依据学校艰苦边远程度实行差别化补助，鼓励有条件的地方提高补助标准。2022年印发的《新时代基础教育强师计划》提出，城镇教师校长在乡村交流轮岗期间，按规定享受乡村教师相关补助政策；各地要继续落实好乡村教师生活补助政策，着力提高乡村教师地位待遇，形成"学校越边远、条件越艰苦、从教时间越长、教师待遇越高"的格局。

四是生活补助是针对乡村教师工作岗位的补助，不计入五险一金和退休费的计算基数，教师在岗时享有，离岗（包括退休）后自然取消。

五是聚焦重点区域，统筹协调补助政策。国家统筹资金安排，健全乡村教师生活补助经费长效机制，加大对"三区三州"等深度贫困地区县，特别是52个脱贫攻坚挂牌督战县倾斜支持力度，避免出现中断实施的情况。鼓励有条件的地方在现有基础上，进一步扩大实施范围，重点向教学点、村小和条件艰苦地区倾斜，稳定和吸引更多的优秀人才在乡村学校任教。

3. 乡村教师生活补助政策取得的主要成效

乡村教师生活补助政策自2013年实施以来，各地结合实际稳步推进，成效显著。

一是乡村教师职业吸引力明显增强。截至2021年年底，中央安排250.1亿元，中西部22个省份725个原连片特困地区县全面实施了乡村教师生活补助政策，覆盖约8万所乡村学校，受益教师130万人，人均月补助393元。乡村教师待遇的提高使乡村教师职业吸引力明显增强，职业荣誉感和幸福感显著提升，乡村教师"下不去、留不住"的局面得到有效缓解，一些地方出现了城镇教师争相到乡村学校任教的可喜局面。

二是实施范围不断扩大，政策带动效应明显。在中央政策的引领下，多数地方进一步扩大了实施范围，使更多艰苦边远地区的乡村教师从中受益。如云南、西藏、青海、宁夏、新疆、广西等补助对象为全省（区）所有乡镇及以下学校。一些非连片特困地区省份也结合实际，自主出台了本地区乡村教师生活补助政策。2020年全国有1056个非连片特困地区县实施了乡村教师生活补助政策，地方投入资金达到141.8亿元。❶

三是大大促进了教育投入思想观念的转变。乡村教师生活补助政策的有效实

---

❶ 2021教育金秋系列发布会第六场：介绍教师队伍建设进展成效等［EB/OL］.（2021-09-08）［2022-12-30］. http://www.moe.gov.cn/fbh/live/2021/53730/.

施不断引导着教育投入由原先侧重于建房子、买设备等硬件建设，逐步向侧重于教师队伍等软件建设转变，教育投入结构进一步优化，教育资源配置更加均衡。

四是为义务教育均衡发展提供了基本保障。随着越来越多的优秀人才到农村任教，农村教师队伍整体素质得到较大改善，农村教育整体水平进一步提高，城乡区域间教育发展差距有效缩小，县域内城乡义务教育均衡发展率先实现。

（三）乡村教师住房保障

长期以来，由于自然地理、经济困难等因素的制约，农村地区普遍缺乏教师宿舍，在边远艰苦地区更为严重。住房条件的紧张，影响了农村教师的生活，影响了农村吸引人才、留住人才，也影响着农村教师队伍的稳定。2010年以来，通过各部门的共同努力，不断加大乡村教师周转宿舍和住房建设，乡村教师住房保障工作取得积极进展，为乡村教师能够安居乐业、安心教学提供了有力保障。

1. 乡村教师住房保障政策的重要意义

乡村教师是办好乡村教育的基础支撑，留住教师、吸引优秀教师到乡村任教，住房保障是其中重要的一个环节。加强教师住房等待遇保障，努力改善边远艰苦地区农村学校教师工作和生活条件，有利于吸引和留住优秀人才在农村长期从教、终身从教，对于稳定农村教师队伍，加强新时代教师队伍建设，促进城乡教师交流，推进义务教育均衡发展有着重要意义。

2. 保障乡村教师住房的主要举措

一是出台乡村教师住房保障政策。

2010年以来，根据《国家中长期教育改革和发展规划纲要（2010—2020年）》"建设农村艰苦边远地区学校教师周转宿舍"的任务，全国上下开始了一次为园丁筑巢的关爱行动。2010年9月，教育部办公厅、国家发展改革委办公厅联合印发《关于实施农村边远艰苦地区学校教师周转宿舍建设试点项目的指导意见》，在规划上坚持从最边远、最艰苦、最困难、最急需的地方做起，优先将集中连片特困地区、山区、边境地区、民族地区、高原、牧区、海岛等经济发展落后、自然条件恶劣、交通不便地区的中小学纳入专项，重点解决"特岗教师"、支教和交流教师、寄宿制学校管理教师等住宿问题。2015年6月国

第四章 加强基础教育教师队伍建设

务院办公厅《乡村教师支持计划（2015—2020年）》、2016年7月国务院《关于统筹推进县域内城乡义务教育一体化改革发展的若干意见》及2018年1月《中共中央 国务院关于全面深化新时代教师队伍建设改革的意见》等文件多次强调要加强乡村教师周转宿舍建设。2019年6月，中共中央、国务院印发《关于深化教育教学改革全面提高义务教育质量的意见》，强调要依法保障教师权益和待遇，保障教师享有住房等优待政策。2020年7月，教育部、中央组织部、中央编办、国家发展改革委、财政部、人力资源社会保障部联合印发《教育部等六部门关于加强新时代乡村教师队伍建设的意见》，提出将符合条件的乡村学校教师纳入当地政府住房保障体系，鼓励各地采取多种形式对符合条件的乡村教师在城镇购买住房给予一定优惠；同时，通过改建、配建和新建等渠道建设好乡村教师周转宿舍。2020年12月，教育部等六部门联合印发《关于加强新时代高校教师队伍建设改革的指导意见》，强调地方和高校要加强统筹协调，对符合公租房保障条件的，按政策规定予以保障，同时，通过发展租赁住房、盘活挖掘校内存量资源、发放补助等多种方式，切实解决青年教师的住房困难。2021年6月，经国务院同意，国务院办公厅印发了《关于加快发展保障性租赁住房的意见》，在国家层面首次明确提出加快完善以公租房、保障性租赁住房和共有产权住房为主体的住房保障体系；同时，出台了一系列土地、财税、金融等支持政策，以及相应的审批制度改革措施，通过政府政策支持，引导多主体投资、多渠道供给发展保障性租赁住房，尽最大努力帮助新市民、青年人等缓解住房困难，为进一步解决好教师队伍住房困难问题提供了有力保证。2022年4月印发的《新时代基础教育强师计划》再次提出加强乡村教师周转宿舍建设，支持地方完善住房保障体系，加大保障性住房供应力度，解决教师队伍住房困难问题。

二是多部门联合解决乡村教师住房困难问题。

第一，加强周转宿舍建设。2011年，国家发展改革委办公厅、教育部办公厅印发了编制边远艰苦地区农村学校教师周转宿舍建设规划的通知，全面部署和开展项目建设规划编制工作。2017年，教育部会同国家发展改革委、人力资源社会保障部共同实施教育现代化推进工程，将边远艰苦地区农村学校教师周转宿舍建设作为重要内容，安排预算内资金，建设急需必要的边远艰苦地区农村学校教师周转宿舍（每套建筑面积不超过35平方米），实施范围覆盖中西部省份和享受中、西部政策的地区，重点支持集中连片特困地区县、国贫县、革命老区县、民族自治县和边境县，以解决长期在农村任教、距家较远、学校住宿有困难的教师住宿问题。

第二，按规定将符合条件的教师纳入当地住房保障范围，完善以公租房、保障性租赁住房和共有产权房为主体的住房保障体系，让教师们安居乐业。

做好公租房保障。部分省区专门印发文件，鼓励县（市、区）政府采取多种形式和渠道，积极建设公租房面向符合条件的教师供应，改善了一批教师的居住条件，为稳定教师队伍发挥了重要作用。

扩大保障性租赁住房供给。各地按照国办文件精神，积极支持学校等各类主体利用存量土地和房屋建设保障性租赁住房，有的利用本校自有土地建设，有的利用存量房屋改建，建设筹集了一批保障性租赁住房，实现拎包入住，缓解教师队伍的住房困难问题，帮助学校和教师解决了后顾之忧。截至2022年7月底，全国已建设筹集保障性租赁住房260万套（间），能够解决700多万新市民、青年人的住房问题。

因地制宜发展共有产权住房。截至2021年年底，北京累计筹集共有产权住房房源约8.3万套，上海累计签约13.6万户，杭州、南京、广州等城市也积极探索发展共有产权住房，符合当地申请条件的教师可以申请。

3. 乡村教师住房保障的主要成效

教育部会同有关部门，认真贯彻落实党中央、国务院决策部署，指导各地切实采取有效措施，加快解决教师队伍特别是乡村教师的住房困难问题，并取得积极进展。贵州、湖南、广西、四川、云南、新疆等省（区），积极建设公租房面向乡村教师供应，为稳定乡村教师队伍发挥了重要作用；河南、海南等省专门印发实施方案，鼓励县（市、区）政府采用多种形式和渠道解决乡村教师住房问题，改善了一大批乡村教师的居住条件。从"十二五"起至2022年年底，已累计安排中央投资超过269亿元，支持边远艰苦地区建设了约61.6万套农村学校教师周转宿舍，累计入住教师超过85万人。截至2021年年底，全国有26万乡村教师、36万青年教师通过公租房保障解决了住房困难问题，有力改善了乡村教师的基本生活条件。

第五章 加强职业教育教师队伍建设

第五章　加强职业教育教师队伍建设

高质量的职业教育需要高质量职业教育教师队伍支撑。职业教育师资队伍的整体质量与素质提升是职业教育实现内涵发展、办学质量提升、职业教育现代化等一系列战略发展目标的重要依凭。党的十八大以来，职业教育迎来了大改革、大发展的历史性机遇。为支撑职业教育改革发展，教育部会同相关部门大力推进新时代职业教育教师制度体系建设，职业教育教师队伍建设不断深化，且成效显著。党的二十大报告再次明确提出，"统筹职业教育、高等教育、继续教育协同创新，推进职普融通、产教融合、科教融汇，优化职业教育类型定位"❶，并进一步将大国工匠和高技能人才纳入国家战略人才力量，突出了职业教育的战略定位，对进一步推进"双师型"教师队伍建设，为职业教育培养"大国工匠"之师提出更高要求。

一、建立健全新时代职业教育教师制度体系❷

（一）建立职业教育教师标准体系

职业教育教师标准是职业教育发展的重要基础性制度保障，完善的标准能起到纲举目张的作用。制定实施科学的教师标准，能加快推进建设结构合理、师德高尚、业务过硬的高素质专业化创新型职业教育教师队伍进程。

一是完善职业教育教师准入制度。对职业教育公共课、专业课（含实习指导课）教师资格体系框架进行整体设计，突出职业教育特色，适时对不同类型的教师提出准入要求，指引教师成长路径，促进职业教育高质量发展。二是修订教师和校长专业标准。职业教育定位与发展在不同时代被赋予了不同的内涵，职业教育对象也变得多元、多样，人才培养目标也随之发生变化。根据时代发展的新内涵、新要求，及时修订完善中等职业学校教师专业标准、校长专

---

❶ 习近平.高举中国特色社会主义伟大旗帜　为全面建设社会主义现代化国家而团结奋斗——在中国共产党第二十次全国代表大会上的报告［M］.北京：人民出版社，2022：34.
❷ 教育部教师工作司.新时代职业教育教师队伍建设论纲［J］.教育研究，2022（8）：20-30.

业标准，探索研制高等职业学校教师专业标准，用标准引领职业教育发展。三是研制"双师型"教师基本标准。印发关于做好职业教育"双师型"教师认定工作的通知，明确"双师型"教师基本标准，要求各地结合实际制定实施标准，推动各学校根据通知和基本标准制定本校认定实施办法。通过国家、省、校三级分工协同，推进"双师型"教师认定工作，支持教师能力提升和专业可持续发展。四是完善教师招聘、职务评聘和绩效考核评价标准。探索建立能力本位的职业教育教师招聘评价标准，在考察应聘人员文化素质的同时，重点考察其教育教学能力、专业实践能力等。教师的绩效考核标准突出职业教育教师在人才培养中的贡献度，落实立德树人根本任务。

（二）创新职业教育教师培养模式

为满足职业教育教师培养需求，教育部重点建设了一批职业技术师范院校，承担部分职业教育教师培养任务。在此基础上，持续创新培养模式、扩大培养主体、拓宽培养路径，不断满足职业教育高质量发展需要。

一是建立日益开放的培养体系。职业教育教师专业发展具有跨界特征，横跨了企业与学校、工作与学习。在系列政策引领下，培养高校联系企业日益紧密、职业院校协同育人，创新多主体协同参与的职业院校教师培养模式逐渐形成。以高等学校、企业、职业院校多主体组成的开放化职业教育教师培养体系逐渐健全。二是不断创新培养模式。在一系列职业教育教师培养改革政策大力推进下，拓宽了人才来源渠道，丰富了人才培养模式，职业教育教师培养灵活性、构成多元性、来源多样性的局面加快形成。三是大力推进研究生层次的教师培养。基于现代职业高质量发展的需要，政府不断加快构建贯通本科、研究生层次的教师培养体系，增加了高素质教师供给力度。这加大了职业技术师范院校的建设力度，扩大了研究生层次的职业教育教师培养。四是探索中等职业学校师范生公费定向培养模式。借鉴中小学公费定向师范生培养经验，积极探索面向当地生源开展中等职业学校公费定向师范生培养，毕业后回生源地工作，探索设立职业教育师范生专项名额，公费定向培养。

（三）推进职业教育教师职前职后一体化改革

职业教育教师发展要体现系统性和科学性，一系列政策围绕职业教育教师的岗位需求和个性化发展，对职前职后培训进行了一体化设计，既体现普适性，又体现了适用性。

一是教师培训点面结合。职业教育教师培训既要有面上的整体规划，又要有点上的突破创新。十年来，政府一直持续改进实施职业院校教师素质提高计划，以5年为周期制定培训规划，给予经费支持，带动了地方配套投入实现教师全面培训，确保了培训质量和全员轮训制度落实。二是示范培训基地抓特色。教育部设立了一批校企共建的职业教育"双师型"教师培训基地，让各专业大类中最好的学校强强联合，在某一特定专业或领域中形成拳头产品、示范带动了更多的教师培训基地实现转型。三是做好做实企业实践。积极落实产教融合政策，推动省级优质企业实践基地与国家级基地共同组成教师企业实践基地网络，优化校企优质资源共建共享平台，积极探索专业教师在企业兼职参与项目研发和技术攻关的机制。四是持续推动教师教学创新团队创建工作。教育部通过打造国家级团队，示范引领省级、校级团队整体规划和建设布局，按计划、分步骤建成了一批覆盖骨干专业（群）、引领教育教学模式改革创新、推进人才培养质量持续提升的教师教学创新团队，辐射带动了全国职业院校加强高素质"双师型"教师队伍建设。五是推进职业教育教师队伍信息化。大力推进了信息技术与教学的深度融合。广泛开展教师信息技术应用专项培训，强化教师网络课程开发、在线教学技能、信息化手段运用，以及培养学生利用网络自主学习等能力，全面提升了教师信息素养。

（四）建立校企人才双向交流机制

高技能人才是职业教育"双师型"队伍建设的重要组成部分，推动高技能人才以多种形式，专兼职到职业院校任教，是培养学生实践能力的重要一环。

一是通过制度设计吸引优秀人才从教。鼓励引导企业退休（或临近退休）工程师、工匠等高技能人才（如顶级焊工师傅、大国工匠中的技能大师），到职业院校从教，发挥其企业工作经历优势和技能优势，拓展"双师型"教师来源渠道，为职业教育教师队伍提供新的动能，为职业院校学生增加一技之师、一事之师。二是探索建立产业导师特聘制度。支持职业院校设立一批产业导师特聘岗，聘请企业工程技术人员、高技能人才、管理人员、能工巧匠，兼职到学校承担特定的专业实践课程，开展教学工作。使教学内容更加紧贴生产一线,更加匹配产业需求,更加符合院校人才培养目标。三是探索企业高技能人才到学校任教模式。地方和学校探索建立配套的制度机制和支持政策,吸引企业中一批学历高、业务强,且有志于进入职业学校从教的职工,让他们能够进入职业院校贡献其在行业企业中的智慧。四是建设兼职教师库。鼓励支持行业企业定期推荐并派出一批高技能人才到职业院校担任兼职教师。鼓励地方对接建设本地产业和院校需求的兼职教师库,拓宽学校兼职教师聘用渠道,保证职业院校在库中筛选符合专业和要求的兼职教师。

第七次人口普查数据显示,我国人口红利已进入中后期。推动高质量发展的动力将由人口红利逐渐转换为教育红利。推进现代职业教育高质量发展,正是发挥教育红利的关键举措。所以,我们要以打造高素质"双师型"职业教育师资为着力点,坚持实践探索和模式创新,推进体系完善和政策改革,特别是围绕职业教育教师发展标准、能力要求、培养机构、培训体系等方面,加大制度供给力度,为打造高质量职业教育教师队伍提供源源不断的制度动能。要总结提炼我国职业教育教师队伍建设制度经验,建立健全具有中国特色的制度体系,为世界职业教育教师队伍建设贡献中国方案。

二、完善职业教育教师培养体系

改革开放40年来,我国职教教师培养逐渐从初创阶段的模仿普通高等教育和师范教育模式阶段到创造新型有中国特色高等职业技术师范教育模式阶段过渡。当前,我国已经基本建成以独立设置的职业技术师范学院和普通高校的职业技术教育学院(系)为主,布局相对合理且比较完整的职教师资培养培训体系,职教师资培养在不断探索与调整中稳步发展。

(一)构建稳定的职业教育教师培养体系的重要意义

稳定的职业教育教师培养体系意味着存在一个稳定、持续、系统运行的职业教育教师培养模式,使得职业教育教师的供给不再是临时性、突击式、片段式、暂时性的运行状态。制度化的职业教育教师培养体系是实现教师能力方面全员、全面、全程发展的基础,是稳定地获得高素质教师的建制前提。

党的十八大以来，职业教育教师培养培训体系基本建成，但是，我国职业教育师资队伍还存在规模偏小、质量不高的困境。特别是对新教师的培养，"在纵向上未能有效衔接职前培养与在职培训，在横向上未能有效整合资源、提高新教师'理实一体'的'双师'素质"❶。职业教育教师培养体系面临的挑战，一方面是由于基于职业师范学院的传统职业教育培养体系的主体作用已基本丧失，新的职业教育教师培养体系尚未健全；另一方面是由于近年来职业教育体系的快速发展对教师培养产生了大量新的需求。❷ 我国要建立现代职业教育体系，必须有制度化的职业教育教师培养体系作为支持。

（二）职业教育教师培养体系的核心内容

一个稳定的职业教育教师培养体系需要以相关规则为基础，同时也需要其他一些重要条件，如健全的教师培训机构网络、丰富的培训专家队伍、完整的培训内容体系等。党的十八大以来，我国颁布了一系列政策，逐步开始构建一套有中国特色的职业教育教师培养体系。其中，最为核心的是建立以"双师型"教师为定位的培养制度体系。

2012年8月，《国务院关于加强教师队伍建设的意见》确定将"双师型"教师的培养培训体系建构作为职业学校教师队伍建设的重点。2018年，全国教育大会及《中共中央 国务院关于全面深化新时代教师队伍建设改革的意见》明确提出构建有中国特色职教教师培养培训体系，清晰而明确的"双师型"教师标准是关键。2019年8月，《深化新时代职业教育"双师型"教师队伍建设改革实施方案》提出，建设高素质"双师型"教师队伍（含技工院校"一体化"教师，下同）是加快推进职业教育现代化的基础性工作。其中，整体的政策目标是：大力提升职业院校"双师型"教师队伍建设水平，为实现我国职业教育现代化、培养大批高素质技术技能人才提供有力的师资保障。通过5~10年时间，构建政府统筹管理、行业企业和院校深度融合的教师队伍建设机制，基本建成一支师德高尚、技艺精湛、专兼结合、充满活力的高素质"双师型"教师队伍。

---

❶ 周可欣，任茹丽，南海.高职院校新教师入职教育的困境与出路——基于教师教育一体化视角分析[J].职教发展研究，2021（2）：95-102.
❷ 徐国庆.从项目化到制度化：我国职业教育教师培养体系的设计[J].教育发展研究，2014（5）：19-25.

具体政策方向主要包括：一是建设分层分类的教师专业标准体系。建立层次分明的中等和高等职业教育的教师专业标准体系，能够覆盖公共课、专业课、实践课等各类课程，整体提高教师队伍专业化水平。二是推进以双师素质为导向的新教师准入制度改革，在国家教师资格考试中，强化专业教学和实践要求，按照专业大类（类）制定考试大纲、建设试题库、开展笔试和结构化面试。自2020年起，除"双师型"职业技术师范专业毕业生外，基本不再从未具备3年以上行业企业工作经历的应届毕业生中招聘。三是构建产教融合的多元培养培训格局。优化结构布局，加强职业技术师范院校和高校职业技术教育（师范）学院建设，支持高水平工科大学举办职业技术师范教育，开展在职教师的双师素质培训进修。健全普通高等学校与地方政府、职业院校、行业企业联合培养教师机制，发挥行业企业在培养"双师型"教师中的重要作用，推动高校联合行业企业培养高层次"双师型"教师。四是聚焦"1+X证书"制度开展教师全员培训。全面落实教师5年一周期的全员轮训制度，对接"1+X证书"制度试点和职业教育教学改革需求，探索适应职业技能培训要求的教师分级培训模式，培育一批具备职业技能等级证书培训能力的教师。健全完善职业教育师资培养培训体系，推进"双师型"教师培养培训基地在教师培养培训、团队建设、科研教研、资源开发等方面提供支撑和服务。支持高水平学校和大中型企业共建"双师型"培训者队伍。五是深化突出"双师型"导向的教师考核评价改革。建立职业院校、行业企业、培训评价组织多元参与的"双师型"教师评价考核体系。将体现技能水平和专业教学能力的双师素质纳入教师考核评价体系，试点开展专业课教师技术技能和教学能力分级考核，并作为教师聘期考核、岗位等级晋升考核、绩效分配考核的重要参考。

（三）职业教育教师培养体系构建的主要成效

一是队伍结构不断优化。在系列政策引领下，全国职业学校专任教师规模从2012年的111万人，增加到2021年的129万人，增幅达到16%，为职业教育高质量发展提供有力支撑。从年龄结构看，中职学校50岁以下的专任教师占比将近80%，高职院校此项占比达到83%，中青年正成为职教教师队伍骨干力量。从"双师型"教师在专业课教师中的占比来看，中职和高职均超过55%，达到了占比过半的要求。二是专业发展成效显著。建立起了"国家示范引领、省级统筹实施、市县联动保障、校本特色研修"的四级培训体系。2012

年以来，中央财政累计投入培训经费达到53亿元，带动省级财政投入43亿元，有效支撑了5年一周期的全员培训工作。2022年，启动实施"职教国培"示范项目，着力打造一批能够发挥高端引领和示范带动作用的培训项目。全国职教教师创新团队建设工作于2019年启动，分两批建设364个创新团队，示范带动建立省级创新团队500余个，教师团队能力素质全面加强。三是研究生层次的教师培养迅速发展。从学历结构看，中职学校本科及以上学历的专任教师占比达到94%，高职学校本科及以上学历的专任教师占比达到99%，研究生及以上学历专任教师占比达到41%。经过坚持不懈的努力，长期以来职业学校专任教师学历偏低的情况已经得到了有效解决。四是逐步构建职前与职后一体化的培养体系。确立了职业教育师资的培养标准。以职业资格证书制度、任职资格条件规定、招聘录用程序规范，以及强制性企业工作经历等举措，快速提升了职业教育教师队伍的整体素质，提升职业院校教师的专业水平。同时，积极建立职业学校"职前培养—入职辅导—职后培训"一体化的职业教育教师发展体系。根据职业教师知识与技能结构的内在要求，对培训基地的功能进行"网格化"的合理划分，既包括横向分类培训还有纵向分段与分级培训，为职业教育教师的专业水平整体发展提供了基础性保障。

三、提升职业教育教师能力素质

（一）职业院校教师素质提高计划

自2006年起，教育部、财政部开始实施五年一轮的"职业院校教师素质提高计划"（以下简称《计划》）。党的十八大以后，我国继续推进完成了第二轮和第三轮的《计划》。《计划》的实施使我国职业教育师资队伍建设从原来由政府主导的计划培训模式转变为由市场主导的市场培训模式，教师教学能力大幅度跃升，职业院校的师资水平与师资结构得到改善。

1. 职业院校教师素质提高计划实施的重要意义

一是服务国家经济社会发展、技术变革和产业优化升级的需要。近十年来，我国加快推进经济结构调整和产业转型升级，构建实体经济、科技创新、现代金融、人力资源协同发展的现代产业体系，职业教育必须适应经济结构调整和产业变革，为国家发展提供源源不断的高素质技术技能人才。提升技术技能人才培养能力，教师队伍建设是关键。二是支持推动职业教育高质量发展的需要。2014 年，国务院《关于加快发展现代职业教育的决定》和《现代职业教育体系建设规划（2014—2020 年）》明确到 2020 年形成适应发展需求、产教深度融合、中职高职衔接、职业教育与普通教育相互沟通，体现终身教育理念，具有中国特色、世界水平的现代职业教育体系。2021 年，中共中央办公厅、国务院办公厅印发《关于推动现代职业教育高质量发展的意见》，进一步提出了现代职业教育高质量发展的目标。职业教育教师的综合能力还存在差距，与提升职业教育人才培养质量不相适应，成为制约职业教育发展的短板。三是深化新时代教师队伍建设改革的总体要求。2012 年，国务院《关于加强教师队伍建设的意见》对教师队伍建设提出总体部署和要求，明确了国家层面加强职业院校教师队伍建设的主要任务。教育部会同有关部门，印发实施《关于进一步完善职业教育教师培养培训制度的意见》《关于实施卓越教师培养计划的意见》《关于实施职业院校教师素质提高计划的意见》等一系列文件，实施《计划》，是职业教育教师专业发展的需要。❶

2. 职业院校教师素质提高计划的核心内容

《计划》已经实施了三轮，纵向来看，分为三个阶段。第一阶段（2011—2015 年），确立任务，探索方向。2011 年 11 月 8 日，教育部和财政部共同出台了《关于实施职业院校教师素质提高计划的意见》，设立了骨干教师培训、中职教师企业实践、兼职教师聘任推进和师资培养培训体系建设 4 个项目。为此，中央财政计划投入 26 亿元，支持职业院校教师队伍建设，重点建设了 300 个职教师资培养培训基地专业点。第二阶段（2016—2021 年），全面铺开，系统升级。2016 年，教育部、财政部提出《计划》升级版《关于实施职业院校教师素质提高计划（2017—2020 年）的意见》，政策不再以具体数字为年度目标，培训对象从部分变为全体，拨款方式和经费的流转方式也进行了改革。2018 年

---

❶ 李新发. 职业院校教师素质提高计划的研究与思考［J］. 职业技术教育，2018（27）：41-46.

1月,《中共中央 国务院关于全面深化新时代教师队伍建设改革的意见》中明确提出,要"继续实施职业院校教师素质提高计划,引领带动各地建立一支技艺精湛、专兼结合的双师型教师队伍"。第三阶段(2021年至今),示范引领,聚焦质量。2019年8月30日,教育部、发展改革委、财政部、人力资源社会保障部四部门联合印发了《深化新时代职业教育"双师型"教师队伍建设改革实施方案》,明确以量化目标为指导,以小部分高端引领为核心,以团队建设为重点,系统打造一支具有示范性的国家工匠之师队伍。2021年颁布的《关于实施职业院校教师素质提高计划(2021—2025年)》明确了"示范""创新""标准""体系"四个关键,强调要"发挥示范引领作用,带动地方健全完善职业院校教师培训体系和全员培训制度","创新培训方式,重点支持骨干教师、专业带头人、名师名校长和培训者等的能力素质提升","教师按照国家职业标准和教学标准开展教育教学、培训和评价的能力全面提高,分工协作进行模块化教学的模式全面实施"以及建构基本健全的现代职业教育师资培训体系。我国职业教育教师培训翻开了新的篇章。

3. 职业院校教师素质提高计划的主要成效

依托《计划》,我国建立起了"国家示范引领、省级统筹实施、市县联动保障、校本特色研修"四级培训体系。2012年以来,中央财政累计投入培训经费达到53亿元,带动省级财政投入43亿元,有效支撑了5年一周期的全员培训工作。从整体来看,一是大批职教教师和校长获益。2012—2021年,参加国家级培训的职业院校教师近36万人。通过设置教师企业实践项目,培训教师近7万人。一大批参训教师在全国职业院校技能大赛和教学能力大赛中指导学生或自己获奖,成为职业院校教学名师和业务骨干。《计划》为各地培养了一批具有较高知名度、精通现代学校治理的"教育家"型职教名校长。二是"双师型"队伍结构持续优化。2021年专业课教师中"双师型"教师的占比超过了《国家职业教育改革实施方案》所设定的50%的目标,其中,中、高职院校和本科层次院校的比例分别为56%、59%与59%。三是教师满意度整体处于高位,收获感大。调研数据显示,教师对政府实施的素质提升项目整体满意度达到90%以上。从具体项目设计的满意度来看,教师对《计划》培训主题、培训课程、培训方式的满意度均达到85%以上,整体上处于高位。

93.7%的参训教师认为参与素质提升项目很有收获。[1]

（二）"职教国培"示范项目

在职业教育教师培训中，专业骨干教师国家级培训是一系列政策的重要内容和主干项目。为深入贯彻习近平总书记关于职业教育的重要指示精神和全国职业教育大会精神，落实《中华人民共和国职业教育法》、中共中央办公厅和国务院办公厅印发的《关于推动现代职业教育高质量发展的意见》和《国务院关于印发国家职业教育改革实施方案的通知》，教育部组织实施了"职教国培"示范项目。

1. 实施"职教国培"示范项目的重要意义

一是高端引领和示范带动。"职教国培"示范项目是职业教育教师培训国家队中的模范队，主要发挥高端引领和示范带动作用，将其影响辐射到整个职业教育教师培训体系。项目实施能够大幅提升新时代职业教育现代化水平和服务能力，为促进经济社会持续发展和提高国家竞争力提供多层次高质量的技术技能人才支撑。二是先行先试和重点突破。搭建一批有行业优质企业参与，积极对接新技术、新职业场景的专业课教师培训项目实训基地，设计最新的实践能力培训模块，建设创新发展高地，推进关键改革，突破瓶颈制约，打造一批职业教育优质资源和品牌，带动职业教育大改革大发展。三是政府主责和协同推进。强化中央政府引导，省级政府统筹，构建政府、行业企业、学校协同推进职业教育高质量发展的新机制。同时加强对国培计划执行的过程管理、检查验收和结果应用，有利于确保各项改革措施取得实效。

2. "职教国培"示范项目的核心内容

2016年，《关于实施职业院校教师素质提高计划（2017—2020年）的意见》在职业院校教师培训项目中规定了四个培训目标。第一种专业带头人领军能力研修，培训对象为职业院校具有中级以上职称、主持过相关科研教改课题或项目的

---

[1] 刘妍，李新发，等.《职业院校教师素质提高计划》实施十年——成就、价值与展望[J].教育学术月刊，2021（2）：20-26.

专业带头人。第二种"双师型"教师专业技能培训，培训对象是职业院校不同层次和基础水平的"双师型"教师。第三种优秀青年教师跟岗访学，培训对象是职业院校有发展潜力的优秀青年教师。第四种卓越校长专题研修，对象是中职和高职国家级（省级）重点学校、示范学校的校长。

2022年5月，《教育部办公厅关于开展职业教育教师队伍能力提升行动的通知》在"职教国培"项目上进行了较大的突破。一是明确了"职教国培"示范项目的政策目标。设立"职教国培"示范培训项目，旨在使用中央部门预算资金，开展具有针对性的培训团队研修、校长培训和教师培训，发挥高端引领和示范带动作用。通过培养培训，逐步造就一支符合时代要求、能发挥示范和辐射作用的骨干教师队伍，形成国家、省和市（地）骨干教师梯队，带动整个职业学校教师队伍建设。二是明确了"职教国培"的示范内容。2022年"职教国培"示范项目共设置培训团队研修、教师培训、校长（书记）培训3大类8个项目24个子项目。第一类培训团队研修。设置培训管理者研修、公共基础课培训者团队研修、专业课培训者团队研修3个项目，由北京师范大学等8家单位承担培训任务。第二类教师培训。设置专业领军教师高级研修、紧缺领域专业骨干教师示范培训、优先发展产业领域专业骨干教师示范培训和公共基础课教师示范培训4个项目，由北京大学等30家单位承担培训任务。第三类校长（书记）培训。设置校长高级研修1个项目，由天津大学等5家单位承担培训任务。三是确定了"职教国培"的管理标准。第一，合理确定人选。各地要结合本地区教师队伍结构和产教深度融合领域相关专业情况，合理分配参训指标，提前筹划考虑参训人员返岗后示范引领作用发挥等工作，且确保参训人员有意愿、有能力将培训成果辐射到本地区教师培训相关单位。第二，提高培训质量。承训单位要严格按照《教育部教师工作司关于组织2022年职业学校教师国家级培训示范项目申报工作的通知》明确的项目要求和培训方案组织实施。要制定新冠肺炎疫情防控常态化背景下的培训预案，创新培训方法模式，线上培训须确保等质同效。第三，加强经费监管。承训单位应按照国家关于培训费管理的相关规定、参照《关于印发〈"国培计划"示范性项目资金管理办法〉的通知》，强化财务管理和审计监督，确保培训资金用足用好。第四，确保培训效果。承训单位要对学员参训情况进行考核评价，及时总结经验，挖掘典型案例，培训期间至少向国培办报送2份宣传简报。培训结束后，要形成完整的数字化培训包并进行审核，其中60%以上课程资源为视频资源。

3. "职教国培"示范项目的主要成效

"职教国培"示范性项目招投标由教育部具体组织实施。公告一经发布，在极短的时间内便有上百所院校和机构积极投标，经过初审和答辩评审，43所院校和机构从申报的单位中脱颖而出，成为承训单位。从整体成效来看，一是彰显了国培示范引领的功能。通过"职教国培"示范项目，成功地建立了一种系统化职教教师培训的机制和运作模式。在"职教国培"示范项目的总体项目要求和子项目设置的引领之下，各省也根据自身情况，参照国培计划的项目设置方式，将各个子项目进一步具体化，提高其针对性，灵活地满足当地实际教师发展需求，使得培训工作真正能够落到实处。同时，示范项目也通过多种类型的培训者培训项目和引领性项目，将教师培训的理念、方法等广为传播，在各地形成了统一的认识。二是协同攻关成果显著。通过实施"职教国培"示范项目，我国建立了100个国家级教师培养培训基地和102个企业实践基地。2022年层层选拔推荐考核通过的学员约2400人。三是体现出"职教国培"的"输血"功能正在向"造血"功能演进。从"职教国培"实施效果来看，"职教国培"在促进全国职教教师培训规模极大增长的同时，推动了我国职教教师培训在培训体系建设、培训课程研发、培训模式创新、培训质量提升、培训机构和培训者队伍发展壮大等方面取得了突出工作成效。从"职教国培"示范项目实施来看，意味着职教国培的一种转型，在全面满足量的需求的基础上，开始向高质量发展，从系统"输血"功能向强调"造血"功能演进，强调通过"职教国培"示范项目的实施引领，带动各地改革管理模式，创新工作机制，使培训规模、质量、效益得到持续提升的动力和空间。

（三）教师企业实践基地建设

组织教师企业实践，是加强职业学校"双师型"教师队伍建设，实行工学结合、校企合作人才培养模式，提高职业教育质量的重要举措。支持高水平学校和大中型企业共建教师企业实践基地，可以充分发挥行业技术引领作用，辐射区域内学校和企业，提升校企合作育人水平。

1. 建立教师企业实践基地的重要意义

一是提供教师实践的稳定渠道。组织教师到企业实践是职业学校教师在职培训的重要形式，是提高教师专业技能水平和实践教学能力的有效途径，也是职业学校密切与企业的联系、加强校企合作的具体体现。选择一批在行业中代表性较强、技术水平较高、职工培训基础较好、重视和支持职业教育发展的骨干企业，作为重点联系的职教教师企业实践基地能极大拓展校企合作的内容和形式，也能构建出教师到企业实践的稳定渠道。二是提升教师的实践教学能力。通过企业实践基地的学习，教师能充分了解企业的生产组织方式、工艺流程、产业发展趋势等基本情况；熟悉企业相关岗位（工种）职责、操作规范、用人标准及管理制度等具体内容；学习所教专业在生产实践中应用的新知识、新技能、新工艺、新方法；结合企业的生产实际和用人标准，不断完善教学方案，改进教学方法，积极开发校本教材，切实加强职业学校实践教学环节，提高技能型人才培养质量。

2. 教师企业实践基地的核心内容

一是确立企业实践基地的标准。2016年5月，《职业学校教师企业实践规定》指出，省级教育行政部门负责制定本省（区、市）教师企业实践工作总体规划和管理办法，依托现有资源建立信息化管理平台，制定教师企业实践基地遴选条件及淘汰机制。2017年3月，《职业院校教师素质提高计划项目管理办法》提出，企业实践项目的企业一般应是国家级或省级职业教育教师企业实践基地，行业代表性强、覆盖专业面广、岗位群和产业链齐全，具有专门的职工培训机构、能够提供实践岗位和指导教师（师傅），且可以解决教师实践必需的食宿等生活条件。二是明确企业实践基地的教育方式和内容。《关于实施职业院校教师素质提高计划（2017—2020年）的意见》提出，选派教师的企业实践采取考察观摩、技能培训、跟岗实习、顶岗实践、在企业兼职或任职、参与产品技术研发等形式，时间不少于4周。重点学习掌握产业结构转型升级及发展趋势、前沿技术研发、关键技能应用等领域，以及企业的生产组织方式、工艺流程、岗位（工种）职责、操作规范、技能要求、用人标准、管理制度、企业文化、应用技术需求等内容，推进企业实践成果向教学资源转化，结合实践改进教学方法和途径，发掘学校技术服务企业发展的方式和途径。三是明确企业实践基地建设的具体目标。2019年8月，《深化新时代职业教育"双师型"教师队伍建设改革实施方案》提出，到2022年建设100个国家级教师企业实践基地。建设重点是明确资质条件、建设任务、支持重点和成果评价。2021年8月，《关于实施职业院校教师素质提高计划（2021—2025年）》提出，高水平将是下一阶段教师企业实践基地的建设标准。支持高水平学校和大中型企业共建"双师型"教师培养培训基地、企业实践基地，充分发挥引领作用，辐射区域内学校和企业，提升校企合作育人水平。认定一批"双师型"教师培养培训示范基地。鼓励校企共建教师发展中心，在教师和员工培训、课程教材开发、实践教学、学术成果转化等方面开展深度合作。

3. 教师企业实践基地的主要成效

近十年来，中国各类职教政策均把校企合作作为重要内容，支持职业院校与企业开展订单班、现代学徒制、产业学院、集团化办学等多种合作。截至2021年，全国组建约1500个职教集团，吸引3万多家企业参与，覆盖近70%的职业院校。职业学校与企业共建实习实训基地2.49万个，年均增长8.6%。十年间政府安排了约238亿元，支持各地职业院校和应用型本科学校建设了近1000个产教融合实训基地，为教师自我提升和职业发展创造重要平台。同时，教育部一直根据时代的变化调整和认定了一批校企共建的"双师型"教师培训基地和教师企业实践基地。2022年，我国已经建立了102个企业实践基地，完成了预期目标。

教师企业实践基地的建设，极大推进了培训资源共建共享。开发了一批教师培训优势特色专业和优质课程资源库。建立了对接产业、实时更新、动态调整的产业导师资源库，推动地方建设培训资源平台，使得培训基地、企业实践基地等优质培训资源能够共建共享。

（四）职业教育"双师型"教师培训基地建设

建设一支高质量的教师队伍是推动职业教育改革发展、全面推进高质量职业教育的根本保证。大力加强职教师资基地建设，是推进职普融通、产教融合、科教融汇的重大部署，是优化职业学校"双师型"教师培训结构的重要布局，是提高职业教育师资队伍整体质量、优化教师队伍结构、解决职业学校专业教师和实习指导教师数量不足和质量不高等问题的重要途径和基础性工程。

1. 建设职业教育"双师型"教师培训基地的重要意义

一是构建标准化的职教培训体系。改革开放以来，为有效提高职教教师培训质量，全国建立了数百个各种形式和不同规模的职教师资基地，这些基地特别是若干面向大区的职教师资基地和多所职业技术师范院校（包括二级学院）的建立和发展，对职业教育师资的培养培训发挥了重要作用，并为职教师资基地建设奠定了基础。但职教师资基地建设总体上仍然很薄弱，其培养培训规模和质量还不能适应职业教育事业发展的需要。

二是调整国家级职业院校校长培训基地布局。面对参差不齐、一盘散沙的培训基地建设，国家需要统筹考虑职业教育层次、地区经济产业和地域特点、职业教育发展情况，对承担职业院校校长培训任务的单位（机构）进行调整，遴选认定一批国家级职业院校教师校长（书记）培训基地，展开梯次迭代培训。职教国培基地是职业教育师资培养培训体系的重要组成部分，是职业学校教师素质提高计划、"职教国培"示范项目、名师（名匠）名校长培养计划等国家级培训任务和各地各校教师培训的重要承训力量。

三是打造高水平职业院校教师培训基地。面对新时代职业教育发展的新机遇、新挑战，需要持续结合新专业目录调整和国家战略重点领域、紧缺领域和优先发展产业领域相关专业，对现有各类国家级职业院校教师培养培训基地进行调整，定期轮转。推进"双师型"教师培养培训基地在教师培养培训、团队建设、科研教研、资源开发等方面提供支撑和服务。

2. 建设职业教育"双师型"教师培训基地的核心内容

2019年8月，《深化新时代职业教育"双师型"教师队伍建设改革实施方案》提出健全完善职业教育师资培养培训体系，推进"双师型"教师培养培训基地在教师培养培训、团队建设、科研教研、资源开发等方面提供支撑和服务。构建以职业技术师范院校为主体、产教融合的多元培养培训格局，明确建设100家校企合作的"双师型"教师培养培训基地。2022年12月，为深入贯彻党的二十大精神，落实中共中央办公厅、国务院办公厅印发的《关于推动现代职业教育高质量发展的意见》要求，优化职业学校"双师型"教师培训基地布局，推进职普融通、产教融合、科教融汇，经省级教育行政部门推荐、中央部门所属高校自主申报和专家综合评议，教育部确定建设170个国家级职业教育"双师型"教师培训基地（2023—2025年）。

基地建设核心任务主要包括：一是优化师资培养培训基地布局结构。国家依托普通本科院校、职业院校和大中型企业，继续建设一批国家级"双师型"教师培养培训基地。各地教育行政部门要加强基地建设规划，建立基地工作评估制度和动态调整机制，优化基地专业和区域布局，形成覆盖本地区职业院校主要专业、适应教师队伍建设需要的培养培训基地网络。二是完善师资培养培训基地校企合作机制。职业教育师资培养培训基地要按照互惠双赢的原则，与具有行业代表性的企业建立长期合作关系，组建校企合作委员会，共同设计项目方案，共同开发课程教材，共同开展教学活动，共同实施效果评估，使校企合作贯穿教师培养培训的全过程。三是加强师资培养培训基地内涵建设。强调职业教育师资培养培训基地中的普通本科院校都要建立职业技术教育（师范）学院。要加强规章制度建设，健全基地管理、教学管理、项目管理、学生（学员）管理等制度，结合学校优势和培养培训需求开发高水平的项目和课程，打造培养培训品牌。

3. 建设职业教育"双师型"教师培训基地的主要成效

一是教育部根据职教国培基地建设和培训开展情况，定期进行动态调整机制。2022年，我国已经依托普通高等学校和高等职业技术学院在全国重点建设100个功能齐全、管理规范、培养能力强、教学质量高、具有职教特色、能起示范和辐射作用的职教师资基地。2022年12月，新公布了170家国家级职业教育"双师型"教师培训基地名单（2023—2025年），旨在加强专业建设，组建高水平培训团队，深化校企合作，建立协作机制，充分发挥共同体成员单位在专业领域和培训工作中的特色优势，密切配合，形成合力。

二是形成全国布局的职业教育"双师型"教师培训基地网络。多年来各地和各有关部门均大力支持职教国培基地的工作，指导和管理不断加强，相关政策支持频频出台，积极落实选、推、建、用的主体责任，结合本地区产业和经济社会发展实际，建强省级教师培训基地，2022年各省、自治区、直辖市共建立300个左右主要面向本地培养培训中等职业教育师资的职教师资基地；全面优化和完善了全国职业院校教师培训基地布局。在全国初步形成布局合理、功能较完备、与职业教育发展规模和要求相适应的基地网络，为建立职业教育师资培养培训体系奠定良好的基础。

三是依托教师校长培训基地建设，形成了一套筛选机制。全国重点建设职教师资培养培训基地具有了一种鉴别性功能。如2017年，《职业院校教师素质提高计划项目管理办法》规定申请承担卓越校长专题研修的单位一般应是全国重点建设职教师资培养培训基地。申报中高职教师素质协同提升项目的单位也应是全国重点建设职教师资培养培训基地等。基地的建设有利于集中优质资源，提升工作效率，成为真正的培训品牌。

四、创新职业院校教师发展模式

十年来，我国经济和社会发展正处于一个大发展、大变革、大调整的时期，新兴产业和新兴行业发展迅速，产业之间的关联度也在持续加大，产业链或岗位群之间的界限日趋模糊。高职院校人才培养仅靠个体专业单打独斗已无法满足高质量、创新发展的新要求，团队作业方式已成为高质量人才培养的基本策略。通过创新职业院校教师发展模式，打造职业院校教师教学创新团队，实施名师名匠名校长计划，加强国家示范引领，形成团队建设网状体系，带动了"双师型"教师队伍整体建设。

（一）加强职业院校教师教学创新团队建设

1. 加强职业院校教师教学创新团队建设的重要意义

一是专业群建设的提速器。专业群建设已成为新时期高职院校核心竞争力提升和创新发展的新启程。2019年12月，56所国家高水平建设高职院校、141所高水平专业群建设高职院校的公布，开启了新时期高职院校高质量发展的大幕。高水平、结构化教师教学创新团队的价值在于根据专业群的性质和要求，对接区域行业企业工作岗位和工作标准，创新人才培养方案和教学模式，适应产业转型升级与产业集群式发展趋势，培养复合型技术技能人才，是专业群高质量发展、特色发展、持续发展的提速器。二是"1+X证书"的助推器。"1+X证书"制度是职业教育作为类型教育的重要体现，是推动新时期职业教育改革的重点，是国家职业教育改革的重要突破口。"1+X证书"制度核心特征是"书证融通、育训结合、多元评价"。它是一项系统工程，涉及人才培养模式、教学内容、评价模式等多方面的改革，是教师个体无法完成的任务，必须有一支结构合理、深刻理解"1+X证书"制度内涵和意义的教师教学创新团队来服务学生"1+X"的学习，助推"1+X证书"制度顺利实施。三是"三教"改革的助跑器。推进教师、教材、教法改革是高等职业教育高质量发展的重要切入点。教师是职业教育教学改革的母机，是"三教"改革的关键。通过高水平、结构化教师创新团队建设，形成教育教学改革的合力，推动学校与企业的深度合作，开发课程、重构教学流程，实行项目化教学、情景式教学、工作过程导向教学，打破学科教学的传统模式。高水平、结构化教师教学创新团队已成为推进"三教"改革的助跑器。四是"双师型"队伍建设的加速器。"双师型"教师培养是一个渐进性、持续性提升的过程，覆盖职前培养、在职培训、实践锻炼的全阶段，近年来，虽然采取培训、培养、下企业等多种途径提升教师的生产实践技能，但"双师型"教师发展一般都是处于自身摸索的状态，缺乏教学团队的支撑。在高水平、结构化教师教学创新团队中，教师融入教学创新团队，做团队的建设者，团队成员相互促进专业发展，必将加速"双师型"教师队伍建设。[1]

2. 加强职业院校教师教学创新团队建设的核心内容

2019年1月，国务院印发的《国家职业教育改革实施方案》提出，多措并举打造"双师型"教师队伍，探索组建高水平、结构化教师教学创新团队，教师分工协作进行模块化教学。为贯彻落实方案的相关要求，2019年5月，教育部专门印发了《全国职业院校教师教学创新团队建设方案》，对教师教学创新团队的整体建设进行了规划。

一是目标任务。服务职业教育高质量发展和"学历证书+若干职业技能等

---

[1] 李国成，徐国庆.高职院校高水平结构化教师教学创新团队建设研究［J］.职教论坛，2021（3）：86.

级证书"(即"1+X 证书")制度试点需要,突出示范引领、建优扶强、协同创新、促进改革,按照"择优遴选、培育建设一批,优中选优、考核认定一批"的总体思路,面向中等职业学校、高等职业学校和应用型本科高校,聚焦战略性重点产业领域和民生紧缺领域专业,分年度、分批次、分专业遴选建设国家级职业院校教师教学创新团队,示范引领各地各校因地制宜做好省级、校级团队整体规划和建设布局,按计划、分步骤建成一批覆盖骨干专业(群)、引领教育教学模式改革创新、推进人才培养质量持续提升的教师教学创新团队。二是立项条件。根据中等职业学校、高等职业学校和应用型本科高校不同的学校条件和专业基础,坚持共性与个性相统一、全面和特色相结合,分类遴选、立项建设国家级团队。主要包括团队师德师风高尚、结构科学合理、负责人能力突出、教学改革基础良好、专业特色优势明显和保障措施完善健全。三是建设任务。第一,要加强团队教师能力建设。制订国内一流、对标国际的团队建设方案,建立健全团队管理制度,落实团队工作责任制。第二,建立团队建设协作共同体。按照专业领域,由若干所立项院校建立协作共同体,完善校企、校际协同工作机制,促进团队建设的整体水平不断提升。第三,构建对接职业标准的课程体系。服务"1"与"X"的有机衔接。第四,创新团队协作的模块化教学模式。建立以学生为中心,健全德技并修、工学结合的育人模式。第五,形成高质量、有特色的经验成果,形成具有中国特色、世界水平的职业教育教学模式。

3. 加强职业院校教师教学创新团队建设的主要成效

党的十八大以来,为打造领先教师团队,政府通过设置中高职衔接专业教师协同研修、紧缺领域教师技术技能传承创新平台建设,骨干培训专家团队建设等,组织团队开展理实一体课程开发、行动导向的教学实践与演练、教科研交流与项目合作,协同提升教师实践教学能力、科研教研能力、研究协作能力。2016—2020年,共支持3000多个教学团队开展教研科研活动,整体上以团队开展教学研讨的氛围已经建立。

2019年在对职教教师团队系统改革部署后,7月教育部教师工作司启动职业教育教师教学创新团队遴选工作,随后公示首批国家级职业教育教师教学创新团队。这些团队涉及工业机器人应用与维护、Web前端开发、人工智能技术与应用等14个战略性重点产业领域和民生紧缺领域，一共有120个团队获批立项建设单位，另有2个团队获批培育建设单位。这标志着职业教育教师教学创新"国家队"已然诞生，旨在服务经济社会发展、深化产教融合校企合作、推动人才培养质量持续提升的职业教育教师教学创新团队建设已经全面铺开。国家教学创新团队的设立，示范带动建立省级创新团队500余个、校级创新团队1600余个，教师分工协作模块化教学的模式逐步建立，团队能力素质全面加强。2021年，组织第二批国家级创新团队立项建设，聚焦现代农业、战略性新兴产业、现代服务业等13个重点领域、28个具体方向，紧密结合职教新专业目录，遴选240个立项单位、2个培育单位展开建设。通过线上线下相结合的形式，组织团队建设高级研修班和专题研修班，约1.5万人次参训；设立专项课题222个、遴选创新团队培训基地31个，持续推进国家级团队建设工作。同时，推动各省（区、市）和全国职业院校积极展开省级、校级职教创新团队建设工作。2022年持续开展职教教师教学创新团队建设，印发了《关于进一步加强全国职业院校教师教学创新团队建设的通知》，进一步加强和规范团队建设工作；组织国家级创新团队的中期调研及质量自评工作；制定了国家级团队建设质量考核指标，做好首批国家级创新团队验收认定的筹备工作，组织10所院校开展试评工作。

2021年1月，教育部印发《关于公布〈职业教育提质培优行动计划（2020—2023年）〉任务（项目）承接情况的通知》，显示全国31个省（自治区、直辖市）和新疆生产建设兵团都承接了"遴选360个国家级教师教学创新团队"这项任务，布点总数达2350个，预计投入经费16.08亿元。高水平、结构化教师教学创新团队建设已成为新时期高职教育改革的基石、提质培优攻坚战的核心。

（二）实施名师名匠名校长培训

实施名师名匠名校长培训旨在培养造就一批具有鲜明教育理念和成熟教学模式、能够引领职业教育改革发展的名师名校长，培养为学、为事、为人示范的新时代"良匠之师"。健全名师名校长遴选、培养、管理、使用一体化的培养体系和管理机制，营造教育家脱颖而出的环境，为全面落实立德树人根本任务、推动职业教育高质量发展提供有力支撑。

1. 名师名匠名校长培训政策的重要意义

教师振兴是教育振兴的关键一环。随着社会对教育强国认识的不断深化，大力培养名师名校长成为一种共识，受到各级政府高度重视。一是示范引领的需要。在我国实行国家示范引领、省级统筹实施、市县联动保障、校本特色研修的四级培训体系。中央财政投入主要用于骨干教师、专业带头人、名师名校长、培训者的示范性培训等，省、市、县和学校在国家的示范引领下，重点支持开展对新入职教师、青年教师等的培训和校企合作，强化校本研修，实现职业院校教师培训全员覆盖。二是培养人才的需要。职业学校只有拥有高素质高水平的师资队伍，才能为培养符合区域经济社会发展所需的高质量技能型人才提供关键支撑。师德高尚、学识渊博、技艺精湛的教学名师队伍则是引领教师专业发展的重要力量。而职业院校校长作为学校领导者，其改革创新意识、战略思维素养、决策执行能力和学校管理水平直接影响到学生的成长与发展，影响到学校的创新与发展。三是实施教师梯级培养战略的需要。当下，教育发展开始由均衡阶段走向优质均衡阶段。政府的政策倾斜等"输血"不可少，但学校本身的"造血"更重要。教师梯级培养是强化学校"造血"功能的筑基固本战略。没有一位教师能够一夜成名、一事成家，名师名校长的培养要遵循规律，实施梯级培养战略，形成"学科首席教师—校级名师—县市级名师—省级名师—国家级名师"的梯级攀升机制（名校长类似）。建立教师梯级培养机制，可以为教师专业发展指明方向，有利于帮助教师克服职业倦怠，整体提高教师队伍素质。❶

2. 名师名匠名校长培训政策的核心内容

2016年发布的《关于实施职业院校教师素质提高计划（2017—2020年）的意见》鲜明提出，要注重职业院校教师示范培训。一要抓专业带头人领军能力研修。组织职业院校具有中级以上职称、主持过相关科研教改课题或项目的专业带头人，采取集中面授、返岗实践、再集中面授的交替进行的方式，进行为期不少于4周的培训，重点提升教师的团队合作能力、应用技术研发与推广能力、课程

---

❶ 肖锦川.三位一体，助推名师名校长成长［J］.教育家，2021（26）：91.

开发技术、教研科研能力，培养一批具备专业领军水平、能够传帮带培训教学团队的"种子"名师。二要抓卓越校长专题研修。分别组织中职和高职国家级（省级）重点学校、示范学校的校长，采取集中面授、名校观摩、跟岗培训、专题研究等相结合的方式，针对新任校长、骨干校长、知名校长分层分类开展不少于2周的专题研修。围绕集团化办学、校企合作、现代学徒制、学校治理、中高职衔接、专业设置与建设、教师队伍建设等内容，重点提高校长改革创新意识、决策领导能力、依法办学和治校能力，为各地培养一批具有较高知名度、精通现代学校治理的"教育家"。

2019年4月发布的《关于实施中国特色高水平高职学校和专业建设计划的意见》（即"双高计划"），将打造高水平双师队伍列为十大改革发展任务之一，明确提出"培育引进一批行业有权威、国际有影响的专业群建设带头人，着力培养一批能够改进企业产品工艺、解决生产技术难题的骨干教师，合力培育一批具有绝技绝艺的技术技能大师"，以打造数量充足、专兼结合、结构合理的高水平双师队伍。2019年8月发布的《深化新时代职业教育"双师型"教师队伍建设改革实施方案》提出，要建设"国家工匠之师"引领的高层次人才队伍，首度提出了名匠的培养概念，分级打造师德高尚、技艺精湛、育人水平高超的教学名师、专业带头人、青年骨干教师等高层次人才队伍。通过跟岗访学、顶岗实践等方式，重点培训数以万计的青年骨干教师。加强专业带头人领军能力培养，为职业院校教师教学创新团队培育一大批首席专家。建立国家杰出职业教育专家库及其联系机制。建设1000个国家级"双师型"名师工作室和1000个国家级教师技艺技能传承创新平台。面向战略性新兴产业和先进制造业人才需要，打造一批覆盖重点专业领域的"国家工匠之师"。

2021年发布的《关于实施职业院校教师素质提高计划（2021—2025年）的通知》对名师名匠名校长的整体建设提出了具体规划。主要分为两个维度。一是注重名校长（书记）个体培育。遴选职业院校校长（书记）参加培训，通过集中研修、跟岗研修、考察交流、在线研讨、返岗实践等方式进行培育，内容主要包括党中央、国务院关于职业教育和教师工作的重要政策、国际职业教育先进理念和实践、区域职业教育现代化、职业院校治理、职业院校人才培养模式改革、"1+X证书"制度、"三教"改革组织领导与实施、校企合作深化、教育教学成果培育、信息化建设管理和应用等。二是名师（名匠）团队培育。遴选职业院校具有较大影响力的教学名师或具有绝招绝技的技能大师（专兼职）组建"双师型"名师（名匠）工作室或技艺技能传承创新平台，通过定期团队研修、项目研究、行动学习等方式，进行为期3年的分阶段研修。"双师型"名师（名匠）工作室研修内容主要包括模块化课程建设与组织实施、教学资源研发、教学能力和教科研能力提升等；技艺技能传承创新平台研修内容主要包括技术技能传承、积累与开发应用、传统（民族）技艺传承、实习实训资源开发、创新创业教育经验交流等。

3.名师名匠名校长培训政策的主要成效

一是教师团队培训强劲有力。十年来，政府对全国职业院校校领导班子开展大力度培训，从2020年起实施全国职业院校校长治理能力提升三年行动计划（2020—2022年）。2020年，教育部遴选了5个职业院校校长培训基地、24个培育基地，已举办五期研讨班，培训936名书记、校长和省级教育行政部门职业教育相关处室负责人，效果良好。二是以赛带训极大提高了名师名校长的育人能力。坚持赛训一体、以赛促建，每年组织开展全国职业院校技能大赛教学能力比赛。2020年，5290所职业院校21.9万名教师参加。通过教学能力比赛积极引导院校和师生及时调整教学策略、组织形式、资源类型，推动创新、完善混合式教学方式，推动教师综合素质、专业化水平和创新能力全面提升，技术技能人才培养质量不断提高。举办全国职业院校技能大赛中等职业学校班主任能力比赛，将职业指导工作作为班级建设方案的重要内容，在比赛中重点考察，推动提高班主任职业指导能力。2020年，34个参赛队举办省级比赛，274个城市举办地市级比赛，3100余所中职学校举办校级比赛，带动3.8万名教师参加了省、市、校级比赛。三是引领"三教"改革，发挥专业引领作用。名师、名校长主动对接市场需求，坚持服务发展、促进就业导向，不断优化专业结构，专业建设质量和人才培养质量稳步提升。参与职业教育专业目录全面修（制）订，推进职业教育专业升级与数字化改造，专业支撑政府印发《职业教育专业目录（2021年）》。与原目录相比，中职调整幅度61.1%，高职专科调整幅度56.4%，高职本科调整幅度260%。同时，全国职业学校开设了1300余个专业和12余万个专业点，基本覆盖了国民经济各个领域，每年培养1000万左右的高素质技术技能人才。近五年来，制造业重点领域专业点增加21%，"一老一小"高职专业布点近 2100 个。积极为制造业培养紧缺人才。在现代制造业、战略性新兴产业和现代服务业等领域，一线新增从业人员 70% 以上来自职业院校毕业生。

五、推进职业教育教师管理改革

党的十八大以来，国家颁布和修订了《中华人民共和国教师法》《中华人民共和国职业教育法》和一系列法规、规章，教师队伍建设逐步走上法治化轨道。职业教育教师的来源渠道、类型结构、学历层级等得到了优化，一支结构合理、素质优良、规模稳定、专兼结合的师资队伍已经基本建成，长期困扰职业院校的师资问题得到有效解决，职业教育教师管理体系改革取得重大进展。

（一）职业教育教师管理改革的重要意义

随着新时代的到来，我国职业学校教师队伍建设面临一系列新形势和更加繁重的任务。一是职教高质量发展需求。习近平总书记强调，要深化教育体制改革，坚决破除制约教育事业发展的体制机制障碍。我国职业教育起步较晚，师资力量相对薄弱，社会服务能力弱，加上师资管理体制机制不够完善，教师潜力的发挥遭到束缚。因此，推进管理体制机制革新是释放教师创新创造活力、实现人尽其才、提升社会服务能力与水平的重要举措。二是职教特性管理需求。职业教育的定位一直比较模糊。2019 年 1 月，《国家职业教育改革实施方案》明确职业教育的类型定位及目标要求。其类型定位和跨界属性决定了职教师资类型结构的独特性，即多主体结构、多类型层次、多来源渠道和多培养主体等。这种独特的类型结构及建设模式，直接影响着职业教育提升内涵、凝练特色、巩固类型，影响着职业教育人才培养的质量水平。因此，优化教师队伍类型结构，形成适应类型特点要求的教师队伍分类管理逻辑尤为重要。❶ 三是时代性改革需求。教育强国和科技强国战略的实施，对以培养高素质劳动者

---

❶ 孙琳，李刚，孙鹏.我国职业教育师资队伍类型结构的演变与分类管理逻辑［J］.中国职业技术教育，2021（30）：65.

的职业教育和职业学校教师队伍建设提出了更高的要求。职业教育师资管理体制机制的革新，需要遵循职业教育发展规律与教师成长规律，在经费投入机制、校企合作培训机制、职业院校人才引进机制、职业院校招生制度、职业院校教师编制动态管理机制、职业院校教师考核评价机制、师资职称评聘和绩效工资分配制度等方面进行改革、调整与完善。

（二）职业教育教师管理改革的核心内容

职业教育教师管理体制改革的核心是拓宽职业教育教师的来源渠道、丰富教师的类型结构、优化教师的学历层级，建设一支结构合理、素质优良、规模稳定、专兼结合的师资队伍。

一是扩大教师来源，优化师资队伍结构。党的十八大以来，职教队伍建设方向从以专业教师为主逐渐向专兼并重转向。2012年10月，《职业学校兼职教师管理办法》提出要支持、鼓励和规范具有实践经验的专业技术人员或高技能人才到职业院校兼职。2018年2月，《教师教育振兴行动计划（2018—2022年）》中提出，"推进职业学校、高等学校与大中型企业共建共享师资，允许职业学校、高等学校依法依规自主聘请兼职教师，支持有条件的地方探索产业导师特设岗位计划"。2019年，《职业技能提升行动方案（2019—2021年）》提出，"职业院校和培训机构实行专兼职教师制度，可按规定自主招聘企业技能人才任教"。2019年，《国家职业教育改革实施方案》明确要求，"建立健全职业院校自主聘任兼职教师的办法，推动企业工程技术人员、高技能人才和职业院校教师双向流动"。二是强化专职教师素质和实践教学能力，构建"双师型"教师管理体系。逐步完善职业教育教师资格认定制度，在国家教师资格考试中强化专业教学和实践要求。制定"双师型"教师标准，完善教师招聘、专业技术职务评聘和绩效考核标准。要求按照职业学校生师比例和结构要求配齐专业教师。加强职业技术师范学校建设。支持高水平学校和大中型企业共建"双师型"教师培养培训基地，落实教师定期到企业实践的规定，支持企业技术骨干到学校从教，推进固定岗与流动岗相结合、校企互聘兼职的教师队伍建设改革。2021年，《关于实施职业院校教师素质提高计划（2021—2025年）的通知》全面规划了"十四五"期间职业院校教师素质提高的目标、制度、内容与形式，全面构建"双师型"教师的培养体系。三是改革职业学校专业教师晋升和评价机制。破除"五唯"倾向，将企业生产项目实践经历、业绩成果等纳入评价标准。完善职业学校自主聘任兼职教师的办法，实施现代产业导师特聘计划，设置一定比例的特聘岗位，畅通行业企业高层次技术技能人才从教渠道，推动企业工程技术人员、高技能人才与职业学校教师双向流动。改革完善职业学校绩效工资政策。职业学校通过校企合作、技术服务、社会培训取得的收入，可按一定比例作为绩效工资来源。四是强化职业学校校长队伍建设，完善选拔任用机制。2019年8月，《深化新时代职业教育"双师型"教师队伍建设改革实施方案》提出，打造高素质专业化管理队伍，强化职业学校校长队伍建设，完善选拔任用机制。建立国家、省、市（县）分级培训机制，组织开展职业学校校长和管理干部培训，造就一支政治过硬、品德高尚、业务精湛、治校有方的管理队伍；并提出到2023年，要集中培训5000名左右中职校长（书记）和1000名左右高职校长（书记），各级各类培训覆盖全部职业学校管理干部。五是以团队建设为突破口，打造高质量教师队伍；从世界职教师资建设经验而言，注重团队建设、进行有组织的科研突破是发展趋势。职业教育教师教学团队建设旨在从整体上建立起一个结构合理、高效优良的教师队伍。2016年，教育部等部门联合印发的《制造业人才发展规划指南》明确提出：支持地方加强"双师型"教师队伍建设，引导学校聘请一批企业高级管理人员、高技能人才、能工巧匠担任专兼职教师，打造一批产学研用一体化创新团队。2019年，为贯彻落实《国家职业教育改革实施方案》，实施职业院校教师境外培训计划，分年度、分批次选派职业院校骨干教师校长赴德国研修，学习借鉴"双元制"职业教育先进经验。2021年3月贯彻落实《国家职业教育改革实施方案》，明确了建设360个职业院校教师教学创新团队的目标任务。教师教学团队建设成为扩大教师队伍源渠道、优化教师队伍结构的重要方式。

（三）职业教育教师管理改革的主要成效

2021年，我国职业院校的专任教师数量从2012年的111万人增加到129万人，增幅为16%，其中，中职69.5万人、高职57万人、本科2.5万人。教师队伍年龄结构也得到了优化，中、高职学校50岁以下的专任教师占比分别为80%和83%，中青年教师是职业教育教师队伍的中坚力量。十年来，我国组建了1500多个职业教育集团，成员单位总数达到4.5万余家，世界500强企业有175家参与其中；培育产教融合型企业3000多家，产教融合型城市21个，构建了一个"以城市为支柱、行业为支点、企业为重点"的产教融合型职业教育新范式。2019年，首批197个职业院校入选"双高计划"建设名单，其中高水平学校建设高校56所，高水平专业群建设高校141所，这些院校为职业教育人才培养质量的提升起到了很好的示范作用。职业教育公共治理体系越来越完善，基本确立了"管办评分离"教育治理原则，厘清了政府、学校和社会三者的权责关系，优化了职业教育生态，建立了系统完备、科学规范、运行有效的制度体系，形成了职能边界清晰、多元主体充分发挥作用的新局面。

一是职教师资的专业性大大增强。2010年，启动全国行业职业教育教学指导委员会（以下简称"行指委"）建设工作，经过五次调整、换届，现设置57个行指委，各行指委共编发60个行业人才需求预测与专业设置指导报告，44个行指委牵头制定了国家职业教育教学标准。近年来，在行指委的指导下，校企合作开发课程8000多门、编写教材6000多本，行业企业提供实训设备设施总值超过1500亿元、投入建设经费超过60亿元，8万多名企业人员到职业院校兼职，23万多名职业院校教师到企业实践。师资的行业专业性大大增强。二是职业教育教师校长标准体系得到完善。充分发挥了标准在职业教育质量提升中的基础性作用。结合职业教育特点完善学位制度。实施职业学校教师、校长专业标准，制定"双师型"教师基本要求。统筹修（制）订衔接贯通、全面覆盖的中等、专科、本科职业教育专业目录及专业设置管理办法。构建国家、省、校三级专业教学标准体系，国家面向产业急需领域和量大面广的专业，修（制）订国家标准；各地根据经济社会发展需要和有关技术规范，补充制定区域性标准；职业学校全面落实国标和省标，开发具有校本特色的更高标准，根据不同标准进行职教教师队伍建设。三是逐步建立了精细化的分类管理方式。初步建立了以岗位设置为基础，以类型教育教师队伍特色要求为根本的分类管理模式。不断创新职业学校教师岗位类型，实施固定岗加流动岗管理方式，构建起校内教师与校外教师两个来源，专职教师与兼职互相补充，各类型教师配备齐全的多层次、多结构模式。四是打造了一批职业教育教师教学创新团队。他们具有高水平、结构化的特点，是一支由校内专业带头人、骨干教师和行业企业专家、技能名师和能工巧匠组成的专兼结合、具有"双师"结构及素质的专业教学团队。他们与企业在人员互聘、教师培训、技术创新、资源开发等方面开展了全面深度合作，促进了"双元"育人，协同育人；并围绕落实国家专业能力标准，分工协作进行模块化教学，持续改进教学质量，成为教育教学改革的开拓者和探索者。这满足了新时代职业教育改革发展对高素质专业化创新型教师队伍的需求，是高水平师资队伍建设、优化教师队伍结构的有效途径，对职业院校专业教师队伍建设具有极强的引领示范、辐射作用。

2022年修订的《中华人民共和国职业教育法》规定了"高质量发展"的目标追求，规定了"七个坚持"的遵循原则，规定了"六个特征"的现代职业教育体系，规定了职业教育的新内涵和新定位，规定了一系列具有中国特色、职教特点的制度体制机制，为下一步职业教育深化改革、提升质量保驾护航，发展职业教育的责任重大。我们将扎根中国大地，按照"创新制度、完善体系、加快补充、提质赋能"的总体思路，进一步充实数量、优化结构、规范管理、加强保障，建设一支高素质"双师型"的教师队伍，全面推进职教教师工作高质量发展，服务支撑新时代职业教育高质量发展。

第六章 加强高校教师队伍建设

第六章 加强高校教师队伍建设

高校教师队伍建设是新时代高等教育高质量发展的关键要素。党的十八大以来,以习近平同志为核心的党中央着眼高等教育发展全局、人才强国的战略布局,高度重视教师队伍建设与发展。习近平总书记指出,"建设政治素质过硬、业务能力精湛、育人水平高超的高素质教师队伍是大学建设的基础性工作",为全面深化新时代教师队伍建设、推动大学高质量发展提供了根本遵循。党的二十大报告把教育、科技、人才单列成为一个新板块,体现了建设教育强国是中华民族伟大复兴的基础工程。"高等教育是整个教育体系的龙头,其发展水平是国家发展水平和发展潜力的重要标志。高等教育在实现中国式现代化中扮演着不可替代的战略角色,发挥着举足轻重的战略作用,必须加快改革创新发展,全面提高人才自主培养质量,着力造就拔尖创新人才,以高质量发展全面服务支撑中国式现代化。"❶ 强大的高等教育需要高质量的教师队伍,需要大师,使其成为高等教育高质量发展的关键推动力,肩负起努力培养造就更多大师、战略科学家、一流科技领军人才和创新团队、青年科技人才、卓越工程师、大国工匠、高技能人才的时代重任。

一、建立健全新时代高校教师制度体系

2018年1月,《中共中央 国务院关于全面深化新时代教师队伍建设改革的意见》着重强调高校教师以提高质量和深化人事制度改革为重点加强队伍建设。2018年12月修订的《中华人民共和国高等教育法》第五章依法确立了"高等学校教师和其他教育工作者"的权利、义务等内容。根据党中央、国务院的决策部署,教育部先后出台一系列高校教师队伍建设的政策文件,重点围绕加强师德师风建设、提升教师专业素质能力、深化教师管理、保障教师待遇四个方面,搭建起高校教师制度建设的四梁八柱。特别是2020年12月,教育部等六部门联合印发《关于加强新时代高校教师队伍建设改革的指导意见》,明确高

---

❶ 吴岩.以高等教育高质量发展全面服务支撑中国式现代化[N].中国教育报,2022-11-15.

校教师队伍建设方向，确立实现教师队伍治理体系和治理能力现代化的目标。师德师风、素质能力、管理改革、待遇保障成为高校教师制度体系建设的核心内容，为着力打造高水平创新团队，培养一批具有国际影响力的科学家、学科领军人才和青年学术英才，优化人才服务水平，不断提高高等教育质量，实现"科技强国""人才强国"创造了良好的制度环境。

（一）以师德师风为根基，建立长效机制

"师德师风是评价教师素质的第一标准。"为从根本上不断提升高校教师职业道德水平，肩负起"为党育人、为国育才"的使命，在《高等学校教师职业道德规范》的基础上，教育部相继出台《关于建立健全高校师德建设长效机制的意见》《新时代高校教师职业行为十项准则》《关于高校教师师德失范行为处理的指导意见》，面向全体高校教师，明确要求加强思想政治引领、培育弘扬高尚师德。在坚持思想政治建设的基础上，以教师行为准则为基准，遵守行为规范，并作出视师德失范行为情节轻重，给予相应处理或处分，涉嫌违法犯罪的，及时移送司法机关依法处理的规定。通过引导教师树立崇高理想、培育重德养德良好风尚、促进教师提高自身修养、防止师德失范行为、引导教师提升精神境界等途径，建立起师德教育、宣传、考核、监督、激励、奖惩等全过程的长效机制。与此同时，面对思政课教师群体，专门出台《普通高等学校思想政治理论课教师队伍培养规划（2019—2023年）》《新时代高等学校思想政治理论课教师队伍建设规定》，旨在通过明确思政课教师职责要求、配备选聘、培养培训、考核评价机制、保障管理五方面规章内容，健全制度举措，着力破解高校思政课教师队伍建设的重点和难点，使其成为承担开展马克思主义理论教育、用习近平新时代中国特色社会主义思想铸魂育人的中坚力量。

（二）以素质能力为核心，夯实发展支持体系

建设业务能力精湛、育人水平高超的高素质教师队伍是高校教师改革与发展的重中之重。

要加大新入职教师的培训力度。2016年6月，国家启动实施"高等学校新入职教师国培示范项目"，持续开展针对中西部高校新入职教师、培训管理者

和培训者的国家级示范培训,有效帮助青年教师树立先进的教育教学理念,助力其站上站稳讲台,成长为合格教师。

要重点支持中青年教师成长。2012年7月,我国启动实施国家级教师教学发展示范中心,初期以重点支持中央部委所属高校为主,此后各地高校逐步建立起符合本校特点的教师发展中心,以提升高等学校中青年教师和基础课教师业务水平和教学能力为重点,完善教师教学发展机制,推进教师培训、教学咨询、教学改革、质量评价等系列发展支持。这表明我国基本建立起以各高校教师发展中心为平台的教师发展支持体系。为进一步解决教师发展中心不系统、教师培训针对性和实效性不高、教师发展服务体系不健全的问题,《关于加强新时代高校教师队伍建设改革的指导意见》强调"健全教师发展体系,完善教师发展培训制度、保障制度、激励制度和督导制度",为未来健全教师发展支持服务体系指明方向。

(三)以深化改革为突破口,完善管理体制机制

为贯彻落实"放管服"改革精神,给高校松绑减负,让学校拥有更大办学自主权,激发广大教学科研人员教书育人、干事创业的积极性和主动性,2017年3月,教育部等五部门联合印发《关于深化高等教育领域简政放权放管结合优化服务改革的若干意见》,针对高校教师编制、职称评审、岗位管理、薪酬分配等方面,明确提出各高校结合学校发展情况和需要,自主制定相应办法和实施方案。同时,教育部又依据中共中央、国务院出台的《关于深化人才发展体制机制改革的意见》《关于深化职称制度改革的意见》《深化新时代教育评价改革总体方案》等重大政策规章,先后印发了《关于深化高校教师考核评价制度改革的指导意见》《关于加快直属高校高层次人才发展的指导意见》《关于加快建设高水平本科教育全面提高人才培养能力的意见》《关于深化高等学校教师职称制度改革的指导意见》。上述文件分别提出了以师德为先、教学为要、科研为基、发展为本的考核评价基本要求;以服务于立德树人根本任务和高等教育改革发展稳定大局,服从服务于西部大开发、东北老工业基地振兴和"一带一路"等国家重大发展战略为基础的高校高层次人才流动基本取向;以推进"准聘与长聘"相结合为基准的多元化岗位招聘选聘基本原则;以健全体系、完善标准、创新机制和实行评聘结合为要义,突出质量,注重凭能力、实绩和

贡献评价教师，破除"五唯"和论文"SCI至上"的职称改革基本导向。以上规定，为各高校制定具体办法和实施方案提供有效的制度遵循。

（四）以收入分配为保障，建立薪酬制度体系

高校薪酬体系的改革与完善，是有效推动高等教育改革的关键环节。坚持正确的收入分配导向，完善高校教师绩效工资制度和内部收入分配激励机制，是党的十八大以来高校教师薪酬制度改革的核心。2012年9月，中共中央、国务院印发《关于深化科技体制改革加快国家创新体系建设的意见》，明确指出建立开放、竞争、流动的用人机制，推进实施绩效工资制度的要求。但在具体实施中存在收入分配中过分依赖和不合理使用论文、专利、项目和经费数量等科技指标的问题。有鉴于此，在此后的高校教师薪酬分配改革中，进一步明确了建立体现以增加知识价值为导向的收入分配机制，不将论文数、专利数、项目数、课题经费等科研量化指标与绩效工资分配、奖励直接挂钩，实施符合高校特点的薪酬制度。通过建立高校薪酬水平调查比较制度，不断完善高校工资水平决定和正常增长机制，合理确定高校教师工资收入水平。为进一步落实高校内部分配自主权，薪酬改革着力强调各高校应结合实际健全适应高等学校教学岗位特点的内部激励机制。根据备案人员总量、当地经济发展水平、办学层次等因素，自主确定本校绩效工资结构和分配方式。绩效工资分配向关键岗位、高层次人才、业务骨干和作出突出成绩的工作人员倾斜。完善绩效考核办法，向扎根教学一线、业绩突出的教师倾斜，向承担急难险重任务、作出突出贡献的教师倾斜，向从事基础前沿研究、国防科技等领域的教师倾斜。薪酬制度改革为推动学校事业发展起到积极的激励和导向作用。高校的薪酬分配直接影响了教师的工作投入程度和绩效水平，也有效规范了高校的创收活动，以"看得见的手"均衡学科间的资源配置。

二、提升高校教师能力素质

（一）高等学校新入职教师国培示范项目

为建立健全高校新入职教师培训制度，加强中西部高校教师队伍建设，提

高中西部高等教育质量，根据《关于加强高等学校青年教师队伍建设的意见》和《中西部高等教育振兴计划（2012—2020年）》等文件精神，2016年6月，教育部办公厅下发《关于启动实施高等学校新入职教师国培示范项目的通知》（以下简称"高校教师国培项目"），决定从2016年至2020年实施高等学校新入职教师国培示范项目。该项目是"国培计划"面向高校教师开展国家级培训的又一有力举措，并持续实施至今。

1. 实施高校教师国培项目的重要意义

高校青年教师是高校教师队伍的重要力量，关系着高校发展的未来，关系着人才培养的未来，关系着教育事业的未来。青年教师作为西部高等教育的中坚力量，其政治素养、专业道德、专业发展能力与水平是影响西部高等教育高质量提升的核心要素。实施高校教师国培项目更有利于确保青年教师的先锋队作用。

高校新入职教师正值学生向教师角色转化的重要阶段，部分高校新入职青年教师的思想政治素质还不够过硬，专业发展面临困境，甚至还存在未接受系统的教育教学技能培训就走上讲台的现状，需要不断加强其思想政治教育、提升其专业发展能力与水平。实施高校教师国培项目是加强青年教师思想政治素质、培训良好师德、提升专业发展水平和能力的重要途径，有利于更好地帮助新入职教师树立正确的专业理念，培养良好的师德修养，学术规范与心理素质，掌握基本的教育教学技能，提高教书育人能力和从教适应能力，从而建立健全与教师资格认定相衔接的高校教师培训机制。❶

2. 高校教师国培项目的核心内容

确立目标任务。自2016年项目启动以来，共组织9000余名中西部高校新入职教师，每年参加为期20天的国家级示范培训；共组织400名各省（区、市）高校教师培训管理者和培训者，参加为期5天的国家级示范培训。

选拔培训对象。培训对象主要为中西部地方所属本科高等学校的新入职专任教师、各省级教育行政部门分管高校教师培训工作的负责人和省级培训机构的培训者。

---

❶ 对十三届全国人大二次会议第8035号建议的答复［EB/OL］.（2019-10-10）［2022-12-30］.http://www.moe.gov.cn/jyb_xxgk/xxgk_jyta/jyta_jiaoshisi/201912/t20191204_410799.html.

明晰培训内容。根据高校教学改革需要与初任教师岗位要求，培训内容主要围绕"专业理念与规范""教学理论与技能""信息技术与运用"三个方面，突出教育教学基本技能的实践教学。第一，"专业理念与规范"。该模块以高校教师师德修养和综合素养养成为重点，涉及师德规范、教育政策与法规、高等教育发展趋势、教师职业生涯规划等内容。第二，"教学理论与技能"。该模块以教育教学基本理论和基本技能学习为重点，包括教学设计、教学行为、教学评价、教学反思与研究等内容。第三，"信息技术与运用"。该模块以信息技术在教育教学中的应用为重点，包括最新信息化教学技术、信息化环境下的教学模式、在线教学资源与学习工具的运用等内容。2021年，培训内容着重强调在培训中应以提升思想政治素质、师德修养和综合素质养成为重点。在针对培训管理者和培训者所开展的培训中，培训内容主要围绕教育教学专业知识、课程建设理念、教学技能方法、信息化教学技术等几个方面。

遵循适宜新入职教师的培训方式。培训主要采取"专题讲授+实践教学+返岗教研"相结合的混合型培训方式，以专题讲授为基础，实践教学为重点，返岗教研为延伸。第一，专题讲授。专题讲授主要从高校教师履行岗位职责所面临的诸多现实问题出发，将专家讲授与学员互动研讨相结合。第二，实践教学。实践教学通过课堂观摩、教学基本技能训练（微格教学等）、模拟教学、反思研讨、成果展示和教学技能考核等环节，帮助新入职教师践行良好师德规范、掌握教育教学基本技能。第三，返岗教研。返岗教研阶段为6个月。新入职教师所在高校为每位新入职教师配备一位教学经验丰富、具有副教授以上职称的指导教师，对其在教育教学方面提供针对性指导和过程性评价。所在高校要核定指导教师的相应工作量。2021年，进一步丰富培训方式，增加了现场体验，其目的在于提升培训的实践性和实效性。

加强项目统筹管理。建立从中央到地方到高校的有效管理机制，明确中西部相关省（区、市）教育行政部门是本地区实施高校新入职教师培训的责任主体，负责本地区培训承办高校及参训学员的管理。培训承办高校负责培训方案设计与培训具体实施。教育部组织专家对相关省（区、市）报送的材料进行审核。省级教育行政部门负责对本省（区、市）承办高校组织实施培训项目开展评估，对参加培训并考核合格的学员，颁发《高等学校新入职教师国培示范项目培训合格证书》，该证书可作为高校教师资格认定的依据。

中央财政提供专项经费支持。高校教师国培项目所需培训经费由中央财政专项经费支持，经费标准由最初每人每天350元提高到550元，包含培训费、住宿费、伙食费。往返交通费等由学员所在单位负担。

3. 高校教师国培示范项目的主要成效

一是有效带动地方高校开展青年教师培训。在高校国培计划的示范带动引领下，各级高校通过多种途径积极开展高校青年教师培训，逐步建立起由学校党委、相关职能部门、教学科研单位、专业系四级联动的青年教师培养支持体制机制，并确立了以提高思想政治素质、提升职业道德素养和教育教学能力水平为核心的培养内容体系。

二是有效帮助青年教师树立先进的教育教学理念，助力其站上站稳讲台，成长为合格教师，进一步提高了新入职教师的综合素质和能力。通过国培项目，高校新入职教师提高了思想政治素质，树立起为党育人、为国育才的根本目标。提升了职业道德素养。部分高校结合学校特征，通过现场实践有针对性地开展新入职教师培训，如中国石油大学（北京）以"走进石油，热爱石油"为主题，以"了解石油文化、感受石油精神、熔铸石油情怀"为主要培训内容，组织青年教师赴油田现场实践。通过实践活动，非石油背景的青年教师能够更快更好地融入石油专业教学、科研背景文化中，为其后续的教学、科研活动奠定基础。

（二）高校教师发展机构建设

高校教师队伍素质和水平直接决定着大学办学水准和人才培养质量。教师教学发展中心作为大学教师队伍培养的重要平台与抓手，在师资队伍建设中发挥着重要的作用。党的十八大以来，各级教育部门坚持以习近平新时代中国特色社会主义思想为指导，认真贯彻落实习近平总书记关于高等教育的系列重要论述和指示精神，坚持把"推动高校普遍建立教师教学发展中心，重点支持建设一批国家级教师教学发展示范中心"❶作为提高教师专业素质能力的重要抓手。自2012年我国开启高校教师教学发展中心建设，厦门大学教师发展中心

---

❶ 教育部关于全面提高高等教育质量的若干意见［EB/OL］.（2012-03-16）［2022-10-10］. http://www.moe.gov.cn/srcsite/A08/s7056/201203/t20120316_146673.html.

等30个国家级教师发展中心正式获批，全国各高校也相继建立了促进教师发展的专门机构，教师发展中心得到迅猛发展。2020年12月，教育部、中央组织部、财政部等六部门联合出台《关于加强新时代高校教师队伍建设改革的指导意见》，明确要求"夯实高校教师发展支持服务体系。统筹教师研修、职业发展咨询、教育教学指导、学术发展、学习资源服务等职责，建实建强教师发展中心等平台，健全教师发展组织体系。高校要加强教师发展工作和人员专业化建设，加大教师发展的人员、资金、场地等资源投入，推动建设各级示范性教师发展中心"❶。这些重要要求和指导意见，为加强新时代高校教师队伍建设改革提供了重要方向和思路，使各界从对教师发展中心数量上的关注转移到内涵建设和质量提升上，为更好推进教师发展、教育教学改革和提升高校人才培养质量提供了重要政治保障。

1. 建设高校教师发展机构的重要意义

建设高校教师发展中心是助推高质量人才培养的重要保障。高等学校最根本的任务是人才培养，而保证人才培养质量的关键是教师的全面发展。做好教师发展中心建设的顶层设计，制定科学、系统、发展的实施方案，是教师发展中心建设的基本要求。多所高校的教师发展中心综合运用线上线下多种资源，结合教师发展的共性要求和个性需求，依据教师发展周期分阶段进行模块化项目培训，制定教育教学能力提升计划，培训的内容及方式不断创新，为不同阶段教师发展提供了充分的空间。以高质量人才培养服务高质量发展，是高校教师发展中心建设的根本逻辑。

高校教师发展中心建设为教师发展提供政策保障和机构保障。首批国家级教师教学发展示范中心成立至今，在高校教师培训、教学质量保障、教育评估与学科发展、学术人才成长服务以及对于弱势高校辐射带动等方面发挥了关键作用。通过专业化、系统性培养教师的职业能力，拓宽教师发展渠道，促进教师全面发展，同时对教师的成长发展进行系统的规划和设计，逐步成为规范化、常态化、组织化的职能机构。

---

❶ 教育部等六部门关于加强新时代高校教师队伍建设改革的指导意见［EB/OL］.（2021-01-04）［2022-10-10］. http://www.moe.gov.cn/srcsite/A10/s7151/202101/t20210108_509152.html.

2.建设高校教师发展机构的核心内容

新时代新形势下高校教师"立德树人"根本任务更加突出,对教师师德师风和综合素质能力提出了更高要求,教师发展中心的方向和目标任务更加明确。教育部已经出台专门政策文件,对教师发展的宗旨、目标任务、平台、待遇保障等都提出了具体的意见。

高校教师发展中心的行政管理职能重在协同整合资源。高校教师发展中心是推动教师专业发展、能力提升的重要机构和平台,围绕教师发展、教师培养规律,为教师教育教学和教学研究提供专业化、科学化服务的内设机构,兼顾学术与行政双重职能。我国高校教师发展中心的建设主要依托国家政策的指导,采用自上而下的建设模式。目前高校组织结构参照了行政组织结构设置,具有鲜明的层级特征,同时需要积极开展对内对外各种改革、培训、交流等学术服务型工作。教师发展中心在协同各管理部门方面具有整合优势,可以调动多方面资源,多元主体参与、各部门互相配合,提高管理成效,共同促进教师专业成长,加强学校师资力量。横向协同学校人事、教务、科研等管理部门,形成"教师、教学、教改"三联动,共同制定教师发展总体规划;纵向协同教学院系,分类提供基层教学组织支撑。

高校教师发展中心的服务职能重在提升教师发展能力。在新的时代背景下,高校教师发展中心的服务性体现为促进教师充分发展,从微观到宏观研究教师职业能力提升的发展路径,提升教师能力在高等教育及专业领域的复合平衡。[1] 具体表现为:服务于个人发展,进行职业规划,提升职业归属感;服务于教学发展,提供各类培训,提升教学技能;服务于组织发展,创造有效的教学环境;服务于专业发展,提高与专业发展相关的知识技能。如通过社会实践、课程学习、访学、学术报告、研讨会等分门别类的学习活动,针对教师教学理念、教学技能、教学方法、教学改革观念、现代教育技术、职业道德等领域进行培训与支持,帮助其掌握并完善专业技能,领会教学艺术,提高教学研究创新能力,促进其卓越发展;制定并完善青年教师教育培训体系,帮助他们认知教师的职业特点和职业要求,掌握教师教育教学的基本理论、知识、方

---

[1] 韩茹,徐金菊.管服结合:高校教师发展中心的职能定位[J].教育教学论坛,2020(5):17-18.

法和技能，提高青年教师的责任意识和基本业务水平。如清华大学"教学研究与培训中心"通过教学信息的收集与分析和评价、教学岗位的达标培训和考核、老教师的示范和指导、现代教育技术的支持和普及、教学奖励的申报与评选等实践和研究，使教学质量管理进一步实现了程序规范化、手段现代化和指标体系科学化，推动、保障了教师教学能力和质量的提高。多所高校教师发展中心通过组织教师培训活动、开展师德师风教育、加强教学能力提升指导、推动教学改革创新、开展教学咨询、成立名师工作室、建设教师发展项目库和专家库、开展校本培训构建校院二级教师发展中心等，为教师专业化发展创造条件、搭建平台。

3.建设高校教师发展机构的主要成效

我国高校教师发展中心的快速发展，体现了国家和社会对教师立德树人这一根本任务的高度重视，有效推动了大部分教师特别是新任高校教师在职业适应性和专业性方面的养成，提升了教师的专业技能和教学水平。一方面，搭建了宣传服务平台，教师发展活动获得肯定。教师发展中心面向全体教师，以青年教师和在教学科研工作发展中遇到问题的教师为主，以提升教师教学能力和业务水平为主要目标，兼顾教师的全面发展需求。多所高校教师发展中心提供的管理与服务覆盖所有在岗专任教师，服务面非常大。如上海交通大学教学发展中心会定期发布较为系统的工作简报。另一方面，更重要的是巩固了教学的基础地位，提高了教师的教学能力。通过在职业规划、校本培训、教学资源共享、教育教学研究、交流咨询等方面构建一体化的服务平台，开展教师岗前和专项培训以及教学大赛，组织教学观摩、专题研讨与交流，提供教学咨询、诊断和建议等方式，巩固了教学的基础地位、提高了教师的教育教学能力。

三、深化高校教师职称与岗位管理改革

职称是专业技术人才学术技术水平和专业能力的主要标志。职称制度是专业技术人才评价和管理的基本制度，对于党和政府团结凝聚专业技术人才，激

励专业技术人才职业发展，加强专业技术人才队伍建设具有重要意义。[1]为深入贯彻党中央、国务院的部署，落实高等教育领域"放管服"改革精神，2020年12月，人力资源社会保障部、教育部联合印发《关于深化高等学校教师职称制度改革的指导意见》（以下简称《指导意见》），明确规定了落实高校职称评审自主权，健全岗位设置制度体系、完善评价标准、创新评价机制，实行评聘结合。形成以人才培养为核心，以品德、能力和业绩为导向，评价科学、规范有序、竞争择优的高校教师职称制度。

（一）深化高校教师职称与岗位管理改革的重要意义

深化高校教师职称与岗位管理改革是全面贯彻中央精神，落实高校办学自主权的根本要求。高校教师是我国专业技术人才队伍的重要组成部分，是新时代推动国家教育事业发展和高层次人才培养的重要力量。习近平总书记高度关注人才队伍建设，多次对专业人才队伍建设作出批示。2016年以来，国家层面先后印发《关于深化人才发展体制机制改革的意见》《关于深化职称制度改革的意见》《关于加快直属高校高层次人才发展的指导意见》《关于全面深化新时代教师队伍建设改革的意见》《深化新时代教育评价改革总体方案》等文件，对深化高校教师职称制度改革、分类推进职称制度改革、岗位管理与聘任，建设高素质专业化创新型教师队伍作出了部署。《指导意见》的出台正是对上述政策文件精神的贯彻落实。

深化高校教师职称与岗位管理改革是对已有成果的巩固和进一步的改革完善。早在1986年，中央职称改革工作领导小组转发国家教委下发的《高等学校教师职务试行条例》等文件，建立了高校教师职称制度，对调动广大高校教师的积极性、创造性发挥了重要作用。但随着我国高等教育的快速发展，已有职称制度逐渐显露出一些不能适应新形势新要求的问题，不利于人才发展和快速成长，迫切需要进一步改革完善高校教师职称制度。虽然各地各高校探索实施教师职称制度改革，取得了积极成效，但同时仍存在评价标准和

---

[1] 中共中央办公厅 国务院办公厅印发《关于深化职称制度改革的意见》[EB/OL].（2017-01-08）[2022-12-30]. http://www.gov.cn/zhengce/2017-01/08/content_5157911.htm#1.

评价机制不够完善等问题，需要进一步巩固成果、改革完善。❶

（二）深化高校教师职称与岗位管理改革的核心内容

健全制度体系。在保持教学为主型、教学科研型等岗位类型的基础上，遵循新时代教师发展需要，结合实际设置新的岗位类型。层级依次为助教、讲师、副教授、教授，探索实行教师职务聘任改革，设置助理教授等职务。

完善评价标准。严把思想政治关，将师德表现作为教师职称评审的首要条件。突出教育教学能力和业绩，把课堂教学质量作为主要标准，突出教书育人实绩，注重对履责绩效、创新成果、人才培养实际贡献的评价。推行代表性成果评价，克服唯论文、唯"帽子"、唯学历、唯奖项、唯项目等倾向。

创新评价机制。结合学校特点和办学类型，针对不同类型、不同层次教师，实行分类分层评价，鼓励采取个人述职、面试答辩、同行评议、实践操作、业绩展示等多种灵活评价方式，完善同行专家评议机制，健全完善外部专家评审制度，探索引入第三方机构进行独立评价。给内、外部评审专家预留充足时间进行评鉴，引导评审专家负责任地提供客观公正的专业评议意见，严格规范专家评审行为，提高职称评价的科学性、专业性、针对性。建立重点人才绿色通道。为引导教师主动服务国家重大战略需求，激发人才活力，《指导意见》提出，对取得重大基础研究和前沿技术突破、解决重大工程技术难题、在经济社会事业发展中作出重大贡献的教师以及招聘引进的高层次人才和急需紧缺人才等，在严把质量和程序的前提下，可制定较为灵活的评价标准，申报高级职称时论文可不作限制性要求，畅通人才发展通道。

深化"放管服"改革。高校教师职称评审权直接下放至高校，自主制定教师职称评审办法、操作方案等评审文件，自主组织评审、按岗聘用，主体责任由高校承担。同时，加强对高校教师职称评审工作的监管，开展业务指导，优化服务。

实行评聘结合。在实行自主聘任教师的基础上，通过评审的教师聘用到相

---

❶ 深化高等学校教师职称制度改革 建设高素质专业化创新型教师队伍——人力资源社会保障部专业技术人员管理司 教育部教师工作司负责人就《关于深化高等学校教师职称制度改革的指导意见》答记者问［EB/OL］．（2021-01-27）［2022-12-30］．http：//www.moe.gov.cn/jyb_xwfb/s271/202101/t20210126_511108.html．

应岗位,实现教师职称评审与岗位聘用有效衔接,体现职称评审后的教师管理价值,激发教师活力。

(三)深化高校教师职称与岗位管理改革的主要成效

一是有效激活了高校办学自主权。以不同类型、不同层次高校及教师特点为基础的职称评价改革,充分发挥了高校的主体作用,尤其处于基层的二级单位根据教师的特点制定岗位任务和评价标准,使教师专心在自己的"赛道"上奔跑,使二级单位在培养人、引进人、使用人、留住人上有责有权有资源,教师发展机制、模式实现突破,为学校治理体系和治理能力提升提供了制度保障。

二是充分调动了教师干事创业的积极性。实施不同领域、不同层次的教师职称评价改革,有效避免了"一把尺子量到底"。通过制定不同的评价标准和业绩权重,形成以人才培养为核心,以品德、能力和业绩为导向的职称制度,实现了"干什么、评什么"。各高校通过不同的评价标准,使一批教师通过标志性成果、编写教材、培育品种、咨政报告、成果转化等晋升了职称,营造了有利于教师可持续发展的良性环境,激励广大教师教书育人的职业责任。

三是创新成果不断涌现。多元分类的职称评价体系使得很多高校在成果产出方面更加多元化。如上海财经大学,2021年度共获国家级项目资助79项,立项数及获得资助经费数均创历史新高。第八届高等学校科学研究优秀成果奖(人文社会科学)的评选,学校有22项成果获奖,获奖总数位列全国第十四位。近五年决策咨询报送数量、获得批示或省部级内参采纳数量不断攀升,报送数量1450篇,获得批示或采纳453篇。大连海事大学通过实施多元的职称评价,教学成果丰厚,因此获批国家一流专业11个,省级一流专业19个;新增国家级一流课程17门,占学校全部国家级课程的70.8%。

四、深化高校教师考核评价改革

教师考核评价制度改革是高等教育领域综合改革的重要内容,也是高校教师发展和人事制度改革的重点难点问题。科学合理的考核评价制度，能够激发高校教师教书育人、科学研究、创新创业的活力。2016年，中共中央印发了《关于深化人才发展体制机制改革的意见》，教育部印发《关于深化高校教师考核评价制度改革的指导意见》。2018年，《中共中央 国务院关于全面深化新时代教师队伍建设改革的意见》出台。2020年，中共中央、国务院出台《深化新时代教育评价改革总体方案》。2020年12月，教育部等六部门印发《关于加强新时代高校教师队伍建设改革的指导意见》，突出要多维度考评教师各方面的教学实绩。2020年12月，人力资源社会保障部、教育部又印发了《关于深化高等学校教师职称制度改革的指导意见》。经过多年改革与发展，我国高校教师考核评价政策有效优化了高等教育资源配置，有利于打造一流师资队伍，促使高校教师更好地履行职责。

（一）深化高校教师考核评价制度改革的重要意义

深化高校教师考核评价制度改革是贯彻落实习近平总书记重要讲话和中央系列文件精神的迫切需要。党的十八大以来，以习近平同志为核心的党中央继往开来，高度重视人才和教师工作，对加强教师队伍建设作出系列重要指示。中央领导的重要论述和中央有关文件的要求，迫切需要进一步细化和落实，让高校教师真正感受到党和国家对人才的重视、对知识分子的尊重和信任。

深化高校教师考核评价制度改革是高等教育适应新形势，更好服务国家经济社会发展的迫切需要。在加快实现教育现代化的征程上，高校教师队伍建设对提升综合国力、实现民族振兴的作用，比历史上任何一个时期都更加凸显。考核评价制度作为高校教师入职、选聘、任用、薪酬、奖惩的基础和依据，在调动教师工作积极性、主动性方面的"指挥棒"作用也更加显现。适应经济社会发展提出的新要求，迫切需要深化高等教育综合改革，切实推进考核评价制度改革，提高高校教师整体素质和水平。[1]

（二）深化高校教师考核评价制度改革的核心内容

我国高校教师考核评价政策经过规范、完善和发展，有效地为促进高校

---

[1] 王定华.切实推进高校教师考核评价制度改革［J］.中国高等教育研究，2017（12）：4-7.

第六章 加强高校教师队伍建设

教师队伍建设，促使高校教师更好地履行教师职责作出了巨大的贡献，并呈现出师德师风为先、立德树人为重、教育教学为本、学术贡献为要等重要特征。❶

师德师风是高校教师考核评价的首要价值取向。历年来我国高校教师评价相关政策均提出要全面加强高校党的建设工作和思想政治工作，维护团结稳定的大局，继续大力加强教师队伍建设，特别是加强师德师风建设。《关于深化高校教师考核评价制度改革的指导意见》再次将师德考核摆在教师考核的首位，贯穿于日常教育教学、科学研究和社会服务的全过程，并将师德表现作为教师绩效考核、职称（职务）评聘、岗位聘用和奖惩的首要内容，实行师德"一票否决"。特别是《深化新时代教育评价改革总体方案》又进一步提出，坚持把师德师风作为第一标准，把师德表现作为高校教师资格定期注册、业绩考核、职称评聘、评优奖励的首要要求。

立德树人成效是高校教师考核评价的根本标准。在出台的各项教师考核评价政策中均坚持把立德树人成效作为教师考核评价的根本标准。《关于深化高校教师考核评价制度改革的指导意见》中指出，教师考核评价过程中要"坚持社会主义办学方向与遵循教育规律相结合，全面贯彻党的教育方针，以立德树人为根本任务，培养社会主义合格建设者和可靠接班人"。《深化新时代教育评价改革总体方案》指出，要"改革学校评价，推进落实立德树人根本任务。坚持把立德树人成效作为根本标准"。各高校在教师考核评价过程中，将教师开展思想政治工作情况、课程思政实施情况以及对学生政治思想和价值观引领方面取得的成效作为教师评价的基本内容。

教育教学是高校教师考核评价的关键领域。《关于深化高校教师考核评价制度改革的指导意见》要求，教师考核评价要突出教育教学业绩，建立健全教学工作量评价标准，完善教学质量评价制度，多维度考评教学工作实绩，提高教学业绩在校内绩效分配、职称（职务）评聘、岗位晋级考核中的比重，除特殊情况外，教学工作量不能达到学校规定要求或教学质量综合评价不合格的教师，其年度或聘期考核应为不合格。《深化新时代教育评价改革总体方案》又进一步强调，要改革教师评价，突出教育教学实绩，把认真履行教育教学职责

---

❶ 田一聚. 我国高校教师评价改革的政策分析［J］. 江苏高教，2022（10）：90-97.

作为评价教师的基本要求,对教学工作量和教学质量未达到要求的给予年度或聘期考核不合格处理。高校教师考核评价过程中教育教学价值属性逐渐复归,引导教师更加重视、专注于教育教学工作和人才培养工作,真正确定教学在高校中的中心地位。

学术贡献是高校教师科研评价的基本导向。出台的系列高校教师考核评价相关政策中,学术贡献愈加被重视,成为高校教师科研评价的基本导向。《关于深化高校教师考核评价制度改革的指导意见》要求,积极探索建立以"代表性成果"和实际贡献为主要内容的评价方式,将具有创新性和显示度的学术成果作为评价教师科研工作的重要依据。建立科学合理的分类评价标准,对从事基础研究的教师主要考察学术贡献、理论水平和学术影响力,对从事应用研究的教师主要考察经济社会效益和实际贡献。《深化新时代教育评价改革总体方案》又进一步提出,要改进高校教师科研评价。突出质量导向,重点评价学术贡献、社会贡献以及支撑人才培养情况,不得将论文数、项目数、课题经费等科研量化指标与绩效工资分配、奖励挂钩。对取得重大理论创新成果、前沿技术突破、解决重大工程技术难题、在经济社会事业发展中作出重大贡献的教师,申报高级职称时论文可对其不作限制性要求。《关于深化高等学校教师职称制度改革的指导意见》中明确高校职称评审中要克服"五唯"倾向,推行代表性成果评价,注重代表性成果的质量、贡献、影响,突出评价成果质量、原创价值和对社会发展的实际贡献以及支撑人才培养情况。注重质量评价,防止简单量化、重数量轻质量的倾向,建立并实施有利于教师潜心教学、研究和创新的评价制度。高校教师的科研业绩、代表性成果的质量以及对学校和社会的贡献度是当前高校教师考核评价关注的重要内容,科研成果的数量和级别进一步淡化、弱化。

(三)深化高校教师考核评价制度改革的主要成效

随着党和国家对高等教育的高度重视,系列教师考核评价的相关政策陆续出台,成为推进教育评价改革的系统性指导文件,教师考核评价的价值导向更加合理、评价方式更加科学、评价体制更加完善,为激发高校教师内在专业动力,提高高校教师教学、科研和社会服务的积极性起到了重要作用。教育领域从制度设计、政策措施、贯彻落实等诸多方面积极稳妥地推进教师考核评价改革，改善评价政策环境，坚决破除"五唯"，引导高校进一步端正办学方向，激励教师更好地从事教学、科研和社会服务工作，最大限度激发教师的创新活力和创新能力，使高等教育真正"回归常识、回归本分、回归初心、回归梦想"❶，使教学科研工作回归学生的全面发展，回归教师个人的专业提升，推动高等教育内涵式发展，实现教师个人价值良性发展。

五、推进高校薪酬制度改革

具有战略性的高校薪酬管理，对于激发教师潜力、吸引优秀人才、提高高校竞争力起着至关重要的作用。党的十八大以来，党中央、国务院不断要求深化"放管服"改革，提出"支持高校推进内部薪酬分配改革"❷。自此，国家不断下放高校办学自主权，允许高校自主确定本校绩效工资结构和分配方式。各高校积极探索推进薪酬制度改革，教师队伍创新活力持续增强。

（一）高校薪酬制度改革的重要意义

深入贯彻国家教育改革大政方针的根本需求。党的十八大和十八届二中、三中全会提出，要深化行政体制改革，强调转变政府职能是深化行政体制改革的核心。2014年5月，习近平总书记在北京大学师生座谈会上指出，全国高等院校要走在教育改革前列，加快构建充满活力、富有效率、更加开放、有利于学校科学发展的体制机制。❸ 2016年11月，中共中央办公厅、国务院办公厅印发《关于实行以增加知识价值为导向分配政策的若干意见》。2017年3月，教育部等五部门联合印发《关于深化高等教育领域简政放权放管结合优化服务改革的若干意见》。2018年1月，《中共中央 国务院关于全面深化新时代教师

---

❶ 陈宝生在教育部召开的武汉高校工作座谈会上强调：高等教育要做到四个"回归"[EB/OL].（2016-10-17）[2022-12-30]. http://www.moe.gov.cn/jyb_xwfb/gzdt_gzdt/moe_1485/201610/t20161017_285069.html.
❷ 教育部等五部门关于深化高等教育领域简政放权放管结合优化服务改革的若干意见[EB/OL].（2017-04-06）[2022-12-30]. http://www.moe.gov.cn/srcsite/A02/s7049/201704/t20170405_301912.html.
❸ 习近平.青年要自觉践行社会主义核心价值观——在北京大学师生座谈会上的讲话[EB/OL].（2014-05-05）[2022-12-30]. http://www.xinhuanet.com/politics/2014-05-05/c_1110528066_3.htm.

队伍建设改革的意见》印发。2020年10月，中共中央、国务院印发《深化新时代教育评价改革总体方案》。2020年12月，教育部等六部门联合印发《关于加强新时代高校教师队伍建设改革的指导意见》。上述文件均要求深入推进高校薪酬制度改革，并对如何改革提出总体部署。因此，推进高校薪酬制度改革是贯彻落实国家大政方针的重要任务。

高校教师薪酬分配现行制度存在不足，薪酬分配机制不完善。部分高校薪酬分配政策在较长一段时期内没有进行调整，一些内部分配不尽合理问题未能及时加以解决，影响薪酬激励效果。部分高校在薪酬分配过程中还存在短期激励过重、长期激励不足的问题，对于高水平业绩（包括论文、项目经费等）还存在直接绩效奖励情况，依然存在对于业绩考核过分注重数量，对质量的差异重视不够问题。薪酬动态增长机制尚未科学建立。深入推进高校薪酬制度改革势在必行。

（二）高校薪酬制度改革的核心内容

高校薪酬制度改革内容主要包含两个方面，即薪酬制度改革和内部收入分配激励机制。

高校教师薪酬制度改革的重点在于建立体现以增加知识价值为导向的收入分配机制，落实高等学校收入分配自主权，探索建立符合高校特点的薪酬制度。通过建立高校薪酬水平调查比较制度，健全完善高校工资水平决定和正常增长机制，在保障基本工资水平正常调整的基础上，合理确定高校教师工资收入水平，并向高层次人才密集、服务国家重大战略需求、着力培养拔尖创新人才、承担教学科研任务较重的高校倾斜。高校教师依法取得的职务科技成果转化现金奖励计入当年本单位绩效工资总量，但不受总量限制，不纳入总量基数。落实高层次人才工资收入分配激励、兼职兼薪和离岗创业等政策规定。鼓励高校设立由第三方出资的讲席教授岗位。

完善高校内部收入分配激励机制。支持高校建立健全有利于提高竞争力的内部分配机制，实行符合高校特点和发展要求的内部分配政策。落实高校内部分配自主权，高校要结合实际健全适应高等学校教学岗位特点的内部激励机制。高校根据备案人员总量、当地经济发展水平、办学层次等因素，自主确定本校绩效工资结构和分配方式。绩效工资分配向关键岗位、高层次人才、业务骨干和作出突出成绩的工作人员倾斜。高校科研人员依法取得的科技成果转化奖励收入，不纳入绩效工资。完善绩效考核办法，向扎根教学一线、业绩突出的教师倾斜，向承担急难险重任务、作出突出贡献的教师倾斜，向从事基础前沿研究、国防科技等领域的教师倾斜。对专职从事教学的人员，适当提高基础性绩效工资在绩效工资中的比重，加大对教学型名师的岗位激励力度。把参与教研活动，编写教材案例，承担命题监考任务，指导学生毕业设计、就业、创新创业、社会实践、学生社团、竞赛展演等情况计入工作量。激励优秀教师承担继续教育的教学工作，将相关工作量纳入绩效考核体系。不将论文数、专利数、项目数、课题经费等科研量化指标与绩效工资分配、奖励直接挂钩，切实发挥收入分配政策的激励导向作用。接好、用好上级部门赋予的分配自主权，系统推进薪酬制度改革，不断完善构建适应学校发展目标和特点的内部激励机制。

（三）高校薪酬制度改革的主要成效

各高校逐步建立起适合本校特点的教师薪酬制度体系，激发了教师内生活力。各高校深入贯彻落实薪酬改革政策精神，分别出台薪酬绩效津贴等改革办法。如南京农业大学先后发布《南京农业大学人事制度改革指导意见（2021年修订）》和《南京农业大学学院考核及绩效津贴分配实施办法》，积极推进薪酬改革，并将教学成果奖励融入绩效考核体系，明确教育教学成果在绩效考核中比重，通过院绩效考核和绩效津贴分配机制改革，赋予学院更大自主权，根据学院、学科、专业发展特点，构建适应专业人才培养特征的综合激励机制，激发学院和教师教学投入的内生动力。电子科技大学构建了以岗位分类为基础、体现以增加知识价值为导向的"2+N"薪酬分配制度体系。在薪酬分配过程中能够较好地兼顾效率与公平，统筹处理好单位内部各类人员绩效关系，绩效分配注重向重点学科、关键岗位、高层次人才、业务骨干和作出突出成绩的工作人员倾斜，充分激发了教师干事创业激情。东北林业大学通过实施"一揽子"薪酬制度改革工程，教师队伍创新活力持续增强，高层次人才队伍不断壮大，绩效评价体系逐步健全，已经初步构建形成符合东林特色、适合学校发展的薪酬分配机制，为推动学校事业发展起到积极的激励和导向作用。

展望 贯彻落实党的二十大精神打造新时代高质量教师队伍

习近平总书记在党的二十大报告中指出,"高质量发展是全面建设社会主义现代化国家的首要任务","教育、科技、人才是全面建设社会主义现代化国家的基础性、战略性支撑。必须坚持科技是第一生产力、人才是第一资源、创新是第一动力,深入实施科教兴国战略、人才强国战略、创新驱动发展战略,开辟发展新领域新赛道,不断塑造发展新动能新优势"。教师是教育高质量发展的第一资源,是科技自立自强的关键支撑,是人才队伍建设的重要保障,贯彻落实党的二十大精神,需要打造新时代高质量教师队伍。

一、新时代教师队伍建设改革的新形势

党的二十大报告高位谋划了全面建设社会主义现代化国家的基本方略,就建设教育强国、科技强国、人才强国进行了"三位一体""有机结合"的战略部署。面向未来,教师队伍建设改革必须主动适应中国式现代化提出的新形势新要求新任务,为推进教育强国、科技强国、人才强国提供基础支撑。

(一)推进中国式现代化的战略需要

党的二十大报告指出:中国式现代化是人口规模巨大的现代化,是全体人民共同富裕的现代化,是物质文明和精神文明相协调的现代化,是人与自然和

展望 贯彻落实党的二十大精神 打造新时代高质量教师队伍

谐共生的现代化,是走和平发展道路的现代化。❶教育在推进中国式现代化进程中,发挥着基础性、先导性、全局性地位和作用。❷

打造高质量教师队伍是实现人口规模巨大的现代化的必然要求。教育现代化是中国式现代化的重要组成部分,教育现代化水平直接影响实现人口规模巨大的中国式现代化的底色和成色。在现代化进程中,人的现代化是最关键的要素和指标,实现人口规模巨大的现代化要坚持以整体提高人民的科学文化素质为基础。这不仅要实现教育手段、方法、载体等"物"的资源的现代化改造,更重要的是要持续供给"教师"作为教育现代化"人"的要素,要依靠更多优秀教师来优化人口结构,提高劳动者素质,实现人的素质、能力、认知等方面的现代化转型。❸在这个意义上,需要打造一支规模结构合理、素质能力优良、服务全民学习发展的教师队伍,着重以教师队伍的质量提升和内涵式发展,为加快推进人口规模巨大的教育现代化和中国式现代化注入动力和活力。

教师队伍要为促进全体人民共同富裕提供人力保障。习近平总书记指出:"共同富裕是社会主义的本质要求,是中国式现代化的重要特征";"促进共同富裕,最艰巨最繁重的任务仍然在农村","要加大普惠性人力资本投入,有效减轻困难家庭教育负担,提高低收入群众子女受教育水平"❹。教师队伍建设是共同富裕进程中促进基本公共服务均等化的重要对象和关键环节,是通过立德树人工程来促进教育普及、普惠、优质、均衡,进而整体提高人才培养质量和人力资源素质的重要动力支撑。在这个意义上,要从乡村振兴和共同富裕的实际出发不断强师适需,引导乡村教师"下得去、留得住、教得好",从根本上破解城乡、区域、校际师资配置不平衡不充分的问题,通过持续强化教师数量、素质、结构协调发展来提高教师队伍整体"软实力"、促进教育公平正义,让孩子们同在蓝天下共享公平而有质量的教育,通过教育和学习改变命运。

---

❶ 习近平.高举中国特色社会主义伟大旗帜 为全面建设社会主义现代化国家而团结奋斗:在中国共产党第二十次全国代表大会上的报告[M].北京:人民出版社,2022:22-23.

❷ 怀进鹏.加快建设教育强国[N].人民日报,2022-12-21.

❸ 刘起军.以高质量师范教育助力中国式现代化[J].国家教育行政学院学报,2022(11):9-12.

❹ 习近平.扎实推动共同富裕[J].奋斗,2021(20):4-8.

教师队伍要成为推动物质文明和精神文明协调发展的重要力量。教育通过培养德智体美劳全面发展的社会主义建设者和接班人,促进物质文明与精神文明协调发展。习近平总书记强调:"教师是人类灵魂的工程师,是人类文明的传承者,承载着传播知识、传播思想、传播真理,塑造灵魂、塑造生命、塑造新人的时代重任。"❶ 为此,要把教师作为第一资源,着力打造一支与促进人的全面发展、实现人的现代化的要求相适应的高素质教师队伍,为全面贯彻党的教育方针,落实立德树人根本任务,实现人的全面发展,促进全社会和全体人民取得物质文明与精神文明协调发展形成根本依靠。

教师队伍要成为人与自然和谐共生理念的践行者与引领者。中国式现代化要坚定不移走生产发展、生活富裕、生态良好的文明发展道路,要像保护眼睛一样保护自然和生态环境。生态环境问题既是发展方式转变的问题,也是人的思想认识和行为转变的问题。建立生态环境友好观念,建构生态文明,实现人与自然的和谐共生,需要教育的引领与支持。广大教师是生态文明教育实施的主体,要以身作则,切实行动,推动学生担负起人对大自然的道德责任,学习并践行绿色低碳、节能减排的现代生活方式,成为美丽中国建设的示范者与推动者。

教师队伍要为走和平发展道路作出积极贡献。中国式现代化坚持走和平发展道路,在坚定维护世界和平与发展中谋求自身发展,又以自身发展更好维护世界和平与发展。教育事业本身就是促进和平发展的事业,在维护世界和平与发展中具有不可替代的作用。国家与国家的和平共处,民族与民族之间的理解包容,人与人之间的交往合作,需要教育培养人类命运共同体意识,建立文化共识,促进文明交流。广大教师要胸怀天下,弘扬和平、发展、公平、正义、民主、自由的全人类共同价值,引领学生了解世界文明,尊重世界文明多样性,在文明交流互鉴中,在与各国人民相知相亲中,坚守践行和平与发展理念。

---

❶ 坚持中国特色社会主义教育发展道路 培养德智体美劳全面发展的社会主义建设者和接班人[N].人民日报,2018-09-10.

（二）推进教育、科技、人才统筹发展的根本需求

党的二十大报告将教育、科技、人才工作单列，作为全面建设社会主义现代化国家的基础性和战略性支撑，强化了教育是科技强国和人才强国的基础支撑，科技是教育强国和人才强国的动力源泉，人才是教育强国和科技强国的重要保障，为教育开辟发展新领域、塑造发展新动能提出了新的方略和要求。教师队伍与教育科技人才建设密切相关，要为统筹推进教育强国、科技强国、人才强国建设，提供人力资源有力支撑。

教师队伍是教育强国的第一资源。教师承担着为党育人、为国育才的光荣使命，是落实立德树人根本任务的主体。教育优质均衡发展，需要教师资源均衡配置，要在统筹教师队伍建设全局的基础上，把欠发达地区教师队伍建设摆在突出位置，聚焦2035年建成教育强国目标，为有需要的地方持续"输血""蓄能"，带动教育主动"造血""增能"。各级各类教育高质量发展，需要建设高素质专业化创新型教师队伍，要着力建设培养与培训一体化、职前与职后相衔接、数量与质量共提升的强师工程，以建强高水平教师教育体系为根本保障，从培养层次和培训水平两个方面来强化教师育人的能力和本领，推动形成具有中国特色的思想政治、师德师风、业务能力三位一体的教师队伍建设崭新格局，为实现中华民族伟大复兴的历史使命夯实基础。教育综合改革推进，需要打造充满活力的教师队伍，要以教育评价改革为牵引，推动教师队伍由"管理"向"治理"转变，不断完善和创新教师队伍治理体系、治理模式和治理举措。

教师队伍是科技强国的关键支撑。教师承担着科学研究重要职能，是推进科技创新的重要力量，是提升创新效能的关键资源。创新能力提升、创新活力激发、科技成果转化，离不开广大教师深度参与、群智协同，需要新时代新征程的教师队伍积极应对信息化、数字化、智能化发展潮流，主动适应新知识、新方法、新技术领域的重大变革，成为创新驱动的重要参与者、发起者和支撑者。弘扬科学家精神，提升青少年科学素养，为科技强国提供丰富人力储备离不开广大教师呕心沥血、无私奉献，需要新时代新征程的教师队伍不忘立德树人初心，牢记为党育人、为国育才使命，切实承担起培根铸魂的使命任务，培养青少年的创新意识、实践能力、科

技知识和科学品性，成为堪当民族复兴大任的时代新人。

教师队伍是人才强国的重要保障。"得天下英才而育之"是教师的天然职责，广大教师以文化传承、知识传播、思维创新、素质提升，为国家培养一批又一批的高素质人才，面向未来要引导更加优秀的人报考师范专业，吸引更加优秀的人从事教师职业，用更加优秀的人去培养更为优秀的学生。教育系统是人才聚集地，教师队伍是人才体系的重要组成部分，必须打造高素质教师队伍，为建设规模宏大、结构合理、素质优良的人才队伍提供重要保障，面向未来要心怀"国之大者"，面向人才强国战略，充分开发释放教育系统和教师队伍的文化传承、科学研究、社会服务等方面的要素活力，培养大批符合强国需要的优秀人才，产出大量符合强国需要的科研成果。

（三）各国教师队伍建设面临的共同挑战

近年来，构建高标准、高质量、多样性的教师队伍已成为国际基础教育和教师教育领域的共同目标，也是世界各国教育改革的难题所在。❶当前，世界各国教师队伍建设普遍存在教师数量短缺、素质偏低、流失率高等诸多问题与挑战，成为制约教育改革与发展的重要因素。这些问题不仅引发了各国及国际组织的高度重视，也成为推动教师队伍建设政策创新的主要动力。❷

一是师资短缺是各国共性问题。联合国教科文组织在2022年10月5日"世界教师日"发布的声明中指出，如果要在2030年前在全球范围内普及基础教育，各国还需要约2440万名小学教师和4440万名中学教师，仅撒哈拉以南非洲和南亚地区就需要2400万名新教师，约占发展中国家所需新教师人数的一半，这些地区有90%的中学面临严重的师资短缺。❸因年龄结构、学科结构、性别结构等不合理导致的教师结构性短缺几乎也是各国普遍面临的挑战性问题。欧盟报告显示，很多欧洲国家在聘教师年龄集

---

❶ 李安琪，洪明. 教师队伍建设的国际趋势——基于2018年OECD《有效的教师政策》报告的分析［J］. 外国教育研究，2019（10）：15-30.

❷ 檀慧玲，刘艳. 教师队伍建设政策创新研究：国际比较的视角［J］. 西北师大学报（社会科学版），2017（6）：111-116.

❸ 世界教师日强调教育变革的必要性［EB/OL］.（2022-10-05）［2022-12-30］. https://news.un.org/zh/story/2022/10/1111102.

中在高龄组,而在德国、意大利和瑞典,几乎一半的小学教师年龄在50岁以上。❶

二是教师质量整体有待提高。联合国教科文组织在全民教育(EFA)全球监测中,将"提高教育质量"作为持续关注的六大目标之一,其中优质教师是提高教育质量的主要因素。2014年第11次全民教育全球监测报告以"教学与学习:实现高质量全民教育"为主题,指出全球学习危机每年使各国政府浪费共达1290亿美元,为确保高质量的教育,必须改善教师的工作条件,提供持续的支持和培训,综合实施校本专业支持和发展的系统项目,重视教师对教学质量的影响。❷《联合国教科文组织(2012—2015年)教师战略》也明确将"教师短缺""教师质量""教学经验全球共享"设为优先事项,其中的战略重点是通过促进教师专业发展、创新教学实践方式、加强学校领导力以支持教师进行高质量的学习。❸

三是乡村教师队伍建设是共同难点。美国是世界上城镇化水平最高的国家之一,但乡村学区数量占全美学区总数的49.3%,乡村公立学校数占所有公立学校总数的31.3%,乡村公立学校在校生数占所有公立学校在校生总数的21%。❹澳大利亚西部地区多为偏远乡村,学生标准化考试成绩低、辍学率高、升学率低,尤其是土著民学生学业成就问题严重,这与缺乏优质教师和教师流失率高密切相关。❺印度乡村初小教师缺勤率达13.8%,小学教师缺勤率达到13.3%,34.8%的初小和48.5%的小学存在程度不同的教师缺勤现象。❻

---

❶ 沈蕾娜,滕珺,乔鹤.国际教育发展最新趋势研究——2011—2012年度国际组织教育政策文本解读[J].比较教育研究,2013(10):7-12.
❷《全民教育全球监测报告》提出确保高质量教育的六条建议[J].中国教育学刊,2014(6):18.
❸ 周国霞,孔令帅.《联合国教科文组织(2012—2015年)教师战略》述评[J].外国中小学教育,2014(3):30-34.
❹ 郭桂周,于海波.美国农村教师短缺困境及其补充策略[J].比较教育研究,2012(6):87-91.
❺ 杨婕.澳大利亚农村及偏远地区教师培养模式研究——以"为澳大利亚而教"项目为例[J].当代教育科学,2015(18):47-51.
❻ 董静,于海波.印度农村初等教育教师:短缺现状、补充策略及启示[J].外国教育研究,2014(5):91-99.

(四)国际教师队伍建设的镜鉴启示

OECD近年来加大了对教师队伍建设和教师政策的研究力度,2018年发布的《有效的教师政策》报告采用"经济、社会与文化地位"(ESCS)指数对不同类别学校的教师队伍状况进行了分析,结果显示各国(地区)学校的教师在数量分布上大致处于均衡状态,但也存在着不平衡的现象:在ESCS指标分类中"最弱势学校"教师的学历及证书水平都偏低,且教师队伍普遍存在从教经验不足的问题。《有效的教师政策》报告显示,具有丰富经验的教师大多集中在优势学校。在提供数据的21个国家(地区)中,"最弱势学校"比"最优势学校"的教师平均经验少1.2年,其中澳大利亚、多米尼加共和国、意大利、葡萄牙和美国平均少4年。在"最弱势学校"中,新手教师(教学经验少于3年)的数量较多,与"最优势学校"相比,平均多出58人。其中,澳大利亚、意大利、美国、美国(马萨诸塞州)、美国(北卡罗来纳州)、中国(北京、上海、江苏、广东、台北)、多米尼加共和国等新手教师相对较多,西班牙、哥伦比亚、中国(澳门)新手教师相对较少。❶

《有效的教师政策》报告依据OECD 2015年的PISA评估调查数据,对有意愿从教的学生群体进行了分析。调研显示,在72个参与国(地区)中,有从教意愿的学生只占全部被调查学生总数的4.2%,与2006年调查(首次对学生意愿进行的调查)的5.5%的数据相比,比例下降了1.3个百分点。这一趋势导致"决策者越来越担心难以吸引高成就和有积极性的候选人进入教师行业"。❷《有效的教师政策》报告分析了有从教意愿学生这一群体具有的四项特征。

一是数学和阅读素养较低,期望从事其他专业性职业的学生数学成绩和阅读成绩普遍较高,教师职业不是这些学生择业时的第一选择,教师工作对成绩优异的学生没有很大的吸引力,而数学和阅读成绩相对较低的学生群体中,考虑从教的人数比例相对较高,成绩偏低似乎是他们选择从教的原因。二是"女性化"倾向明显,2015年的PISA调查显示,几乎所有国家(地区)

---

❶ 李安琪,洪明.教师队伍建设的国际趋势——基于2018年OECD《有效的教师政策》报告的分析[J].外国教育研究,2019(10):15-30.

❷ BRUNS B, LUQUE J. Great teachers: How to raise student learning in Latin America and the Caribbean[M]. Washington DC: The World Bank Group, 2015: 139.

有从教意愿的女生数量均多于男生（日本、葡萄牙、中国台北是为数不多的有从教意愿的男生多于女生的国家或地区）。在《有效的教师政策》报告显示的4.2%有从教意愿的学生当中，女生比例达到70.1%。加拿大、意大利、约旦、摩尔多瓦、俄罗斯、乌拉圭、阿拉伯联合酋长国，这一比例高达80%。与之相反的是，"想在计算机或工程领域工作的女生比例远远低于男生"。三是社会背景相对"同质化"，《有效的教师政策》报告发现，各参与国（地区）有从教意愿的学生在社会背景方面也存在着某方面"同质化"的倾向，且这种"同质化"倾向在较长一段时间内都不会改变，报告指出：有从教意愿的学生"往往来自社会经济弱势的家庭，且大多数人没有移民背景，母语为本国语言"。❶ 四是容易被高薪酬所吸引，2015年PISA评估发现，教师的工资和教师职业的社会地位都与学生担任教师的期望呈正相关，《有效的教师政策》发现教师工资水平提高与学生从教的愿望呈正相关，但教师工资水平的提高却与想要从教学生的数学成绩呈负相关，即工资水平越高，想要从教学生的数学素养越低。《有效的教师政策》报告对在2015年PISA评估中表现最好的19个国家（地区）进行了调查，发现这些国家（地区）在教师队伍建设方面具有以下共性：教师职前准入机制严格、校本支助活动活跃、教师评估制度健全且落实到位、在职教师流失率低、校长管理和创新能力强、学校拥有教师任用自主权。❷

同时，世界各国在教师队伍建设的政策上也采取了一些创新举措。一是调整政策价值理念，致力于实现有质量的公平；通过提高教师招聘率来保证教师队伍数量充足、规模适当；通过完善教师培训体系，促进教师专业化，提升教师质量；通过多渠道招募优秀教师，扶助弱势地区教育，促进教育公平。二是扩大政策行为与目标主体，促进政策要素的优化组合；就政策行动主体而言，现阶段各国政策行动主体不再局限于政府，而出现了多样化趋势，第三方机构及大学等共同运作，增加了新的政策行动主体，使得更多利益群体参与教师培养培训，实现了政策行动主体的优化组合；各国教师政策目标群体扩大，尤为加大了对偏远农村地区教师的支持力度。三是推动政策评估

---

❶ 李安琪，洪明.教师队伍建设的国际趋势——基于2018年OECD《有效的教师政策》报告的分析[J]. 外国教育研究，2019（10）：15–30.

❷ 李安琪，洪明.教师队伍建设的国际趋势——基于2018年OECD《有效的教师政策》报告的分析[J]. 外国教育研究，2019（10）：15–30.

改进，建立教育质量监测长效机制；国际基础教育质量监测项目都把教师作为重要监测对象，对各国教师教育教学状况进行全面系统的持续性测评，以期通过提供具有可比性的信息，促进各国政策相互借鉴，推动本国本地区教师政策评估完善。❶

从国际教师政策发展来看，主要有以下趋势：一是按"质"分配教师资源以保证有效流动，逐步跨越前期的注重数量补充的时代，走向更为注重教师"质量"的新阶段，并通过多种方式确保弱势学校"质量补偿"的真实性，促使优质教师甘愿流向弱势学校。二是薪酬以及工作条件等外在因素虽然是年轻人谋职时必不可少的考虑因素，但在看重能力和素养的时代，越来越多的青年会将能力的发挥、素养的提升等因素考虑进谋职的过程，甚至将其提高到核心位置；因此，要重塑并宣传教师职业属性以吸引优质青年。三是鉴于不同国家间教师专业发展存在着较大差异，为了帮助其消弭差异，OECD等国际组织表示将会不断向各成员国和伙伴国提供更多促进教师专业发展的政策建议和参照标准，以提升全球教师职业水准。❷

（五）党的二十大代表的呼声

来自党的二十大代表中的教师校长代表认真履职尽责，以实际行动引领教育战线学习宣传贯彻党的二十大精神，发出了加强教师队伍建设的呼声。

一是加强教师思想政治建设和师德师风建设。党的二十大代表、上海市黄浦区卢湾一中心小学党支部书记吴蓉瑾认为，应坚持红色教育，加强教师队伍建设的精神引领，推进教师持续奋斗。党的二十大代表、安徽师范大学马克思主义学院教授路丙辉认为，思政课教师要立足本职，增强本领，坚定理想信念、厚植爱国情怀、加强品德修养，用实际行动培养更多担当民族复兴大任的时代新人。党的二十大代表、中国工程院院士、北京航空航天大学前沿科学技术创新研究院教授苏东林认为，高校教师要牢记为党育人、为国育才使命，自觉提升思想政治素养和职业道德水平，为加快构建高质量教育发展新格局贡献力量。

---

❶ 檀慧玲，刘艳.教师队伍建设政策创新研究：国际比较的视角[J].西北师大学报（社会科学版），2017（6）：111–116.

❷ 李安琪，洪明.教师队伍建设的国际趋势——基于2018年OECD《有效的教师政策》报告的分析[J].外国教育研究，2019（10）：15–30.

二是加强基础教育教师队伍建设。党的二十大代表、天津市和平区岳阳道小学校长褚新红认为，基础教育教师要牢记立德树人使命，贯彻党的教育方针，坚持自律自强，服务基础教育高质量发展。党的二十大代表、贵州省望谟县实验高中副校长刘秀祥认为，要加强乡村教师队伍建设，为促进教育公平，为办好乡村基础教育提供有力支撑。党的二十大代表、河南省镇平县高丘镇黑虎庙小学校长张玉滚认为，乡村教师是实现更加公平更有质量乡村教育的第一资源，是推进乡村振兴的重要力量，国家加大乡村基础教育教师队伍建设支持力度，全面增强乡村师资力量。

三是加强职业教育教师队伍建设。党的二十大代表、舟山职业技术学校教师张赛芬认为，要坚持职业教育类型定位，为职业教育打造"大国工匠"之师。党的二十大代表、天津职业技术师范大学职业教育学院党委副书记玛日耶姆古丽·吾布力喀斯木认为，要统筹职业教育、高等教育、继续教育协同创新，推进职普融通、产教融合、科教融汇，建立高素质"双师型"职业教育教师队伍。

四是推进高校教师队伍建设改革。党的二十大代表、福建农林大学教师林占熺认为，要扎实推进高校教师队伍建设改革，引导广大高校教师扎根一线育人、立足科技前沿服务，将论文写在大地上。党的二十大代表、郑州大学教师周荣方认为，高校思政教师要积极传播和弘扬马克思主义中国化时代化最新成果，打造听党话、跟党走的新时代好青年。

五是重视特殊教育教师队伍建设。党的二十大代表、安徽省蚌埠市特殊教育中心教师丁海燕认为，要贯彻落实党的二十大报告提出的"强化学前教育、特殊教育普惠发展"要求，加强特殊教育教师队伍建设，为推动特殊教育事业普惠发展提供有力的师资保障。

二、新时代教师队伍建设改革的新思路

习近平总书记强调："只有把马克思主义基本原理同中国具体实际相结合、同中华优秀传统文化相结合，坚持运用辩证唯物主义和历史唯物主义，才能正确回答时代和实践提出的重大问题，才能始终保持马克思主义的蓬勃生机和

旺盛活力。"❶ 党的十八大以来，习近平总书记围绕教师工作发表一系列重要论述，从理论和实践相结合上深入回答了关系新时代教师队伍建设改革的一系列重大问题，持续深化我们党对新时代教师工作的规律性认识。党的二十大提出的"实施科教兴国战略，强化现代化建设人才支撑"的重大时代课题，极具战略意义和深远影响。应该在"进一步深化对中国式现代化发展规律的认识，充分把握教育作为社会主义现代化强国重要支撑和基础工程的特殊意义、特殊价值、特殊战略，对教育的内外部形势、环境、条件等有精准的认识、分析和把握"的基础上，借鉴"跳出教育看教育、立足全局看教育、放眼长远看教育"的思维方式，谋划新时代的教师队伍建设改革。❷

（一）坚持育人为本

人民性是马克思主义的本质属性。教育是培养人的实践活动，人的全面发展是一切教育活动的前提基础。教师是培养人的主力军，要紧密结合"培养什么人、怎样培养人、为谁培养人"这个教育的根本问题加快推进教师队伍建设改革，把立德树人成效和学生全面发展作为新时代新征程教师工作的根本出发点和最终落脚点。面向未来，要坚持以学生为本，全面写好"严师""强师""尊师""惠师"的时代答卷，着力建设高素质专业化创新型教师队伍，满足学生高质量、多样化、个性化、可选择的教育期待和人民群众在教育方面日益增长的美好生活需要，强化学生和家长的教育获得感幸福感安全感。

（二）坚持自信自立

经过长期努力，我国建成了世界规模巨大的教师队伍，有力支撑起世界规模最大的教育体系。党领导教师队伍建设的成就表明，建设这支规模巨大的教师队伍要立足国情、契合实际、主动探索。面向未来，要以习近平总书记关于教育特别是教师工作的重要论述为指导，从中国基本国情出发，扎根中国大地，推进教师队伍建设改革，充分运用好师范教育、教师编制、教师职称、教师支教、

---

❶ 习近平.高举中国特色社会主义伟大旗帜 为全面建设社会主义现代化国家而团结奋斗：在中国共产党第二十次全国代表大会上的报告［M］.北京：人民出版社，2022：17.
❷ 怀进鹏.深入学习宣传贯彻党的二十大精神，办好人民满意的教育［N］.中国教育报，2022-12-13.

组团帮扶、协同提质等彰显中国特色社会主义制度优势的先进创举，以更加积极主动的担当和创造，优化教师队伍结构，提升教师队伍素质，激发教师队伍活力，着力打造一支适应教育高质量发展需要，党和人民满意的"大国良师"。

（三）坚持守正创新

守正创新是我们党的优良传统。我党在领导教师工作的长期实践中积累了丰富经验，成功支撑教师队伍建设改革行稳致远。特别是党的十八大以来，教师队伍建设改革的高度、广度、深度，都达到了前所未有的程度，我们要坚持党对教师工作的全面领导不动摇，以真理的力量、科学的态度、有效的法不断推进教师队伍建设改革的政策创新和实践创新，在巩固继承中完善法律法规和政策体系，加快推进教师队伍治理体系和治理能力现代化。面向未来，要紧跟时代步伐，顺应实践发展，倾听群众呼声，全面加强新时代教师队伍建设改革的政策研究和理论创新，总结先进经验，推进实践变革，为更加科学高效地深化教师队伍建设改革，服务各级各类教育改革发展，注入新动能。

（四）坚持问题导向

习近平总书记强调："问题是时代的声音，回答并指导解决问题是理论的根本任务。"❶坚持问题导向是我们党的重要方法论。直面教育强国的高要求，教师队伍建设还面临着教师教育体系大而不强、教师队伍素质有待提高、优质师资配置不平衡不充分、教师职业吸引力需要提升等挑战，必须进一步深化改革，攻克事关高质量教师队伍建设全局和长远的"硬骨头"。面向未来，要不断增强问题意识、改革意识、创新意识，在教师队伍建设改革方面加强理论研究，推进改革试点，提出新思路、新举措、新办法，有效解决教师队伍建设的内部自身问题和外部关联问题。

（五）坚持系统思维

新时代教师队伍建设改革是一项系统工程，深化教师队伍建设改革要求增

---

❶ 习近平.高举中国特色社会主义伟大旗帜 为全面建设社会主义现代化国家而团结奋斗：在中国共产党第二十次全国代表大会上的报告［M］.北京：人民出版社，2022：20.

强改革的系统性、整体性、协同性，才能激发活力、增强动力。❶在系统内部涉及各级各类教师群体，涉及数量规模、职称编制、待遇保障、培养培训、补充稳定、发展晋升等各管理领域，涉及法律法规、政策制度、体制机制的健全完善。在系统外部涉及与学生的关系、与学校的关系、与家庭的关系、与社会的关系、与教育科技人才发展的关系、与全面建设社会主义现代化国家全局的关系。面向未来，新时代教师队伍建设改革要以党的二十大报告提出的"善于通过历史看现实、透过现象看本质，把握好全局和局部、当前和长远、宏观和微观、主要矛盾和次要矛盾、特殊和一般的关系，不断提高战略思维、历史思维、辩证思维、系统思维、创新思维、法治思维、底线思维能力"指导思想为根本遵循，跳出教育看教师、立足全局看教师、放眼长远看教师，加强前瞻性思考、全局性谋划、整体性推进教师建设改革工作。

（六）坚持全球视野

习近平总书记指出："我们要拓展世界眼光，深刻洞察人类发展进步潮流，积极回应各国人民普遍关切，为解决人类面临的共同问题作出贡献，以海纳百川的宽阔胸襟借鉴吸收人类一切优秀文明成果，推动建设更加美好的世界。"面向未来，形成教师队伍建设的格局，要扎根本土、通融中外、兼收并蓄，积极推动教师队伍建设与国际教育发展接轨，推动教师队伍建设的国际互动与往来，充分借鉴吸收国际教师队伍建设的先进经验和有效做法。要着眼于为人类谋进步、为世界谋大同的崇高理想，以坚定的自信、宽广的视野、广阔的胸襟，为全球教育治理和教师队伍建设贡献中国智慧、中国方案和中国力量。

三、新时代教师队伍建设改革的新举措

面向未来，我们要站在全面建设社会主义现代化国家、全面推进中华民族伟大复兴的高位，切实增强新时代教师队伍建设改革的使命担当，全力打造新

---

❶ 怀进鹏.加快建设教育强国［N］.人民日报，2022-12-21.

时代高质量教师队伍，为推进科教兴国战略、人才强国战略、创新驱动发展战略提供有力支撑。

（一）坚持党对教师工作的全面领导，加强教师思想政治与师德师风建设

以习近平新时代中国特色社会主义思想凝心铸魂，将学习宣传贯彻党的二十大精神作为当前和今后一个时期教师工作的首要政治任务，打造理想信念坚定、政治素养过硬的教师队伍。健全教师思政工作体制机制，形成全方位、立体式、系统性教师思想政治工作格局，引导广大教师自觉用"四个意识"导航，用"四个自信"强基，用"两个维护"铸魂，落实立德树人根本任务，培养德智体美劳全面发展的社会主义建设者和接班人。坚持师德师风第一标准，持续完善师德建设长效机制，落实新时代教师职业行为十项准则，以教育涵养、考核评价、惩戒警示等举措系统设计科学的、具有可操作性的师德建设制度，推进师德建设常态化、长效化。加大师德违规问题核查处理，探索建立师德违规案例指导制度，稳步推进教职员工准入查询工作，持续公开通报违反教师职业行为十项准则典型，强化底线要求。

（二）营造尊师重教浓厚氛围，不断提升教师职业吸引力

建立健全教师工资待遇保障长效联动机制，全面落实义务教育教师平均工资收入水平不低于当地公务员平均工资收入水平要求。以国家教师队伍建设改革试点为抓手，协同推进职称、编制、待遇、岗位等改革，畅通教师职业发展通道。继续实施乡村教师生活补助政策，通过政策倾斜对长期扎根乡村的教师给予持续性、进阶性奖励和补助，吸引更多优秀师资投身乡村教育事业。强化教师住房保障，支持边远艰苦地区建设农村教师周转宿舍，让教师安居乐业。完善国家教师表彰奖励体系，持续选树教育系统"时代楷模"，宣传全国教书育人楷模、全国最美教师、全国模范教师、全国优秀教师等优秀教师典型，引导教师见贤思齐。推动优秀教师文艺作品的制作和传播，以全媒体矩阵讲好教师故事，以艺术话语彰显教师风采，以数字化手段实现教师群体广覆盖。塑造教师共同价值追求，强化教师精神引领，引导广大教师自律自强。

（三）顺应教育数字化转型和城镇化建设新形势，优化调整教师队伍建设

教师队伍建设必须主动顺应时代发展在经济、社会、技术等方面的新形势。一方面，教育数字化转型成为提高教师素质的新契机。党的十八大以来，以习近平同志为核心的党中央作出建设网络强国、数字中国的战略决策，人才需求的变化倒逼教育系统必须进行全面、彻底的转型和升级，建设以数字化为支撑的高质量教育体系。教育数字化转型是教师队伍建设改革的重要助力，促使教师信息技术应用能力大幅提升，对教师素质提出了更高要求。未来需要全面提升各级各类学校教师信息化教学能力，深入推进全国中小学教师信息技术应用能力提升工程，持续扩大人工智能助推教师队伍建设行动。另一方面，城镇化建设对教师队伍建设布局提出了新要求。2022年5月，中共中央办公厅、国务院办公厅印发的《关于推进以县城为重要载体的城镇化建设的意见》对分类引导县城发展作出明确部署。新征程上的教师队伍建设要切实匹配推进新型城镇化战略发展需要，适应以县城为重要载体的城镇化建设需求，分类加强教师资源供给配置，优化城镇教师队伍结构，促进不同功能定位的县城教育事业科学发展。此外，全面推进乡村振兴战略，适应新型城镇化战略布局和教育促进共同富裕的本质要求，从城乡、区域、校际教师资源配置不平衡不充分的实际出发，加快补齐乡村教师队伍短板，优化乡村教师补充方式、稳定机制、发展通道，提升乡村教育内生动力和发展活力，让乡村教师成为学有所教、有教无类的坚实保障，成为建设美丽乡村、走向共同富裕的重要推动力量。贯彻国家积极应对人口老龄化战略，聚焦"人口老龄化问题将由个体、家庭的问题向群体、社会问题转变，由相对单一的社会领域问题向多领域问题转变的态势"❶，着力发展多层次、个性化、品质化、精准化的教育供给，扩大实施"银龄讲学计划"。贯彻人口发展战略，适应新生人口变化新趋势，谋划教师队伍建设应对之策。

---

❶ 五中全会释放未来中国发展重要信号［EB/OL］.（2020-10-29）［2022-12-30］. http://www.moe.gov.cn/jyb_xwfb/xw_zt/moe_357/jyzt_2020n/2020_zt25/meiti/202011/t20201127_502068.html.

（四）推进实施新时代基础教育强师计划，为基础教育培养立德树人之师

推动师范院校将办好师范教育作为第一职责，实施好师范教育协同提质计划，强化区域教师发展机构建设，加快健全以师范院校为主体、高水平大学参与，专科、本科和硕博士一体化培养的中国特色教师教育体系。实施好"优师计划"，每年为脱贫县和中西部陆地边境县培养1万名师范生。大力提升教师培养层次，扩大研究生层次教师培养规模。完善公费师范教育体系，推进部属师大公费师范生改革。推进职前职后一体化改革，支持在职教师学习深造、提升学历。持续改革实施"国培计划"，实施新时代中小学名师名校长培养计划，深入推进需求导向的精准培训。推进人工智能助推教师队伍建设，实施教师发展数字化战略行动。优化国家智慧教育公共服务平台资源建设，持续开展中小学教师寒暑假研修。优化教师资格准入制度，组织实施好国家教师资格考试和认定工作及师范生免试认定改革。深入推进"县管校聘"，完善教师交流轮岗激励机制，优化城乡教师资源配置。强化学前教育教师配备，加强幼儿园教师待遇保障，提高幼儿园教师培养培训质量。实施好特殊教育提升计划，倾斜支持特殊教育教师队伍建设。

（五）推进"双师型"教师队伍建设，为职业教育培养"大国工匠"之师

优化职业教育类型定位，推进职普融通、产教融合、科教融汇。支持高水平理工科大学、行业企业、职业院校等多主体共同参与职业院校教师培养培训。支持高水平学校和大中型企业共建"双师型"教师培养培训基地和企业实践基地，启动实施职业学校教师学历提升行动、名师（名匠）名校长培养计划。持续开展职业院校教师素质提高计划、"职教国培"示范项目、教师教学创新团队建设项目，支持高水平学校和大中型企业共建"双师型"教师培养培训基地和企业实践基地，推动5年一周期全员培训制度落实。落实固定岗和流动岗相结合的人事管理制度，引进行业企业人才兼职任教。突出"双师型"导向的教师考核评价改革，优化职业院校教师队伍结构。

（六）推进高校教师队伍建设改革，为高等教育打造高素质专业化创新型教师

建好高校教师发展平台，加强校级教师发展机构建设和院系教师发展共同体建设，支持高校教师教育教学创新和专业素质能力提升。推动高校将博士后作为教师队伍的重要来源，发挥好博士后"蓄水池"作用。出台高校产业兼职教师管理办法，深化工科类人才培养和工程实践深度融合。扎实推进国家高层次人才特殊支持计划教学名师项目。以"全国高校黄大年式教师团队"建设引领高校科技人才队伍建设，发挥团队科技创新能力。深化高校人事管理改革，推进高校教师考核评价改革，着力破除"五唯"，激发教师队伍创新活力。

附件　2012年以来出台的教师相关政策目录

年份	文号	文件名
2012	国发〔2012〕41号	国务院关于加强教师队伍建设的意见
2012	教师〔2012〕10号	教育部 中央组织部 中央宣传部 国家发展改革委 财政部 人力资源社会保障部关于加强高等学校青年教师队伍建设的意见
2012	教师〔2012〕11号	教育部 中央编办 财政部 人力资源社会保障部关于加强幼儿园教师队伍建设的意见
2012	教师〔2012〕12号	教育部 中央编办 国家发展改革委 财政部 人力资源社会保障部关于加强特殊教育教师队伍建设的意见
2012	教师〔2012〕13号	教育部 国家发展改革委 财政部关于深化教师教育改革的意见
2012	教师〔2012〕14号	教育部 财政部 人力资源和社会保障部 国务院国有资产监督管理委员会关于印发《职业学校兼职教师管理办法》的通知
2012	教师〔2012〕9号	教育部 中央编办 国家发展改革委 财政部 人力资源社会保障部关于大力推进农村义务教育教师队伍建设的意见
2013	教党〔2013〕12号	中共中央组织部 中共中央宣传部 中共教育部党组关于加强和改进高校青年教师思想政治工作的若干意见
2013	教党〔2013〕39号	中共教育部党组关于进一步加强直属高等学校领导班子建设的若干意见
2013	教党〔2013〕9号	中共教育部党组关于印发《普通高等学校辅导员培训规划（2013—2017年）》的通知
2013	教技〔2013〕3号	教育部关于深化高等学校科技评价改革的意见
2013	教社科〔2013〕4号	教育部关于印发《普通高等学校思想政治理论课教师队伍培养规划（2013—2017年）》的通知
2013	教师〔2013〕10号	教育部关于建立健全中小学师德建设长效机制的意见
2013	教师〔2013〕11号	教育部关于进一步加强中小学校长培训工作的意见
2013	教师〔2013〕12号	教育部关于印发《中等职业学校教师专业标准（试行）》的通知

续表

年份	文号	文件名
2013	教师〔2013〕13号	教育部关于实施全国中小学教师信息技术应用能力提升工程的意见
2013	教师〔2013〕1号	教育部关于印发《幼儿园教职工配备标准（暂行）》的通知
2013	教师〔2013〕3号	教育部关于印发《义务教育学校校长专业标准》的通知
2013	教师〔2013〕6号	教育部关于深化中小学教师培训模式改革全面提升培训质量的指导意见
2013	教师〔2013〕9号	教育部关于印发《中小学教师资格考试暂行办法》《中小学教师资格定期注册暂行办法》的通知
2013	教师函〔2013〕2号	教育部关于扩大中小学教师资格考试与定期注册制度改革试点的通知
2013	教师厅〔2013〕1号	教育部办公厅 财政部办公厅关于印发《"国培计划"示范性集中培训项目管理办法》等三个文件的通知
2013	教师厅〔2013〕3号	教育部办公厅 财政部办公厅关于印发《职业院校教师素质提高计划中等职业学校专业骨干教师培训项目管理办法》等三个文件的通知
2013	教师厅〔2013〕5号	教育部办公厅关于印发《职教师资本科专业培养标准、培养方案、核心课程和特色教材开发项目管理办法》的通知
2013	教政法厅〔2013〕2号	教育部办公厅关于全面加强教师法制教育工作的通知
2014	中央编办发〔2014〕72号	中央编办 教育部 财政部关于统一城乡中小学教职工编制标准的通知
2014	国办发〔2014〕1号	国务院办公厅关于转发教育部等部门特殊教育提升计划（2014—2016年）的通知
2014	教技厅〔2014〕3号	教育部办公厅关于开展高等学校科技评价改革试点的通知
2014	教监〔2014〕4号	教育部关于印发《严禁教师违规收受学生及家长礼品礼金等行为的规定》的通知
2014	教师〔2014〕10号	教育部关于建立健全高校师德建设长效机制的意见
2014	教师〔2014〕1号	教育部关于印发《中小学教师违反职业道德行为处理办法》的通知
2014	教师〔2014〕4号	教育部 财政部 人力资源和社会保障部关于推进县（区）域内义务教育学校校长教师交流轮岗的意见
2014	教师〔2014〕5号	教育部关于实施卓越教师培养计划的意见
2014	教师厅〔2014〕3号	教育部办公厅关于印发《中小学教师信息技术应用能力标准（试行）》的通知
2014	教师厅〔2014〕5号	教育部办公厅关于公布卓越教师培养计划改革项目的通知
2014	教师厅函〔2014〕7号	教育部办公厅关于印发《中小学教师信息技术应用能力培训课程标准（试行）》的通知
2014	教师厅函〔2014〕9号	教育部办公厅关于启动实施中小学校长国家级培训计划的通知
2015	国办发〔2015〕43号	国务院办公厅《乡村教师支持计划（2015—2020年）》
2015	国发〔2015〕64号	国务院关于印发统筹推进世界一流大学和一流学科建设总体方案的通知
2015	教社科〔2015〕3号	教育部关于印发《高等学校思想政治理论课建设标准》的通知

续表

年份	文号	文件名
2015	教师〔2015〕10号	教育部 财政部关于改革实施中小学幼儿园教师国家级培训计划的通知
2015	教师〔2015〕5号	教育部关于印发《严禁中小学校和在职中小学教师有偿补课的规定》的通知
2015	教师〔2015〕7号	教育部关于印发《特殊教育教师专业标准(试行)》的通知
2015	教师函〔2015〕3号	教育部关于确定首批义务教育教师队伍"县管校聘"管理改革示范区的通知
2015	教师厅〔2015〕3号	教育部办公厅关于进一步扩大中小学教师资格考试与定期注册制度改革试点的通知
2015	教师厅函〔2015〕20号	教育部办公厅关于同意浙江省在全省范围实施中小学教师资格定期注册制度的意见
2015	人社部发〔2015〕79号	人力资源社会保障部 教育部关于印发《关于深化中小学教师职称制度改革的指导意见》
2015	中办发〔2014〕59号	中共中央办公厅、国务院办公厅印发《关于进一步加强和改进新形势下高校宣传思想工作的意见》
2016	中发〔2016〕31号	中共中央 国务院《关于加强和改进新形势下高校思想政治工作的意见》
2016	教技〔2016〕2号	教育部关于印发《教育信息化"十三五"规划》的通知
2016	教技厅函〔2016〕122号	教育部办公厅关于启动实施教育部—中国联通职业院校校长和骨干教师"网络学习空间人人通"专项培训的通知
2016	教师〔2016〕10号	教育部 财政部关于实施职业院校教师素质提高计划(2017—2020年)的意见
2016	教师〔2016〕12号	教育部关于大力推行中小学教师培训学分管理的指导意见
2016	教师〔2016〕2号	教育部关于加强师范生教育实践的意见
2016	教师〔2016〕3号	教育部等七部门关于印发《职业学校教师企业实践规定》的通知
2016	教师〔2016〕7号	教育部关于深化高校教师考核评价制度改革的指导意见
2016	教师函〔2016〕4号	教育部 人力资源社会保障部关于做好乡村学校从教30年教师荣誉证书颁发工作的通知
2016	教师厅〔2016〕1号	教育部办公厅关于印发乡村教师培训指南的通知
2016	教师厅函〔2016〕10号	教育部办公厅关于启动实施高等学校新入职教师国培示范项目的通知
2016	教师厅函〔2016〕19号	教育部办公厅关于公布全国乡村教师队伍建设优秀工作案例的通知
2016	教师厅函〔2016〕1号	教育部办公厅关于同意海南省进一步扩大中小学教师资格定期注册制度试点工作的意见
2016	教师厅函〔2016〕29号	教育部办公厅关于公布师德建设优秀工作案例的通知
2016	教师厅函〔2016〕7号	教育部办公厅关于同意江苏、河南、湖南省进一步扩大中小学教师资格定期注册制度试点工作的意见

续表

年份	文号	文件名
2016	教学〔2016〕5号	教育部关于进一步加强高校自主招生信息公开和监督管理工作的意见
2016	中办发〔2016〕77号	中共中央办公厅 国务院办公厅关于深化职称制度改革的意见
2017	教党〔2017〕22号	中共教育部党组关于推进高等学校"两学一做"学习教育常态化制度化的实施意见
2017	教党〔2017〕40号	中共教育部党组关于加快直属高校高层次人才发展的指导意见
2017	教党〔2017〕41号	中共教育部党组关于加强新形势下高校教师党支部建设的意见
2017	教基〔2017〕6号	教育部等七部门关于印发《第二期特殊教育提升计划（2017—2020年）》的通知
2017	教技厅函〔2017〕68号	教育部办公厅关于启动实施教育部—中国移动中小学骨干教师"网络学习空间人人通"专项培训的通知
2017	教人厅〔2017〕1号	教育部办公厅关于坚持正确导向促进高校高层次人才合理有序流动的通知
2017	教师〔2017〕12号	教育部 人力资源社会保障部关于印发《高校教师职称评审监管暂行办法》的通知
2017	教师〔2017〕13号	教育部关于印发《普通高等学校师范类专业认证实施办法（暂行）》的通知
2017	教师〔2017〕14号	教育部等四部门关于印发《援藏援疆万名教师支教计划实施方案》的通知
2017	教师〔2017〕2号	教育部关于全面推进教师管理信息化的意见
2017	教师函〔2017〕3号	教育部关于公布第二批义务教育教师队伍"县（区）管校聘"管理体制改革示范区的通知
2017	教师厅〔2017〕10号	教育部办公厅关于印发《中小学幼儿园教师培训课程指导标准（义务教育语文学科教学）》等3个文件的通知
2017	教师厅〔2017〕12号	教育部办公厅关于各地出台中等职业学校教职工编制标准情况的通报
2017	教师厅〔2017〕2号	教育部办公厅 财政部办公厅关于做好2017年中小学幼儿园教师国家级培训计划实施工作的通知
2017	教师厅〔2017〕3号	教育部办公厅关于印发《职业院校教师素质提高计划项目管理办法》的通知
2017	教师厅〔2017〕7号	教育部办公厅关于印发《乡村校园长"三段式"培训指南》等四个文件的通知
2017	教师厅函〔2017〕10号	教育部办公厅关于公布全国乡村教师队伍建设优秀工作案例的通知
2017	教师厅函〔2017〕12号	教育部办公厅关于同意福建等六省进一步扩大中小学教师资格定期注册制度试点工作的意见
2017	教师厅函〔2017〕17号	教育部办公厅关于乡村教师生活补助工作优秀案例的通报
2017	教师厅函〔2017〕18号	教育部办公厅关于农村义务教育阶段学校教师特设岗位计划实施工作优秀案例的通报

续表

年份	文号	文件名
2017	教师厅函〔2017〕8号	教育部办公厅关于中小学教职工编制管理创新工作案例的通报
2017	教体艺〔2017〕7号	教育部关于印发《学校体育美育兼职教师管理办法》的通知
2017	中青联发〔2017〕10号	共青团中央 教育部关于印发《关于加强和改进新形势下高校共青团思想政治工作的意见》的通知
2018	国办发〔2018〕27号	国务院办公厅关于全面加强乡村小规模学校和乡镇寄宿制学校建设的指导意见
2018	国办发〔2018〕75号	国务院办公厅关于转发教育部等部门教育部直属师范大学师范生公费教育实施办法的通知
2018	教党〔2018〕51号	中共教育部党组关于印发《"长江学者奖励计划"管理办法》的通知
2018	教社科厅函〔2018〕16号	教育部办公厅关于公布全国高校思想政治理论课教师研修基地名单的通知
2018	教师〔2018〕13号	教育部关于实施卓越教师培养计划2.0的意见
2018	教师〔2018〕16号	教育部关于印发《新时代高校教师职业行为十项准则》《新时代中小学教师职业行为十项准则》《新时代幼儿园教师职业行为十项准则》的通知
2018	教师〔2018〕17号	教育部关于高校教师师德失范行为处理的指导意见
2018	教师〔2018〕18号	教育部关于印发《中小学教师违反职业道德行为处理办法（2018年修订）》的通知
2018	教师〔2018〕19号	教育部关于印发《幼儿园教师违反职业道德行为处理办法》的通知
2018	教师〔2018〕2号	教育部等五部门关于印发《教师教育振兴行动计划（2018—2022年）》的通知
2018	教师〔2018〕7号	教育部 财政部关于印发《银龄讲学计划实施方案》的通知
2018	教师厅〔2018〕2号	教育部办公厅关于成立普通高等学校师范类专业认证专家委员会的通知
2018	教师厅〔2018〕4号	教育部办公厅关于做好2018年"三区"人才支持计划教师专项计划有关实施工作的通知
2018	教师厅〔2018〕7号	教育部办公厅关于开展人工智能助推教师队伍建设行动试点工作的通知
2018	教研〔2018〕1号	教育部关于全面落实研究生导师立德树人职责的意见
2018	中办发〔2018〕6号	中共中央办公厅 国务院办公厅印发《关于分类推进人才评价机制改革的指导意见》的通知
2018	中发〔2018〕4号	中共中央 国务院关于全面深化新时代教师队伍建设改革的意见
2019	国发〔2019〕4号	国务院关于印发国家职业教育改革实施方案的通知
2019	教社科函〔2019〕10号	教育部关于印发《普通高等学校思想政治理论课教师队伍培养规划（2019—2023年）》的通知

续表

年份	文号	文件名
2019	教师〔2019〕10号	教育部等七部门印发《关于加强和改进新时代师德师风建设的意见》的通知
2019	教师〔2019〕1号	教育部关于实施全国中小学教师信息技术应用能力提升工程2.0的意见
2019	教师〔2019〕6号	教育部等四部门关于印发《深化新时代职业教育"双师型"教师队伍建设改革实施方案》的通知
2019	教师函〔2019〕4号	教育部关于印发《全国职业院校教师教学创新团队建设方案》的通知
2019	教师函〔2019〕5号	教育部关于成立国家教师教育咨询专家委员会、2019—2022年教育部高等学校幼儿园教师培养等教学指导委员会和第四届全国教师教育课程资源专家委员会的通知
2019	教师函〔2019〕8号	教育部等五部门印发《关于加强新时代中小学思想政治理论课教师队伍建设的意见》的通知
2019	教师厅函〔2019〕4号	教育部办公厅关于推荐2019—2022年教育部高等学校幼儿园教师培养等教学指导委员会委员的通知
2019	教师厅函〔2019〕5号	教育部办公厅关于开展中西部乡村中小学首席教师岗位计划试点工作的通知
2019	人社部发〔2019〕89号	人力资源社会保障部 教育部关于深化中等职业学校教师职称制度改革的指导意见
2019	厅字〔2019〕54号	中共中央办公厅 国务院办公厅印发《关于减轻中小学教师负担进一步营造教育教学良好环境的若干意见》
2019	中共中央办公厅 国务院办公厅	中共中央办公厅 国务院办公厅印发《关于深化新时代学校思想政治理论课改革创新的若干意见》
2020	教人〔2020〕15号	教育部印发《关于正确认识和规范使用高校人才称号的若干意见》的通知
2020	教社科〔2020〕3号	教育部印发《关于破除高校哲学社会科学研究评价中"唯论文"不良导向的若干意见》的通知
2020	教社科厅函〔2020〕15号	教育部办公厅关于增设一批高校思想政治理论课教师研学(修)基地的通知
2020	教社科厅函〔2020〕1号	教育部办公厅关于学习宣传和贯彻实施《新时代高等学校思想政治理论课教师队伍建设规定》的通知
2020	教师〔2020〕10号	教育部等六部门关于加强新时代高校教师队伍建设改革的指导意见
2020	教师〔2020〕5号	教育部等六部门关于加强新时代乡村教师队伍建设的意见
2020	教师函〔2020〕1号	教育部关于印发《高校银龄教师支援西部计划实施方案》的通知
2020	教师函〔2020〕5号	教育部关于印发《教育类研究生和公费师范生免试认定中小学教师资格改革实施方案》的通知
2020	教师函〔2020〕8号	教育部关于成立全国师德师风建设专家委员会的通知

续表

年份	文号	文件名
2020	教师厅〔2020〕3号	教育部办公厅关于印发《中小学教师培训课程指导标准（师德修养）》等3个文件的通知
2020	教师厅函〔2020〕13号	教育部办公厅 财政部办公厅 人力资源社会保障部办公厅关于开展拖欠义务教育教师工资等问题摸查工作的通知
2020	教师厅函〔2020〕1号	教育部办公厅关于公布教育部师德师风建设基地名单的通知
2020	教师厅函〔2020〕7号	教育部办公厅关于进一步做好乡村教师生活补助政策实施工作的通知
2020	教思政〔2020〕1号	教育部等八部门关于加快构建高校思想政治工作体系的意见
2020	教研〔2020〕11号	教育部关于加强博士生导师岗位管理的若干意见
2020	教语用厅函〔2020〕2号	教育部办公厅关于做好民族地区、贫困地区教师国家通用语言文字应用能力培训工作的通知
2020	教育部令第46号	新时代高等学校思想政治理论课教师队伍建设规定
2020	教职成〔2020〕7号	教育部等九部门关于印发《职业教育提质培优行动计划（2020—2023年）》的通知
2020	人社部发〔2020〕100号	人力资源社会保障部 教育部关于深化高等学校教师职称制度改革的指导意见
2021	中办发〔2021〕43号	关于推动职业教育高质量发展的意见
2021	中共中央 国务院	中共中央 国务院印发《关于新时代加强和改进思想政治工作的意见》
2021	教党〔2021〕79号	中共教育部党组印发《关于完善高校教师思想政治和师德师风建设工作体制机制的指导意见》
2021	教督〔2021〕3号	教育部关于开展中小学幼儿园校（园）长任期结束综合督导评估工作的意见
2021	教师〔2021〕4号	教育部等九部门关于印发《中西部欠发达地区优秀教师定向培养计划》的通知
2021	教师函〔2021〕2号	教育部关于开展第二批"全国高校黄大年式教师团队"创建活动的通知
2021	教师函〔2021〕3号	教育部关于在教育系统开展师德专题教育的通知
2021	教师函〔2021〕4号	教育部 财政部关于实施中小学幼儿园教师国家级培训计划（2021—2025年）的通知
2021	教师函〔2021〕6号	教育部 财政部关于实施职业院校教师素质提高计划（2021—2025年）的通知
2021	教师函〔2021〕7号	教育部关于公布第二批国家级职业教育教师教学创新团队立项建设单位和培育建设单位名单的通知
2021	教师厅〔2021〕1号	教育部办公厅 财政部办公厅关于做好2021年农村义务教育阶段学校教师特设岗位计划实施工作的通知
2021	教师厅函〔2021〕17号	教育部办公厅关于开展中小学有偿补课和教师违规收受礼品礼金问题专项整治工作的通知

续表

年份	文号	文件名
2021	教师厅函〔2021〕18号	教育部办公厅关于做好2021—2022学年高校银龄教师支援西部计划有关实施工作的通知
2021	教师厅函〔2021〕25号	教育部办公厅关于编制2021—2025年普通高等学校师范类专业认证工作安排的通知
2021	教师厅函〔2021〕28号	教育部办公厅关于师范类专业办学条件和质量监测数据核验的通知
2021	教体艺厅函〔2021〕2号	教育部办公厅关于组织开展全国青少年校园足球教练员国家级专项培训的通知
2022	教师函〔2022〕1号	教育部关于推进师范生免试认定中小学教师资格改革的通知
2022	教师厅函〔2022〕2号	教育部办公厅关于实施师范教育协同提质计划的通知
2022	教师厅函〔2022〕6号	教育部等八部门关于印发《新时代基础教育强师计划》的通知
2022	教研〔2022〕1号	教育部 财政部 国家发展改革委关于深入推进世界一流大学和一流学科建设的若干意见
2021	国办发〔2021〕60号	国务院办公厅关于转发教育部等部门"十四五"特殊教育发展提升行动计划的通知
2022	教师厅函〔2022〕7号	教育部办公厅关于组织实施2022年"职教国培"示范项目的通知
2022	教师厅函〔2022〕8号	教育部办公厅关于开展职业教育教师队伍能力提升行动的通知
2022	教师厅函〔2022〕10号	教育部办公厅关于加强小学科学教师培养的通知
2022	教师厅函〔2022〕18号	教育部办公厅关于实施新时代中小学名师名校长培养计划（2022—2025）的通知
2022	教师厅函〔2022〕22号	教育部办公厅关于进一步做好"优师计划"师范生培养工作的通知
2022	教师厅函〔2022〕21号	教育部办公厅关于进一步加强全国职业院校教师教学创新团队建设的通知

后 记

党的十八大以来,党中央、国务院坚持把教师队伍建设作为基础工作,教师队伍整体面貌发生了格局性变化。党的二十大报告高位谋划了全面建成社会主义现代化强国的战略部署,提出了建设教育强国、科技强国、人才强国的重大举措。面向新时代新征程,要打造高质量教师队伍,发挥教师队伍对教育、科技、人才发展的基础性支撑作用。为系统总结党的十八大以来和《中共中央 国务院关于全面深化新时代教师队伍建设改革的意见》颁布五周年以来,教师队伍建设的历史进程、政策变革和主要成就,对贯彻落实党的二十大精神进行引领,教育部教师工作司和中国教育科学研究院联合编著了《新时代中国教师队伍建设改革发展报告(2012—2022)》,经报教育部党组并发布,在系统总结历史经验基础上,为引领推动高素质教师队建设提供参考借鉴。

2012年,教育部在原师范教育司基础上,整合人事司、职成司等相关司局职能,成立了教师工作司,统筹推进各级各类教师队伍建设工作。十余年来,在教育部党组正确领导下,在刘利民、李晓红、孙尧、王嘉毅等历任分管部领导的关心指导下,教师工作司在许涛、王定华、任友群等历任司领导和全体同志的接续努力下,尽职尽责致力教师工作,全心全意服务广大教师。本书是对教育部教师工作司成立以来,推进教师队伍建设改革的历程展现与成果见证。孙尧同志和王嘉毅同志对本书编写给予了悉心指导。期待本书能够为广大教育研究者、教育管理者、一线教师及社会各界了解研究推进教师队伍建设工作提供参考借鉴。

本书编写是在任友群同志、崔保师同志、李永智同志的领导下进行的,宋磊同志、黄小华同志、于发友同志、翁波同志给予了指导,教科院专门立项支持本书编写工作。本书绪论由教科院易凌云、卿素兰、高慧斌、李新翠,教师司王炳明负责。第一章由教科院易凌云、常淑芳,教师司刘璇璇、王炳明负责。第二章由教科院高慧斌、陈春勇,教师司陈武、王薇、刘扬、王志洁负责。第三章由教科院易凌云,教师司赵静、王薇、宋长远、张春柳、王志洁、王梦恒负责。第四章由教科院高慧斌、燕学敏、刘卓雯、常淑芳、李新翠、王文宝、易凌云、卿素兰、陈春勇、陈飞、刘妍,教师司刘璇璇、赵静、王薇、何一帆、邓杭、宋长远、刘扬、童春林、张春柳、高顺利、王志洁、王海成负责。第五章由教科院刘妍,教师司赵静、宋长远、孙晓虎负责。第六章由教科院高慧斌、刘卓雯,教师司刘璇璇、赵静、王薇、何一帆、刘扬、童春林、宋长远、贾炎龙负责。展望部分由教科院陈飞、韩立福、卿素兰、高慧斌、易凌云,教师司王炳明、许勃潮负责。附件由教科院常淑芳负责。